Report of Hedge Funds in China 2019

2019年中国私募基金研究报告

曹泉伟　陈卓　等/著

中国财经出版传媒集团

Economic Science Press

课题组成员

顾　问：李　彬

组　长：曹泉伟

副组长：陈　卓

成　员（按姓氏笔画排序）：

　　门　垚　王平凡　石　界

　　姜白杨　黄叶金　滕立雅

前言

我国金融市场自改革开放以来，经历了四十年的快速发展。在2007年的大牛市中，阳光私募基金逐渐走入广大投资者的视线，被大众所熟知。伴随着我国经济的飞速发展，阳光私募基金作为我国资本市场上一股重要的力量，也迎来了自己的快速扩张。然而，由于当时市场监管政策的空白，私募基金并不被市场所接受。直到2014年8月，中国证券监督管理委员会（以下简称"证监会"）发布第105号令《私募投资基金监督管理暂行办法》，私募基金行业才正式成为我国资本市场的正规军，在我国资本市场上逐渐占据了重要地位。目前，在证监会和中国证券投资基金业协会等部门的协同努力下，私募基金行业逐步建立了一个相对完善的行业自律监管体系。随着我国经济结构的调整和居民财富水平的不断提高，市场上对资产管理的需求愈发旺盛，私募基金投资业绩回报也逐渐被广大投资者所认可，阳光私募基金的出现为投资者提供了新的投资理财渠道，其强大的生命力也彰显了我国金融市场生生不息的活力。在此背景下，私募基金行业获得了更多的内在推动力，私募基金产品逐渐成为机构及高净值个人选择的投资产品之一。

在本书中，我们所研究的私募基金均为证券投资类私募基金。在2002～2018年间，我国累计成立私募基金约36 877只，其中已停止运营的私募基金为7 110只，截至2018年底还在继续运营的私募基金为29 767只。此外，中国基金业协会统计结果显示，截至2018年12月底，私募证券投资基金管理人登记8 989家，私募证券投资基金备案35 688只，规模达2.2万亿元，发展成果斐然。随着私募基金品种的不断完善以及管理基金规模的不断扩大，作为资产管理业务内一个新兴专业化的群体，私募基金逐渐成长为我国资产管理市场一股不可忽视的力量，对其进行深入研究的现实意义不言而喻。

在此背景下，本书对中国证券投资类私募基金行业进行了细致的研究。在本书第一章至第四章，我们立足于私募基金行业现今的发展阶段，结合市场行情及动态，全面剖析了私募基金行业发展现状。同时，本书选取私募基金中最具代表性的股票型私募基金作为重点研究对象，分别从绝对收益率和风险调整后的收益率的角度，对股票型私募基金、大盘指数、股票型公募基金的业绩表现进行综合考量。随着我国私募基金数量的大幅度增长，对于投资者而言，选择一位优秀的基金经理是他们投资成功的关键，而影响股票型基金经理业绩的因素主要是选股能力和择时能力。因此，我们对私募基金经理的选股和择时能力进行了深入研究，并就所选取的时间区间是否会影响所得到的有关基金经理的选股能力或择时能力的分析结论，以及表现优秀的基金经理的投资能力是源于自身能力还是运气进行分析。除此之外，投资者在选择一只基金时往往会关注其过往的业绩，甚至盲目参照各机构所公布的排名选取基金。但基金的业绩是否具有持续性？基金的历史业绩能否帮助我们预测基金未来的业绩？就此问题，在本书中我们分别使用基金收益率的 Spearman 相关性检验、绩效二分法检验、描述统计检验和基金夏普比率的描述统计检验这四种方法进行检验。

为使投资者了解我国不同投资策略下的私募基金的整体收益和风险情况，在本书第五章，我们根据不同的投资策略编制出道口私募基金系列指数，分别为普通股票型私募基金指数、股票多空型私募基金指数、相对价值型私募基金指数、事件驱动型私募基金指数、债券型私募基金指数和 CTA 型私募基金指数，这些指数反映了投资于股票、债券和期货等资产的私募基金的整体收益和风险情况，为投资者、私募基金管理者以及政府监管者做出决策提供借鉴。

在第六章，我们构建私募基金风险因子，并用这些风险因子解释私募基金收益的来源。私募基金风险因子包括股票市场风险因子（MKT）、规模因子（SMB）、价值因子（HML）、动量因子（MOM）、债券因子（BOND10）、信用风险因子（CBMB10）、债券综合因子（BOND_RET）及商品市场风险因子（FUTURES）。基于私募基金风险因子分析，投资者可以更加充分地了解不同策略私募基金的风险暴露情况。

本书通过定性的归纳总结和定量的数据分析，力求以客观、独立、深入、科学的方法，对我国私募基金行业的一些基础性、规律性的问题做出深入分析，使读者对私募基金行业整体的发展脉络有一个全面而清晰的认识，加深对私募基金行业发展现状的理解。同时，也为关注私募基金行业发展的各界人士提供一份可以深入了解私募基金行业的参阅材料。

目 录 CONTENTS

第一章　中国私募基金行业发展概览　/　1

　　一、私募基金与公募基金的对比 …………………………………… 1

　　二、简要历程 ………………………………………………………… 4

　　三、私募基金行业的新动向 ………………………………………… 10

　　　　（一）资管新规与配套细则落地，监管从严 …………………… 10

　　　　（二）私募基金自律监管持续加强 …………………………… 14

　　　　（三）证券类私募规模持续缩水 ……………………………… 17

　　四、私募基金行业发展现状 ………………………………………… 19

　　　　（一）基金发行数量 …………………………………………… 19

　　　　（二）基金实际发行规模 ……………………………………… 22

　　　　（三）基金发行地点 …………………………………………… 23

　　　　（四）基金投资策略 …………………………………………… 24

　　　　（五）基金费率 ………………………………………………… 25

　　五、小结 ……………………………………………………………… 27

第二章　私募基金能否战胜大盘指数和公募基金　/　29

　　一、收益率的比较 …………………………………………………… 30

　　　　（一）四类股票型私募基金与大盘指数的比较 ……………… 31

　　　　（二）年度收益率的比较 ……………………………………… 37

　　　　（三）基金超过大盘指数收益率的比例 ……………………… 39

　　　　（四）累计收益率的比较 ……………………………………… 40

　　二、风险调整后收益指标的比较 …………………………………… 42

　　　　（一）夏普比率 ………………………………………………… 42

　　　　（二）索丁诺比率 ……………………………………………… 50

（三）收益—最大回撤比率 ································· 58
　二、四个收益指标的相关性分析 ································· 65
　三、小结 ································· 67

第三章　私募基金经理是否具有选股能力与择时能力　/　68

　一、回归模型及样本 ································· 68
　二、选股能力分析 ································· 71
　三、择时能力分析 ································· 78
　四、稳健性检验 ································· 83
　五、自助法检验 ································· 89
　六、小结 ································· 95

第四章　私募基金业绩的持续性　/　97

　一、收益率持续性的绩效二分法检验 ································· 98
　二、收益率持续性的Spearman相关性检验 ································· 103
　三、收益率持续性的描述统计检验 ································· 106
　四、夏普比率持续性的描述统计检验 ································· 114
　五、小结 ································· 119

第五章　道口私募基金指数　/　121

　一、道口私募基金指数编制方法 ································· 121
　　（一）样本空间 ································· 121
　　（二）指数类别 ································· 122
　　（三）样本选入 ································· 122
　　（四）样本退出 ································· 122
　　（五）道口私募基金指数计算准则 ································· 123
　二、道口私募基金指数覆盖的基金数量 ································· 124
　三、道口私募基金指数与市场指数的对比 ································· 131
　四、小结 ································· 139

第六章　中国私募基金的业绩归因分析　/　140

　一、风险因子的构建 ································· 141
　二、风险因子的描述统计 ································· 146

三、私募基金的风险因子归因分析 ··················· 151
    （一）样本选取 ····························· 151
    （二）私募基金风险归因模型 ················· 153
    （三）归因分析结果 ······················· 153
四、私募基金指数的风险因子归因分析 ··············· 157
    （一）私募基金指数风险归因模型 ············· 157
    （二）归因结果分析 ······················· 157
    （三）稳健性检验 ························· 158
五、小结 ··· 160

附录一 股票型私募基金业绩描述统计表（按年化收益率由高到低排序）：
      2014～2018 年 ······························ 161
附录二 股票型私募基金经理的选股能力和择时能力（按年化 α 排序）：
      2014～2018 年 ······························ 180
附录三 收益率在排序期位于前 5% 的基金在检验期的排名（排序期为一年）：
      2014～2018 年 ······························ 199
附录四 收益率在排序期位于前 5% 的基金在检验期的排名（排序期为三年）：
      2013～2018 年 ······························ 215
附录五 收益率在排序期和检验期分别位于前 5% 的基金排名（排序期为一年）：
      2014～2018 年 ······························ 218
附录六 收益率在排序期和检验期分别位于前 5% 的基金排名（排序期为三年）：
      2013～2018 年 ······························ 235
附录七 夏普比率在排序期位于前 5% 的基金在检验期的排名（排序期为一年）：
      2014～2018 年 ······························ 238
附录八 夏普比率在排序期位于前 5% 的基金在检验期的排名（排序期为三年）：
      2013～2018 年 ······························ 254

参考文献 ··· 257
后记 ··· 258

第一章

中国私募基金行业发展概览

投资基金是资产管理的一种方式，它是一种组合投资，即投资者利益共享、风险共担的集合投资方式。这些基金能通过向投资者发行收益凭证（基金份额），将社会上的资金集中起来，并交由专业的管理机构投资于各种资产，进而实现资产的保值与增值。按投资对象的类别划分，投资基金分为证券投资基金、股权投资基金、风险投资基金等。其中，证券投资基金是最为主要的类别之一。这类基金是指将募集的资金进行证券投资的基金，所投资的有价证券主要是在证券交易所或银行间市场上公开交易的证券，包括股票、债券、货币、金融衍生品等。按资金募集方式的不同，证券投资基金又可划分为私募证券投资基金（以下简称"私募基金"）与公募证券投资基金（以下简称"公募基金"），本书主要讨论的是私募基金。

回顾私募基金的成长历程，不难发现，私募基金逐渐由我国金融市场上的边缘者成长为资产管理行业不容忽视的资本力量。它不仅满足了广大投资者多元化的资产配置需求，还为我国资本市场的长期健康发展提供了强有力的支持。可以说，私募基金行业经历的是一个自下而上，自发孕育产生、发展并得以阳光化、合法化的过程，同时也是一个在资本市场制度变迁与环境的演进中寻求经济利益的过程。本章分为私募基金与公募基金的对比、私募基金的发展历史、私募基金行业2018年度的市场新动向以及私募基金行业发展现状四个部分，旨在帮助读者理清私募基金发展的脉络。

一、私募基金与公募基金的对比

公募基金与私募基金二者皆是伴随着我国资本市场和国民财富的增长而产生并壮大起来的，在发展过程中呈现出彼此交织、影响与互补的态势。私募基金是指向特定投资者，即少数机构投资者和富有的个人投资者，以非公开方式进行资金募集的基金。公募基金是通过向不特定投资者公开发行基金份额并进行资金募集的基金。私募基金在资产管理行业独树一帜，相对于公募基金而言，有它独特的产品魅力。本节将对比私募基金与公募基金的区别，希望能以此帮助投资者选择更适合自己的产品。表1-1是私募基金和公募基金区别的概览。

表1-1　　　　　　　　私募基金与公募基金的区别

项目	私募基金	公募基金
投资者来源	面向合格投资者非公开募集	面向社会公众公开募集
收费标准	固定管理费+浮动管理费	固定管理费
监管程度	相对宽松	较为严格
投资策略	灵活性强	遵循基金合同中的策略
追求目标	绝对收益	相对收益（相对于某一业绩基准）

投资者来源。投资者来源主要分为不特定社会公众与合格投资者两大类。公募基金的资金募集对象是不特定社会公众，包括个人投资者和机构投资者。私募基金则施行合格投资者制度。合格投资者是指具备风险识别能力和风险承担能力，投资于单只资产管理产品不低于一定金额且符合一定条件的自然人和法人或者其他组织，如此才有资格准入私募基金。2018年4月，中国人民银行、中国银保监会、中国证监会（以下简称"一行两会"）与外汇管理局联合颁布《关于规范金融机构资产管理业务的指导意见》（以下简称"资管新规"），进一步提高了私募基金合格投资者的认定标准，新增对投资者家庭金融资产和家庭金融净资产的要求。具体要求包括：个人投资者需要具备两年以上的投资经验，且需要满足以下条件之一：（1）其家庭金融净资产不低于300万元；（2）家庭金融资产不低于500万元；（3）近3年本人年均收入不低于40万元。属于合格投资者的机构投资者类别众多，包括社会保障基金、企业年金等养老基金，慈善基金等社会公益基金，保险资金等。这些机构投资者若想进入私募基金，需符合最近一年末净资产不低于1 000万元的标准。

收费标准。"2-20"是私募基金普遍采取的收取管理报酬的模式，即固定管理费加收益提成的模式，同时也是国际通行的收费标准。其中，"2"指的是固定管理费，即私募基金管理人每年度向投资者收取"基金规模2%"的固定费用；"20"指的是浮动管理费，即私募基金管理人达到合同条款要求的收益后，提取超出合同要求收益部分的20%作为业绩回报。而公募基金仅收取固定管理费，并无业绩提成。不同类别的公募基金提取的比例也不相同，根据万得数据统计显示，截至2018年底，我国股票型、债券型、混合型公募基金的平均固定管理费率分别在1.0%、0.5%、1.2%左右。

监管程度。虽然整个资产管理行业监管趋严，但私募基金由于其自身的特殊性，只面向少数具有风险识别和风险承受能力的投资者发行，且投资范围较广，因而更加尊重市场主体自治。较公募基金而言，私募基金所受的监管约束较低，以行业自律监管为主。私募基金的投资运作主要依据基金合同，信息披露程度较低，有较高的隐蔽性。在我国，由中国证券投资基金业协会（以下简称"中基协"）负责私募基金的自律监督管理，包括对私募基金登记备案、信息披露、募集行为、合同指引、命名指引等多维度的监督管理。但中基协不对私募基金管理人和产品做实质性的事前检查。

而公募基金面向不特定公众发行，且发行需满足基金份额持有人数不低于200人，涉及众多风险识别与承受能力较为薄弱的投资者，风险外溢性较强，因而监管约束较为严格。具体来说，公募基金设立门槛较高，需经过证监会的批准，其发行的产品也需经过证监会的严格审核；信息披露程度较大，其投资目标、投资组合等信息都要披露；投资范围较窄，限制较多，不像私募基金一样投资范围较为广阔和灵活且可根据协议约定；除此之外，公募基金的募集，基金份额的申购、赎回与交易，基金收益的分配次数、比例与方式等各方面都有较严的监管要求。

投资策略。相较于公募基金而言，私募基金在投资方向、投资比例、投资策略、仓位限制等方面都具有较高的灵活性。首先，在仓位限制上，私募基金可以在0~100%之间自由控制仓位，而公募基金则有严格的持仓限制。根据资管新规和证监会颁布的《公开募集证券投资基金运作管理办法》的相关规定，股票型公募基金持有股票仓位的下限是80%。其次，在基金仓位上，公募基金产品的设立下限是两亿元人民币，体量较大，而单只私募基金的规模通常在几千万至一亿元人民币之间。再次，在投资策略上，私募基金可选取多种复杂的策略，如做空、对冲等，公募基金则限制较多。最后，公募基金在持股集中度上也较为严格，证监会出台过"双十比例"等条例限制持有单只股票的集中度。资管新规也对此列出数条规定，如，同一金融机构发行的全部公募资产管理产品投资单只股票的市值不得超过该股票市值的30%，单只公募基金投资单只股票的市值不得超过该基金净资产的10%，等等。

追求目标。私募基金的目标是追求绝对收益，不论市场是涨还是跌，基金经理追求涨多跌少，且绝对收益为正。如"潮金产融1号"在2018年取得了152%的年度收益，而同期沪深300跌幅达25%，可见私募基金在熊市同样能为投资者带来正收益。公募基金追求相对收益，更注重超越业绩比较基准，以及在同类基金中的排名。假设大盘大跌，公募基金经理追求自身业绩的下跌幅度小于业内同行，或是小于自身业绩比较基准的下跌幅度，如"诺安中小盘精选"的比较基准为"中证700指数收益率×80%+中证全债指数收益率×20%"。公募基金管理人会在基金的定期报告中披露基金份额净值增长率及其与同期业绩比较基准收益率的比较，以此向投资者揭示过去一段时间基金的业绩。

二、简要历程

私募基金经历多年沉浮积淀,以追求绝对收益的理念,在我国资产管理行业异军突起,逐渐成长为一股不容忽视的市场投资力量。我国私募基金相对于海外私募基金而言较为年轻。但经过资本市场的重重历练,私募基金已告别野蛮式生长并走向规范化,逐渐成长为备受高净值客户青睐的一种理财方式。本节将从地下生长阶段、阳光化成长阶段以及合法化发展阶段来梳理私募基金的发展历程。

私募基金的地下生长阶段(1999~2004年)。我国私募基金是自发孕育产生的,它的兴起与资本市场的变迁和公募基金的制度缺陷有着不可分割的关系。20世纪90年代初期,随着改革开放的推进,我国涌现了一批富有的个人和拥有大量闲置资金的企业,民间资本充裕。当时,我国资本市场已初步建立,上海证券交易所与深圳证券交易所皆已成立。但制度还很滞后且不完善,市场间有制度套利的机会和操纵股价的空间。由于一级市场与二级市场对公司的估值差别巨大,比如同一家公司从一级市场进入二级市场,公司的估值会大幅提升,套利风险又很低,投资者极想参与两个市场之间的套利。彼时,我国的公募基金处于摸索阶段,规模小,基金的品种与投资策略也较少,不能提供给投资者多元化的理财方式和高端的理财服务,市场急需代客理财的创新投资模式。1993年,我国允许证券公司进入一级市场,之后证券公司的主营业务逐渐向承销业务转变。在此背景下,一些大客户将资金委托给证券公司进行代理投资,这部分资金多数发展为"一级市场基金",即在一级市场上认购新股。久而久之,大客户与证券公司之间便形成了不规范的信托资金委托关系,这也就是私募证券投资基金的雏形。

1996~2000年,市场上产生了更接近于严格意义上的私募基金,这首先得益于资金渠道的拓宽。在这段时间,随着股市的震荡上涨,牛市的高收益诱使富有的个人和一些上市企业将闲置资金委托给主承销商代理投资。与此同时,券商委托理财业务的示范效应,以及市场上旺盛的专家理财需求,促使投资管理公司大热。其次,私募基金的产生还得益于专业人才的补充。券商虽然可以经营资管业务,但经营过程中,基金管理人受到诸多限制,薪酬绩效也相对较低。于是,大量的券商精英纷纷转跳私募行业,以委托理财的方式设立投资咨询公司、投资顾问公司以及投资管理公司等,私募基金逐步露出雏形。2003年,公募基金开始倡导价值投资理念,大举建仓"五朵金花",即钢铁、石化、能源电力、银行和汽车五大行业,并赚得丰厚利润。之后,市场上逐渐形成了以价值投资为主流的投资理念,一批私募证券投资基金也开始陆续转型,逐步接受和运用价值投资策略。

自2001年起,政府层面陆续出台了一系列规范性文件,为私募基金行业的发展带来新的契机，私募基金得以阳光化的制度条件逐渐成熟。2001年4月，全国人大常委会颁布《信托法》，自此信托公司从事私募基金业务走向合法化。2003年8月，云南国际信托有限公司发行"中国龙资本市场集合资金信托计划"，这是国内首只投资于二级市场的信托模式型私募基金。2003年10月，全国人大常委会通过《证券投资基金法》，虽然该法律并未直接明确私募基金的合法性，但为国内引入私募基金预留了一定口径。2003年12月，证监会发布《证券公司客户资产管理业务试行办法》，准许证券公司从事集合资产管理业务，此后券商也逐步展开私募基金业务。

私募基金的阳光化成长阶段（2004~2013年）。2004年，基金经理赵丹阳与深国投信托合作推出"深国投·赤子之心（中国）集合资金信托计划"，开创了国内以信托为平台的阳光私募发行方式，这标志着民间私募基金迎来阳光化发展的新纪元。该只产品由信托公司发行，私募机构担任投资顾问，第三方银行担任资金托管方，私募基金的资金募集、信息披露等都更加规范化和公开化。值得一提的是，"赤子之心（中国）信托计划"的业绩非常出色，在将近四年的存续期内（2004年2月至2008年1月），累计收益达370%，年化收益率为49%，最大回撤仅为9%，远超同期的标普中国A指的累计收益率（279%）。该只基金对我国私募行业影响深远，此后，通过信托平台发行的私募基金都被称之为阳光私募基金，这类基金也逐渐被广大投资者认可并成为主流的私募基金。2006年12月，银监会发布《信托公司集合资金信托计划管理办法》，以保障集合资金信托计划各方当事人的合法权益，规范了阳光私募基金业务的经营行为。

2007~2008年期间，中国股市从暴涨到暴跌，私募基金经历了百年一遇的金融海啸的洗礼，这也带动了阳光私募基金的蓬勃发展。2007年，大盘指数疯狂上涨，吸引了众多优秀基金管理人加入私募基金行业，第一波"公奔私"潮流就此出现，并引发了市场的广泛关注。2008年，股市单边下跌，标普中国A指的跌幅为63%，股票型公募基金的跌幅为50%，而阳光型私募基金的下降幅度却控制在了33%以内，由此可见私募基金在风险控制方面的实力。2009年，股市恢复性上涨，虽然私募基金的平均收益率整体跑输大盘指数和公募基金，但在2010年股市震荡下跌时，阳光私募基金经受住了考验，分别跑赢股票型公募基金和大盘指数3个百分点和10个百分点。在市场牛熊市的不断转换过程中，大浪淘沙，管理水平差、经营不规范的私募基金被市场淘汰，生存下来的私募基金运作更加规范。同时，阳光私募基金也在牛熊市的考验里向广大投资者证明了自己的实力，逐步受到市场的关注与追捧。此后，私募基金资产管理规模逐步迈向了千亿时代。

值得一提的是，在2007年的大牛市和2009年的阶段性牛市中出现的"公奔私"潮流，市场上普遍认为，"公奔私"现象的出现主要是由于公募基金缺乏股权激励机制。相比于公募基金而言，私募基金对基金经理的薪酬激励制度更为灵活，更具有吸引力。这批转投私募行业的公募基金经理包括上投摩根的吕俊、工银瑞信的江晖等优秀基金经理,其中最引人瞩目的必然是原"公募一哥"王亚伟。王亚伟在 2012 年 5 月离职华夏基金,并于同年 9 月成立"深圳千合资本管理有限公司"。他是第一位为投资者带来十倍收益的基金经理,"华夏大盘精选基金"在他管理期间(2005 年 12 月至 2012 年 5 月)有着极其出色的业绩,其复权单位净值增长率高达 1 200%。这些公募业内的领军人物转跳私募行业,不仅为私募基金带来规范化运作的理念,同时还推动了新版《证券投资基金法》中公募基金股权激励机制条款的产生,对整个基金行业的健康发展有着积极的作用。

与此同时,私募基金的运作模式与组织形式也在随着市场与监管环境的变化而不断创新。一是 TOT(Trust of Trust,即投资对象主要为信托产品的信托)模式的创新。当时,市场上存在着三种不同运作模式的私募基金,即云南模式、深圳模式与上海模式。云南模式是指私募基金的受托人与管理人皆是信托公司;深圳模式是指非结构化的阳光私募,产品由信托公司发行,私募机构担任产品的投资顾问;上海模式是指结构化的阳光私募,即私募机构需投入资金作为保底资金,一旦产品发生亏损,则先亏损私募机构的资金。2009 年 5 月份,市场上出现了首只 TOT 型阳光私募产品,"平安财富—东海盛世一号集合资金信托计划"。TOT 产品模式能够有效地分散风险和配置资产,有其内在优势,但也会因双层收费摊薄投资者收益。2009 年 7 月,阳光私募基金的发行受到了巨大冲击,因为证监会和中国证券登记结算有限责任公司停止信托公司开设证券账户。面对证监会叫停信托证券账户的困境,深圳模式的阳光私募因有办理认购或赎回手续的开放日,可借助 TOT 模式来应对,而没有此机制的上海模式则开始走向没落。直到 2012 年,中国证券登记结算有限责任公司发布《关于信托产品开户与结算有关问题的通知》,信托证券账户才获得解禁。随着投资者的逐步认可,阳光私募基金得以蓬勃发展,截至 2012 年底,信托型私募产品规模达 2.2 亿元。

二是有限合伙型私募基金的创新。2007 年 6 月,全国人大常委会发布的修订版《合伙企业法》正式施行,新增"有限合伙"这一新的合伙企业形式,为合伙型私募基金的产生创造了充分的先决条件。2009 年 12 月,修改后的《证券登记结算管理办法》明确合伙制企业可以开设证券账户,为合伙型私募基金投资二级市场带来契机,合伙型私募基金应运而生。2010 年 2 月,首只以合伙型方式运作的私募基金——"银河普润"合伙制私募基金成立。有限合伙型私募基金的产生,使得私募机构不仅可以规避当时信托不能开设证券账户的障碍,还能利用合伙企业的形式开设股指期货账户。

经历了资本市场的重重考验,能够在私募基金行业内长期坚守,取得优秀业绩而稳立潮头的基金经理逐渐成为业内的佼佼者,如裘国根、江晖等人皆是私募基金行业的代表人物。裘国根于 2001 年创立上海重阳投资有限公司。2009 年,裘国根成立专注于资产管理业务的上海重阳投资管理有限公司。2014年,重阳投资改制为股份公司,注册资本为两亿元。重阳投资专注于资产管理业务,核心经营理念是"价值投资,绝对收益",认为价值投资是中长期风险收益比最佳的投资方法。重阳投资早在2011年的资管规模就突破了百亿元,并且是唯一连续九年(2009~2017年)获得中证报"金牛奖"荣誉的私募基金管理公司。江晖是中国第一代基金经理,于2007年创立星石投资管理有限公司。星石投资专注于A股二级市场,已经入选几乎所有商业银行的"私募白名单",并且与多家银行总行、资管公司、海外机构等机构投资者展开合作,于2015年成为百亿私募。值得注意的是,星石投资采取的是"复制投资策略",即十余位基金经理共同管理一个策略。2008年,星石旗下全部3只产品获得超过4%的正收益,而同期上证指数从6 124点最低跌至1 664点,全市场正收益产品屈指可数。

除了上述老牌私募机构与我国私募基金行业共同成长以外,市场上还不断有年轻的"血液"注入私募基金行业,为我国私募基金行业增添了新活力。成立于2016年的深圳大禾投资管理有限公司,管理规模不足10亿元,属于中小型私募基金。大禾投资的决策基于公司基本面分析和公司估值。值得一提的是,大禾投资旗下的掘金系列产品——掘金1号、5号、6号、7号,这4只基金均在2018年获得了超过80%的收益率,而同期沪深300的跌幅达25%,大禾投资凭此业绩在业内崭露头角。这些新旧私募基金从业者与我国私募基金行业共同进步,并推动着私募基金行业的蓬勃发展。

私募基金的合法化发展阶段(2013年至今)。随着资本市场的逐渐成熟和居民财富管理需求的增长,私募基金迅速成长为资产管理市场不容忽视的一股新兴力量,这离不开国务院、证监会、中基协等多方机构为私募基金健康发展构建的良好制度环境。这些法律法规与政策等规范性文件,不仅促进了私募基金健康与规范化发展,还有效地保护了广大投资者权益。私募基金行业合法化发展过程中的重要政策如表1-2所示。

表1-2　　　　　　私募基金行业合法化发展阶段重要政策一览

施行日期	监管政策名称	发布方
2013年6月	《证券投资基金法》	证监会
2014年2月	《私募投资基金管理人登记和基金备案办法(试行)》	中基协
2014年5月	《关于进一步促进资本市场健康发展的若干意见》	国务院
2014年6月	《关于大力推进证券投资基金行业创新发展的意见》	证监会
2014年8月	《私募投资基金监督管理暂行办法》	证监会
2016年7月	《证券期货经营机构私募资产管理业务运作管理暂行规定》	证监会

续表

施行日期	监管政策名称	发布方
2017 年 7 月	《证券期货投资者适当性管理办法》	证监会
2017 年 8 月	《私募投资基金管理暂行条例》（征求意见稿）	国务院
2018 年 4 月	《关于规范金融机构资产管理业务的指导意见》	人民银行、银监会、证监会、外汇管理局

资料来源：国务院、人民银行、证监会、中基协。

2013 年 6 月，修订版的《证券投资基金法》（以下简称"新基金法"）正式施行。新基金法首次将非公开募集资金纳入协调范围，赋予了私募基金明确的法律地位，明确了私募基金的行为规范。针对私募基金投资者范围小、运作方式灵活、影响面较窄的特点和发展需要，新基金法对私募基金的规范侧重于规章建制，构建出与公开募集基金不同的制度框架。新基金法专设"非公开募集章节"，明确了私募基金的合格投资者制度和私募基金合同必备条款等多方面内容，使得私募基金的投资运作有法可依。新基金法的施行，对我国私募基金行业意义深远，这标志着私募基金告别野蛮生长，正式被纳入法律监管，行业迎来了更广阔的发展空间。2014 年 5 月，国务院出台《关于进一步促进资本市场健康发展的若干意见》（以下简称"新国九条"）。新国九条对新时期资本市场改革、开放、发展和监管等方面做出统筹规划和总体部署，为我国资本市场长期稳健发展提供了有力的政策支持。其中，新国九条以专门篇幅提出要"培育私募市场"，明确建立健全私募发行制度和发展私募投资基金，提出功能监管和适度监管的原则。新国九条将私募市场的发展上升到了一定的战略高度，为私募基金的发展创造了有利的政策环境。

根据新基金法的相关规定，证监会对私募基金施行统一监督管理。证监会先后出台了若干适用于私募基金的部门规章和规范性文件，持续不断地加强对私募基金的监管。2014 年 6 月，证监会出台《关于大力推进证券投资基金行业创新发展的意见》，支持私募基金行业发展，是落实新国九条中培育私募市场的重要举措。同年 8 月，证监会出台《私募投资基金监督管理暂行办法》（以下简称《暂行办法》）。《暂行办法》是证监会首个专门监管私募基金的部门规章，也是我国私募基金行业发展过程中的一个重要里程碑。《暂行办法》对私募基金的登记备案、合格投资者、资金募集、投资运作、行业自律等各方面做出了详尽的规定，并初步建立了各类私募基金的全口径统一检测系统。至此，私募基金行业进入了一个更加规范化、制度化发展的崭新阶段。

根据新基金法与证监会的授权，中基协负责私募基金的登记备案，并履行行业自律监管职能。根据新国九条可知私募基金不设行政审批，这意味着中基协担负着重大的事中、事后监管职责。自 2014 年起，为规范私募基金行业秩序，贯彻新基金法与《暂行办法》的精神与相关规定，中基协出台了若干个适用于私募基金的自律文件。2014 年 1 月，中基协发布《私募投资基金管理人登记和基金备案办法（试行）》。该办法从私募基金管理人登记、备案、人员管理、信息报送与自律管理的角度，规范私募基金业务，保护投资者权益。私募基金管理人登记和基金备案制度随之建立。自登记备案制度施行后，私募基金飞速发展的同时也暴露出诸多问题，比如行业良莠不齐，部分基金公司缺乏合规意识，甚至出现违法违规现象。由此，自 2015 年 2 月起，中基协开始布局并逐步建立了"7+2"自律规则体系，即七项管理办法与两项指引。该自律体系从备案登记、信息披露、募集行为等诸多维度规范私募行为，强化事中、事后监管，主要包括募集办法、登记备案办法、信息披露办法、从事投资顾问业务办法、托管业务办法、外包服务管理办法、从业资格管理办法，以及内部控制指引和基金合同指引。

自 2016 年起，私募基金开启了严监管的时代，多项监管文件密集出台，行业监管框架露出雏形。仅中基协在 2016 年颁布的监管文件就有很多，主要包括《私募投资基金管理人内部控制指引》《私募投资基金信息披露管理办法》《私募投资基金募集行为管理办法》《私募投资基金合同指引》《私募投资基金服务业务管理办法（试行）》《关于资产管理业务综合报送平台上线运行相关安排的说明》等。证监会也在 2016 年后出台了多个规范性文件。2016 年 7 月，证监会出台《证券期货经营机构私募资产管理业务运作管理暂行规定》，强化私募基金风险管控，重点对宣传推介行为、结构化资管产品、过度激励等方面进行规范，明确私募证券基金管理人需参照执行。2017 年 7 月，证监会正式施行《证券期货投资者适当性管理办法》。该办法构建了投资者的分类标准、产品或者服务分级、适当性匹配等体系，对于保护私募基金投资者权益意义重大。证监会对行业监管体系的不断健全，有效地促进了私募基金行业长期健康发展。

国务院与其他监管机构对私募基金行业的监管也在加强。2017 年 8 月，国务院发布《私募投资基金管理暂行条例（征求意见稿）》（以下简称《暂行条例》），这代表着私募基金行业的顶层设计即将落地。《暂行条例》从私募基金管理人、托管人、资金募集、投资运作、信息提供、行业自律等多方面严格规范了私募基金行为，使私募基金活动有了更为明确的参考标准。2017 年 11 月，一行两会与外汇管理局联合发布资管新规征求意见稿，并于 2018 年 4 月发布资管新规正式版。资管新规对私募基金的募资、产品设计等多方面有着重大影响。随着私募基金行业的监管体系逐步完善，行业的规范化发展得到了进一步深化。

从 2017 年起，境外资管巨头开始进军国内私募基金领域，并逐渐加快步伐，产品频发。中基协在 2017 年初发布《外商独资和合资私募证券投资基金管理人登记备案填报说明》后，富达（Fidelity）、瑞银（UBS）、英仕曼（Man Group）、富敦（Fullerton）、惠理（Value Partners）、景顺（Invesco）、路博迈（Neuberger Berman）、安本标准（Aberdeen Standard）、贝莱德（BlackRock）、施罗德（Schroders）共10家全球知名的外资基金管理公司先后完成在中基协的备案。2018年新增了安中（Azimut 旗下公司）、元胜（Winton 旗下公司）、桥水（Bridgewater）、毕盛（APS）、瀚亚（Eastspring）、未来益财（Mirae Asset 旗下公司）等6家备案的外资机构。这些外资机构发行了多个基金产品，各机构发行产品的势头持续增强。外资机构的加入丰富了我国私募和公募基金管理人的结构，虽会带来一定的竞争压力，但外资机构的投资理念与风控措施等会推动我国基金管理行业的成长，这也有利于国内资本市场的健康发展。

三、私募基金行业的新动向

（一）资管新规与配套细则落地，监管从严

2018年4月27日，为规范金融机构资产管理业务、防范和控制金融风险，一行两会与外汇管理局联合发布资管新规，为资管行业统一监管的时代拉开了序幕。随后资管新规配套细则陆续出台，9月28日，银保监会发布《商业银行理财业务监督管理办法》（以下简称"理财新规"）；10月22日，证监会发布《证券期货经营机构私募资产管理业务管理办法》及《证券期货经营机构私募资产管理计划运作管理规定》（以下简称"私募资管细则"），重塑私募资产管理行业行为规范；12月2日，银保监会出台《商业银行理财子公司管理办法》（以下简称"理财子公司办法"），与资管新规、理财新规共同构成银行系发行的资管产品开展理财业务需要遵循的监管要求，至此，银行系资管细则全面出台。私募资管细则与银行系资管细则原则上不直接适用于私募基金，但是存在部分条款对其有侧面影响，如明确私募基金与银行子公司理财产品对接模式等，为私募基金带来利好。总体来说，资管新规与配套细则落地，推动资管产品回归本源，重塑了资管行业监管格局。在大资管行业统一监管的新时代，私募基金作为其中一角，其监管格局、产品募资与业务模式等诸多方面都受到一定程度的影响，挑战与机遇并存。

资管新规对私募基金的影响。资管新规共计三十一条，重点强调统一监管，限制多层嵌套约束杠杆，坚持加强监管协调，强化宏观审慎管理和功能监管。相较于2017年11月颁布的征求意见稿，监管基调依然从严，但稍显"放松"，如过渡期延长至2020年底，过渡期间可发行老产品做产品对接，这也有利于整个行业平稳过渡。征求意见稿并未对私募基金是否适用作出明确规范，而资管新规正式版中第二条指出，私募投资基金适用私募投资基金专门法律、行政法规，私募投资基金专

门法律、行政法规中没有明确规定的适用资管新规。截至2018年底，我国适用于私募基金的法律与行政法规，只有《证券投资基金法》（法律层级）以及国务院尚在征求意见的《私募投资基金管理暂行条例》（以下简称《私募条例》，行政法规层级）。对私募基金而言，资管新规带来的影响主要有以下几个方面。

一是监管格局的变化。针对国内混业经营与分业监管所带来的监管交叉、监管套利以及监管错位等潜在问题，资管新规在制度上致力于加强监管的协调性，强调资产管理业务要功能监管与机构监管相结合。这也与2018年3月召开的第十三届全国人民代表大会第一次会议精神相一致，会议审议通过了国务院机构改革方案，明确金融市场的监管格局由"一行两会"调整为"一委一行两会"。其中，"一委"指的是国务院金融稳定发展委员会（以下简称"金稳委"），金稳委是统筹协调金融稳定和改革发展重大问题的议事协调机构，旨在加强金融市场的协调监管。"一行"指的是中国人民银行，负责货币政策与宏观审慎监管职能。区别于过去按机构类型监管，功能监管是按照产品类型实施统一监管。同一类型的资产管理产品适用同一监管标准，有利于约束监管真空和监管套利。私募基金也势必与整个资管行业保持一致，迎来新的监管时代。

二是私募基金被纳入监管。过去，在整个金融市场上，私募基金长期处于边缘地位，而资管新规赋予了私募基金独特的定位。资管新规第三十条指出，"资产管理业务必须纳入金融监管，非金融机构不得发行、销售资产管理产品，国家另有规定的除外"，可以看出该条款并未直接指出私募基金。不过在对资管新规的答记者问中，央行负责人明确指出该条款中的"国家另有规定的除外"就是"私募基金的发行和销售"，这意味着私募基金被纳入了"资产管理产品"的监管范围内。私募基金被纳入监管，使得私募基金的金融地位得以凸显，其公信力也会随之提高，这对私募基金的发行与销售有着积极的作用。同时，这也意味着政府层面对私募基金的监管要求将会更加严格，未来私募基金发展会愈加规范，长远来看有利于私募基金行业健康有序运行。

三是私募基金的合格投资者门槛变高。资管新规对个人合格投资者和机构投资者的风险识别能力和风险承受能力提出了更高的要求。相较于证监会发布的《暂行办法》，资管新规对个人投资者新增了家庭资产情况、投资经历上的要求，对机构投资者的净资产增加了时间上的限定，其具体区别如表1-3所示。此外，资管新规还提出投资者不得使用贷款、发行债券等筹集的非自有资金投资资产管理产品，这也就是说投资者不得使用债务资金投资私募基金。合格投资者门槛的提高，势必影响私募基金的募资，对产品规模也会产生一定影响。但从另一方面来看，私募基金的投资风险较高，合格投资者标准的提高有助于规范私募基金募集行为，同时也能保护投资者权益。

表 1-3　　　　资管新规与《暂行办法》对合格投资者认定标准的区别

类别		资管新规	《暂行办法》
合格投资者	个人投资者	需要具备两年以上的投资经验，且需要满足以下条件之一：（1）其家庭金融净资产不低于 300 万元；（2）家庭金融资产不低于 500 万元；（3）近 3 年本人年均收入不低于 40 万元	金融资产不低于 300 万元或者最近三年年均收入不低于 50 万元的个人
	机构投资者	最近 1 年末净资产不低于 1 000 万元	净资产不低于 1 000 万元
单只产品最低认购金额	权益类	100 万元	100 万元
	固定收益类	30 万元	
	混合类	40 万元	
	单只商品及金融衍生品类	100 万元	

四是资管新规限制通道和嵌套。对比征求意见稿，资管新规明确资管产品可以再投资一层资产管理产品，但所投资的资产管理产品不得再投资公募基金以外的资产管理产品，具体运作模式如图 1-1 所示。这也就是说，私募基金可以接收来自银行子公司、保险等理财产品的资金，但私募基金必须直接投资最终标的资产，不能再嵌套其他产品。举例来说，过去，部分私募基金管理人无法进入银行的白名单，会选择与券商、信托等第三方通道合作，以此来对接银行理财产品，也就是

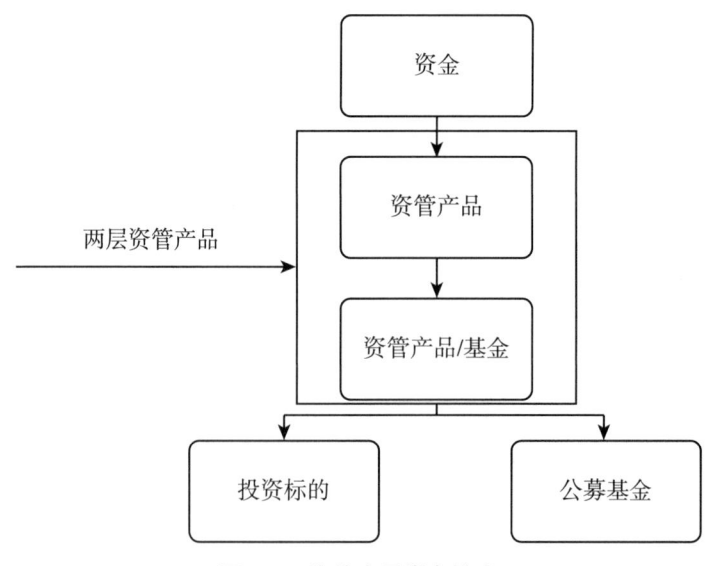

图 1-1　资管产品嵌套模式

"银行理财+第三方资管+私募基金"的运作模式,这种模式明显不符合资管新规对多层嵌套的限制。实际操作当中,复杂的嵌套模式会产生诸多问题,如监管失灵、规避合格投资者制度、规避杠杆与投资范围约束、增加投资成本等。资管新规对嵌套的限制,有利于监管层穿透底层资产与资金来源,并能有效控制杠杆风险。自资管新规发布后,银行委外资金中存在多层嵌套的产品陆续出现赎回。

资管新规配套细则对私募基金的影响。资管新规配套细则包括银行理财新规、银行理财子公司办法以及私募资管细则。其中,银行理财新规主要适用于银行发行的理财产品,银行理财子公司办法主要适用于银行资管子公司发行的理财产品。可以看出,这些资管新规配套细则不直接适用于私募基金,但存在若干条款对私募基金有一定影响。具体来看,根据银保监会发布的理财新规,银行理财产品所投资管产品的合作机构,即发行机构、受托投资机构和投资顾问,均需为持牌金融机构。而当前的私募基金,身份定位模糊,并没有被明确认定为持牌金融机构,因此"银行理财+私募基金"的模式受到限制。同样地,"银行理财+私募投顾"的模式也受到冲击。值得一提的是,债券类基金不像股票类私募基金那样拥有较多的高净值投资者,银行是这类基金重要的资金来源。在资管新规的影响下,债券类私募基金资金端里的银行资金大多都是在赎回,募资困难加大。但理财新规为银行理财子公司与私募基金的合作预留了很多空间,这也在银行"理财子公司办法"中被落实。

2018年12月,银保监会负责人在"理财子公司办法"的答记者问中明确指出,银行子公司公募理财产品的投资顾问、私募理财产品的合作机构,不仅可以是持牌金融机构,还可以是依法合规、符合条件的私募投资基金管理人,具体合作模式如表1-4所示。从表中可以看出,银行子公司发行的私募理财产品与私募基金的合作模式既可以是投资顾问,也可以是直接委托投资,私募基金迎来利好。根据银行理财子公司办法第三十二条,与银行子公司理财产品合作的私募基金需满足:私募基金管理人具备3年以上连续可追溯证券、期货投资管理业绩且无不良从业记录的投资管理人员应当不少于3人、在中基协登记满1年、无重大违法违规以及金融监管部门规定的其他条件。证监会颁布的私募资管细则也指出,合规的私募基金可以担任证券期货经营机构资管计划投资顾问,合规的要求与上述理财子公司办法一致。

表1-4　　　　　　　　私募基金与银行子公司理财合作方式

银行子公司理财产品	私募基金角色
公募理财产品	投资顾问
私募理财产品	投资顾问
	产品发行机构
	产品受托机构

在投资顾问的选择范围方面,与资管新规一致,银行理财子公司办法与私募资管细则均给予银行与保险资管平等准入的资格,私募基金将与这类金融机构同台竞争。相比于银行与保险资管,私募基金在一些层面更具有优势,如投资方式更为灵活,约束相对较少,主动管理经验丰富,投资策略众多。而在私募行业里来看,业绩稳健、投资能力卓越的私募机构则更具有竞争力。

(二) 私募基金自律监管持续加强

近年来,私募基金行业发展迅猛,越来越受到高净值客户的追捧。然而在私募基金逐渐被市场认可的背后,行业内的一些潜在问题与风险逐渐显露,引起了监管层的高度重视。一些基金管理人滥用备案信息,误导投资者,部分机构只是空壳并未实质性开展私募基金业务,缺少健全的内控制度,法律意识淡薄、合规意识缺乏,长期"失联"等问题频现,这些做法不仅影响了私募基金行业的形象,也不利于行业长期稳健发展。中基协作为私募基金行业的自律监管组织,持续不断地在完善行业的自律监管体系,强化行业信息披露与风险监测,为私募基金行业营造了一个可持续发展的生态环境,投资者的合法权益也得到了保障。

自2015年起,中基协着手布局行业自律规则体系,即"7+2"自律规则体系,现已逐步成熟。"7+2"是指七项管理办法与两项指引,具体如表1-5所示。截至2018年底,《私募基金管理人从事投资顾问服务业管理办法》《私募基金托管业务管理办法》《基金从业资格管理办法》尚在制定完善过程中。

表1-5　　　　　　　　　中基协"7+2"自律规则体系

自律规则	发布时间	规则名称
七项管理办法	2014年1月	《私募投资基金管理人登记和基金备案办法》
	2016年2月	《私募投资基金信息披露管理办法》
	2016年4月	《私募投资基金募集行为管理办法》
	2017年3月	《私募投资基金服务业务管理办法(试行)》
	尚在完善	《私募基金托管业务管理办法》
	尚在完善	《私募基金管理人从事投资顾问服务业管理办法》
	尚在完善	《基金从业资格管理办法》
两项指引	2016年2月	《私募投资基金管理人内部控制指引》
	2016年4月	《私募投资基金合同指引》

资料来源:中基协。

除了上述自律文件外，中基协对私募基金的自律监管还包括发布公告、通知、解答等形式的自律规则或业务操作标准。2016 年 2 月，中基协颁布《关于进一步规范私募基金管理人登记若干事项的公告》。该公告加强了对新备案私募基金的监管，不符合备案资质要求的机构，协会将注销其管理人资格，于是，业内的"保壳"运动迅速升温。2016 年 9 月，中基协发布《关于资产管理业务综合报送平台上线运行相关安排的说明》，规定新基金管理人的登记和产品的备案皆须在"资产管理业务综合报送平台"（以下简称"AMBERS 系统"）进行操作，并且对私募基金的产品类型做出了调整和细化。根据该说明的相关规定，私募基金被划分为私募证券、私募股权、创投基金以及其他基金四大类别，其中私募证券基金分为权益类、固收类、混合类、期货及其他衍生品类基金。这一新规有效地健全了私募基金行业的信用体系。

在 2017 年 3 月颁布的《私募基金登记备案相关问题解答（十三）》中，中基协明确指出同一私募基金管理人不可兼营多种类型私募基金管理业务。2017 年 12 月，中基协发布《证券投资基金增值税核算估值参考意见》及释义，对基金行业"营改增"的一些纳税政策作出了详尽的解释。该参考意见明确基金的增值税应税行为包括贷款服务与金融商品转让，基金可采用简易计税方法，按照 3% 的征收率缴纳增值税。不过协会强调，该意见与税收政策不一致时，则以税收政策为准。该意见的出台有利于规范私募基金行业增值税的估值核算行为。2018 年 4 月起，AMBERS 系统全面负责私募基金登记备案、从业人员管理等相关工作。新 AMBERS 系统进一步细化了对私募机构信息报送的相关要求，有利于监管部门更全面地了解私募基金管理人与其备案产品，并且有效地提高了中基协对市场上私募机构的监控与管理。

2018 年，由于受到宏观经济形势和中美贸易战的影响，股市低迷。行业监管趋严，募资艰难，各策略整体表现较差。私募基金虽经历了一个漫长"寒冬"，却没有停下自律规范的步伐。中基协相继出台多个文件，对私募基金信用信息报告、产品备案、命名等多方面进行严格规范，持续加强私募基金自律监管。

2018 年 1 月 12 日，中基协发布《私募证券投资基金管理人会员信用信息报告工作规则（试行）》，并于 5 月份正式上线施行。私募基金正式成为中基协首个开启信用报告工作的会员。根据信用信息报告的规定，私募基金"体检报告"分别从"合规性、稳定度、专业度和透明度"四大维度以及 15 个分项指标衡量私募基金管理人与基金运行过程中的信用信息情况。这些分项指标包括对合规运作水平、稳定经营情况、投资运作情况、信息披露的有效性和及时性等方面的考量，且需每季度更新一次。由于私募基金的特殊性，投资者在获取私募基金信息时，通常成本高、效率低，而信用信息报告制度为有需求的投资者提供了一个可靠的信息工具。该信用信息报告不仅切实保护了投资者权益，而且还有助于引导长线资金进入私募基金。值得注意的是，信用信息报告只是私募基金的基本信用档案，而并非全面的尽职调查报告。私募基金可提供报告给投资者参考，投资者也有权利向私募基金管理人索要信息报告，但报告不能用于公开宣传。

据中基协数据显示，截至 2018 年底，私募证券投资基金管理人会员相关信用信息报告查阅率达 90%。私募基金信用档案的建立有利于推动整个私募基金行业信用体系的建设，未来或会推广至私募股权及创投基金领域。2018 年 1 月 12 日，中基协还发布了《私募投资基金备案须知》，明确私募基金不得向非合格投资者募集资金，不得违反相关杠杆比例要求。

2018 年 11 月 20 日，为保护投资者权益，促进私募基金规范化发展，中基协发布《私募投资基金命名指引》，规范私募基金命名事宜，并于 2019 年 1 月 1 日起施行。过去，私募基金行业内存在通过虚假记载或误导性陈述、不规范命名等手段，误导投资者以满足募资需求的情形。该指引对私募基金名称中文字的运用做了细致的规范，主要包括不得含有"安全""保险""避险""保本""稳赢"等字样，不得在未提供客观证据的情况下使用"最佳业绩""最大规模""名列前茅""最强""500 倍"等夸大或误导业绩的字样，不得使用"资管计划""信托计划""专户""理财产品"等容易与金融机构发行的资产管理产品混淆的字样，契约型私募投资基金名称中应当包含"私募"及"基金"字样，避免与公募基金混淆，有分级安排的私募基金名称中应当含有"分级"或"结构化"字样等要求。

2018 年 12 月 7 日，中基协发布更新版《私募基金管理人登记须知》（以下简称《登记须知》），强化私募基金管理人登记要求。针对私募基金管理人存在的虚假出资或抽逃资本、股权代持、股权架构不稳定、关联方从事冲突业务、集团化倾向等方面的潜在问题，更新版的《登记须知》细化了登记机构运营基本设施、高管及从业人员、机构名称及经营范围、关联方等各方面的要求。中基协对私募基金行业持续加码的监管，以及对行业乱象的治理和出清，对私募基金长期健康发展有着深远意义。中基协出台的重要自律监管文件如表 1-6 所示。

表 1-6　　　　　　　　私募基金自律监管体系的重要政策一览

发布时间	监管政策名称
2014 年 1 月	《私募投资基金管理人登记和基金备案办法（试行）》
2015 年 3 月	《关于实行私募基金管理人分类公示制度的公告》
2015 年 9 月	《关于建立"失联（异常）"私募机构公示制度的通知》
2015 年 12 月	《私募投资基金募集行为管理办法（试行）（征求意见稿）》
2016 年 2 月	《私募投资基金管理人内部控制指引》

续表

发布时间	监管政策名称
2016年2月	《私募基金管理人登记法律意见书指引》
2016年2月	《私募投资基金信息披露管理办法》
2016年2月	《关于进一步规范私募基金管理人登记若干事项公告》
2016年4月	《私募投资基金募集行为管理办法》
2016年4月	《私募投资基金合同指引》
2016年4月	《私募投资基金风险揭示书内容与格式指引（个人版）》
2016年8月	《关于私募基金管理人注销相关事宜的公告》
2016年11月	《私募投资基金服务业务管理办法》
2017年7月	《基金募集机构投资者适当性管理实施指引（试行）》
2017年10月	《证券投资基金管理公司合规管理规范》
2017年12月	《私募基金管理人登记须知》
2017年12月	《证券投资基金增值税核算估值参考意见》
2018年1月	《私募证券投资基金管理人会员信用信息报告工作规则（试行）》
2018年1月	《私募投资基金备案须知》
2018年11月	《私募投资基金命名指引》
2018年12月	《私募基金管理人登记须知》（更新版）

资料来源：中基协。

（三）证券类私募规模持续缩水

自2015年起，中基协开始对私募基金施行登记备案。根据中基协发布的登记备案数据，2015年1月底，私募证券基金管理人登记2 527家，私募证券基金备案4 383只，规模为8 506亿元。而截至2018年12月底，私募证券基金管理人登记8 989家，私募证券基金备案35 688只，规模达2.2万亿元。由此可见，多年来，私募基金在我国发展迅猛。但细观2018年私募证券基金的各项数据，可以发现，私募基金已经告别快速增长阶段。

2018年，在金融去杠杆以及贸易战等诸多外部因素的影响下，A股表现低迷，沪指一度跌破2016年的2 638点，最低跌至2 449点，与此同时，上市公司债券违约事件频发。在这样恶劣的市场环境下，私募基金渡过了异常艰难的一年。截至2018年底，证券类私募基金的管理规模为22 391亿元，相较于2017年底22 858亿元的规模，整体缩水467亿元，延续了2017年缩水的态势。其中，2018年7月份与10月份，单月缩水规模均超过千亿元，具体如图1-2所示。另外，据万得数据统计显示，2018年有265只证券类私募基金停止运营。

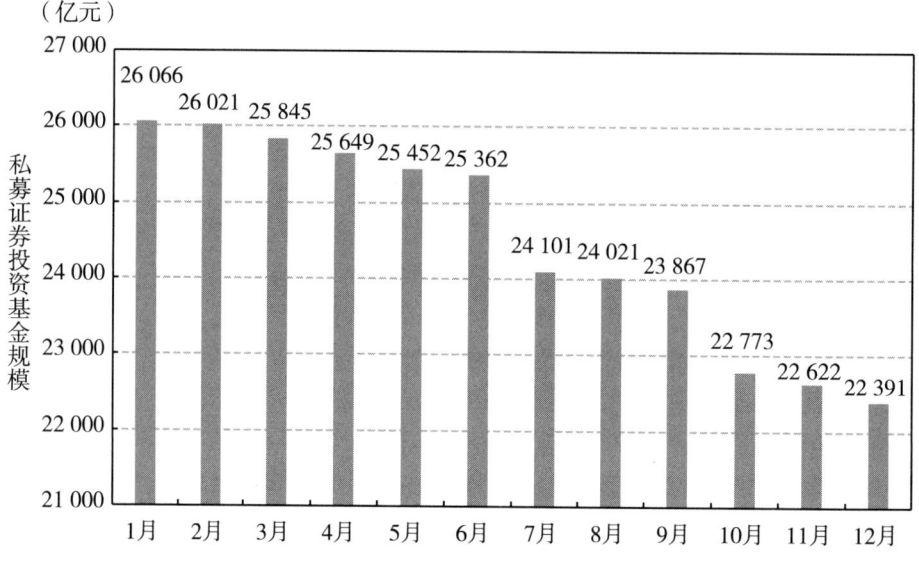

图1-2　2018年私募证券投资基金管理规模

资料来源：万得数据库。

综合2018年的市场行情和监管环境可以看出，私募证券基金缩水受到多方面因素的影响。首先，二级市场行情走弱是重要原因之一。2018年，上证综指最高跌幅约为31%，深证成指最高跌幅逾39%，创业板最高跌幅达42%，这极大地降低了投资者的入市热情。其次，资管新规落地，提高合格投资者门槛、收紧杠杆运作比例、限制通道和嵌套等因素使得私募基金募资艰难，这也导致了私募基金规模缩水。虽然10月份之后政策不断夯实，如理财子公司新规明确银行子公司与私募基金的合作模式、股指期货松绑等利好消息接连出台，但政策的落实以及投资者信心恢复都需要时间，短期内私募基金颓势未见缓解。此外，私募基金业绩下降也是主因之一。私募基金业绩不佳会造成投资者恐慌，投资者赎回资金则进一步加剧了私募基金规模缩水。据万得数据显示，2018年虽有个别机构踩对节奏而取得不错的成绩，但整体来看，2018年各大策略业绩表现不佳，主要投资于股票市场的普通股票型、股票多空型、相对价值型和事件驱动型私募基金的等权平均年度收益率分别为-14%、-12%、1.4%和-14%，可见业绩较差。总的来说，私募基金规模持续缩水是由市场行情走低、监管环境趋严、投资者信心不足、业绩不佳等多方面的因素造成的。

四、私募基金行业发展现状

私募基金行业现状将分别从基金发行数量、基金实际发行规模、基金发行地点、基金投资策略以及基金费率这五个维度进行具体分析，数据皆来源于万得数据库。截至2018年12月底，在累计发行的36 877只证券类私募基金中，停止运营的基金为7 110只，占比约为20%。由于停止运营的基金数量占比较多，为避免研究结果受幸存者偏差（Survivorship Bias，即在数据筛选时只考虑目前还在运营的个体而忽略停止运营的个体）的影响，本小节所分析的数据包含继续运营和停止运营在内的全部私募基金数量，以求全面反映行业的发展情况。而在本书后面的章节中，如在分析择时选股能力时，为避免基金运行时间不一致对研究结果的影响，我们会要求每只基金在各样本区间（三年、五年等）内有完整的复权净值数据，因而数据的选择范围视具体分析情况而定。本小节旨在通过对私募基金行业发展现状的分析，为读者梳理当前私募基金行业所处的态势。

（一）基金发行数量

我们根据万得数据对基金的数量进行了统计，结果显示，在2002~2018年间，我国累计发行证券类私募基金36 877只，其中已停止运营的基金为7 110只，截至2018年底还在继续运营的基金为29 767只。

图1-3展示的是我国历年新发行和继续运营的私募基金数量，从图1-3中可以发现，这些数量的变化与我国私募基金的发展历程相互呼应。在2002~2012年期间，我国私募基金行业一直处于缓慢增长阶段。2002年，我国私募基金行业开始起步。2005年，受A股低迷影响，私募基金增速放缓。在2006~2007年期间，股市的繁荣带动了第一波"公转私"潮流的出现，进而也为私募基金行业带来活力。2007年新发行的基金数量达到417只，超过此前全部基金总量的1倍。2008年，在国际金融危机与股市大跌的打击下，有305只基金发行，私募基金增长趋势减缓。在随后的2009~2011年期间，私募基金一直处于稳步增长状态，各年新发行的基金数量分别为527只、765只和1 094只，到2012年底继续运营的基金数量达到2 893只。

直到2013年，私募基金进入合法化发展阶段，政府层面出台了一系列规范其行为的政策，为私募基金的可持续发展创造了良好的制度环境。随后，私募基金逐渐被广大投资者认可，产品数量呈现出"井喷式"增长。2013年，更新版的《证券投资基金法》赋予了私募基金合法地位，新发行的基金数量一举突破2 000只。

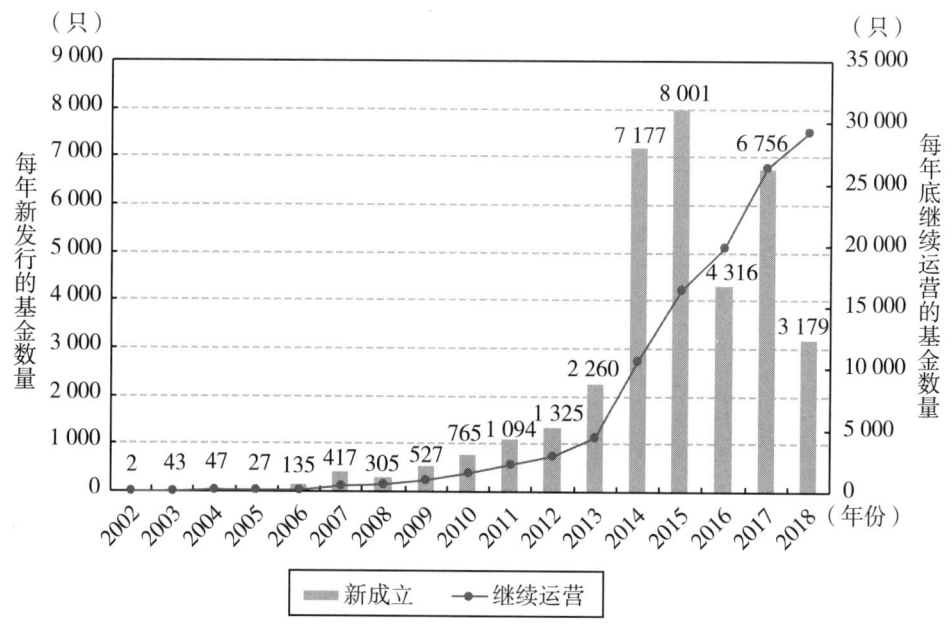

图1-3 每年新发行及继续运营的私募基金数量：2002~2018年

2014年，证监会出台《暂行办法》，新国九条提出要"培育私募市场"，中基协发布私募基金登记备案办法，私募基金监管框架开始逐渐形成，新发行基金数量攀升至7 177只，比过去12年累计发行的基金数量总和还多200多只。2015年，伴随着牛市刺激，私募基金新发行数量达到8 001只。

自2016年起，监管不断趋严，私募基金告别过去快速增长阶段。2016年，证监会、中基协等机构出台了多项监管政策，新发行的基金数量大幅减少，仅为4 316只。2017年，《暂行条例》征求意见稿、资管新规征求意见稿出台，私募基金顶层设计文件初露雏形，发行数量有所回升，为6 756只。2018年，资管新规落地，股市低迷，自律监管持续加强，在多重因素的影响下，私募基金发行遇冷，新发行数量为3 179只。总的来说，随着监管框架的不断完善，私募基金发展愈加规范，继续运营的数量呈稳健增长态势，行业发展良好。

除了本书采取的万得数据外，市场还有诸多第三方机构也在对私募基金的产品信息进行统计，如朝阳永续、私募排排网、中基协等。表1-7展示的是市场上不同机构统计出的私募基金数量差异。截至2018年底，朝阳永续显示私募基金累计发行产品数量有171 884只，私募排排网统计得到正常运行的基金产品共计91 435只，中基协显示有35 688只证券类私募基金产品完成备案。万得数据的统计数据（29 767只）之所以与这些第三方机构有较大差异，主要是由于这些机构使用的统计口径不一致，如私募排排网的统计结果是囊括了信托、自主发行、公募专户、券商资管、期货专户、有限合伙、海外基金等类型（或渠道）的私募基金产品；

朝阳永续则是按七种基础口径对私募基金进行分类统计，按发行主体划分，囊括了公募专户及子公司、私募公司、券商集合理财、期货公司、信托、单账户以及有限合伙在内的所有私募基金产品；万得数据是根据产品通道口径的不同统计得出私募基金产品数量；中基协则是依据其登记备案制度统计得出私募基金产品数量。虽然不同机构统计出的产品数量不一致，但整体来看，私募基金行业处于健康发展状态中。

表1-7　　不同机构对私募基金数量的统计结果：截至2018年12月底

第三方机构	基金数量（只）	状态
万得数据	29 767	继续运营
朝阳永续	171 884	累计发行
私募排排网	91 435	正常运行
中基协	35 688	备案

表1-8展示的是我国历年新发行、继续运营以及停止运营的私募基金产品数量。具体来看，2005年，A股表现低迷，停止运营的私募基金数量达到43只，比新发行基金数量还要多16只。随后受到2008年金融危机的影响，私募基金停止运营数量首次破百，达到233只。在之后2015年的熊市里，私募基金停止运营数量超过2 000只。自2016年起，监管不断趋严，私募基金运营愈加合规，停止运营的基金减少。在2016~2018年期间，每年停止运营的基金数分别为858只、254只和265只。与此同时，私募基金继续运营的数量也在逐步攀升，截至2018年底，继续运营的私募基金数量为29 767只。不过随着私募基金合规化发展的进程不断加深，私募基金继续运营产品的增速在逐步放缓。

表1-8　　每年新发行、停止运营以及继续运营的私募基金数量：2002~2018年　单位：只

年份	新发行	停止运营	继续运营	年份	新发行	停止运营	继续运营
2002	2	0	2	2012	1 325	594	2 893
2003	43	1	44	2013	2 260	747	4 406
2004	47	10	81	2014	7 177	930	10 653
2005	27	43	65	2015	8 001	2 262	16 392
2006	135	30	170	2016	4 316	858	19 850
2007	417	73	514	2017	6 756	254	26 352
2008	305	233	586	2018	3 179	265	29 266
2009	527	207	906	无成立日期	501	0	501
2010	765	212	1 459	—	—	—	—
2011	1 094	391	2 162	总计	36 877	7 110	29 767

从表1-8中可以看出，截至2018年底，停止运营的私募基金共有7 110只，约占累计发行基金总量（36 877只）的20%。随着私募基金的规范化发展，大浪淘沙，那些内部结构不完善，没有良好投研和风控能力的私募基金管理人逐渐被市场淘汰，停止运营的私募基金总数量在不断增加。市场上导致私募基金停止运营的因素主要包括基金存续期满、基金管理人看淡后市、基金业绩不佳等。首先，基金存续期满是指私募基金合同到期，私募基金管理人根据受托人或自身意愿选择清盘或续期，这也是私募基金最为普遍的结束运营方式。其次，若基金管理人对后市持有悲观态度，也会主动结束运营。例如，2008年赵丹阳看空股市，主动清盘了旗下所有"赤子之心"产品，而在2014年时，他又重拾对中国股市的信心，进而高调发行产品，回归A股。再次，因基金业绩不佳，净值触及清盘底线（一般设置在0.7~0.8之间），私募基金会被强制清盘。此外，受监管政策的影响，私募基金的产品结构设计不符合新规要求，基金管理人也会选择清盘。除了上述清盘原因外，投资者入市热情受挫造成的大规模赎回，基金管理人难以提取业绩报酬、无法维持公司的运营成本等因素也会导致私募基金停止运营。

（二）基金实际发行规模

私募基金的实际发行规模展现出市场对私募基金产品的接受程度，也反映出投资者对私募基金管理人、基金经理的认可程度。通常来说，投资者更愿意购买资历久、业绩好的私募基金管理人或明星基金经理发行的基金产品，私募基金的销售机构也更愿意去推广此类基金。举例来说，2012年，"公募一哥"王亚伟"奔私"后发行的首只产品"昀沣"，虽认购门槛高达2 000万元，但却在短短几天内募集到20亿元资金。2004年，"公募一姐"王茹远旗下某产品一天内募集到16亿元资金，且公司成立不到一个月，旗下管理资产总规模已达到50亿元。2015年，赵丹阳旗下"赤子之心"在两分钟内便募集结束。2017年，淡水泉、重阳投资等有着优秀业绩的基金管理人所发行的产品也很快被销售一空。不过，只有真正具有投研实力的基金管理人才能够经受住资本市场的重重考验，从而在私募基金行业屹立不倒。

图1-4显示了实际发行规模不同的私募基金数量占比。整体来看，截至2018年底，实际发行规模小于1亿元的私募基金整体占比约为70%，可见市场上的私募基金仍以中小规模为主，较2017年而言变化不大。如图1-4所示，单只产品发行规模在3亿元以下的私募基金占比都在20%以上。具体来看，单只产品发行规模在2 000万元以下、2 000万~5 000万元、5 000万~1亿元以及1亿~3亿元区间内的私募基金数量占比分别约为22%、27%、21%和21%。发行规模大于3亿元的私募基金数量占比最小，约为9%。

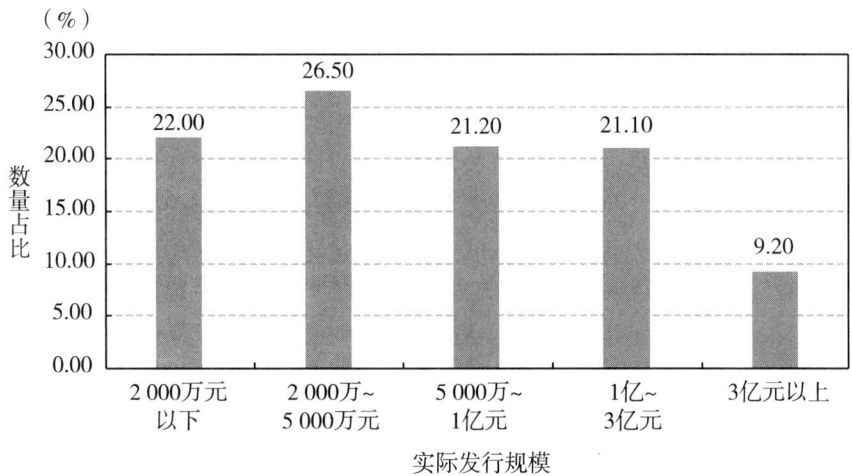

图 1-4 私募基金实际发行规模：2002~2018 年

(三) 基金发行地点

通常来说，私募基金管理人在发行基金产品时，偏好有大量优质客户资源，或者有产业聚集效应的地区。表 1-9 列举了我国私募基金发行地点的分布情况。从表中可以看出，在我国，私募基金发行地的分布依然密集，主要集中在北京、上海、哈尔滨、深圳以及昆明这 5 个城市，这几个城市发行的私募基金总数占到全部私募基金产品总数的 73% 左右。

表 1-9　　　　　私募基金发行地点的分布：2002~2018 年

发行地点	发行数量（只）	数量占比（%）
北京	8 329	22.6
上海	7 259	19.7
哈尔滨	4 789	13.0
深圳	4 755	12.9
昆明	1 694	4.6
其他	10 051	27.3
合计	**36 877**	**100**

具体来看，北京是发行私募基金数量最多的城市，为 8 329 只，占比 22.6%，这得益于北京丰富的客户资源以及集中的监管机构。上海是我国的金融中心以及上交所所在地，发行私募基金 7 259 只，占比 19.7%，相较于 2017 年（22.8%）下

降了3个百分点，位居第二。其后依次是哈尔滨、深圳以及昆明，发行基金的数量分别为4 789只、4 755只以及1 694只，占比分别为13%、12.9%和4.6%。哈尔滨发行数量较多，与在此注册的中融国际信托不无关系。在2014年之前，私募基金大多是借助信托的渠道发行产品，而当时中融国际信托在产品发行上占据优势，因而哈尔滨也成为发行私募基金较多的城市。相较于2017年9%的发行比例，2018年哈尔滨发行产品数量增长了4%，位于发行产品较多的城市前列。深圳排名第四，发行数量占比12.9%，这得益于深圳是深交所的所在地，再加上前海自贸区的金融优惠政策的影响，大量高精尖金融、科技人才聚集在此。除此之外，受政府层面的政策引导和经济发展影响，杭州、广州和成都也逐渐受到私募机构的青睐，发行产品数量在不断增加。

（四）基金投资策略

据万得数据的分类，私募基金包括普通股票型、债券型、股票多空型、宏观对冲型、混合型、相对价值型、股票多空型和事件驱动型等多种投资策略。基金的投资策略能够反映基金经理的投资风格和产品的投资标的，是投资者选择基金产品时的重要参考因素。表1-10展示了2002~2018年间累计的不同策略私募基金数量及其所占百分比。整体来看，基金数量分布较2017年变化不大。普通股票型基金仍是证券类私募基金的主流，占比高达77%左右，基金数量为28 537只。普通股票型基金是将资产主要投资于股票的基金，获取低价买入高价卖出的差额收益，业绩易受大盘影响。债券型基金位列第二，占比约为9%，基金数量为3 354只。债券型基金是指将资产主要投资于债券，收益相对稳定，因而又被称作固定收益型基金。由于债券型基金的收益空间相对较小，部分基金会采取结构化的运作方式，通过加杠杆的形式扩大利润。宏观对冲型基金占比约3%，该类型基金是借助经济学理论，对利率走势、政府的货币与财政政策等宏观经济因素进行研究，以此来预判相关投资品种（如股票、债券、国债期货、商品期货、利率衍生品、股指期货等）的未来趋势，进行相应的操作。

表1-10　　不同策略的私募基金发行总量及占比情况：2002~2018年

投资策略	基金数量（只）	数量占比（%）
普通股票型	28 537	77.4
债券型	3 354	9.1
宏观对冲型	1 249	3.4
相对价值型	870	2.4

续表

投资策略	基金数量（只）	数量占比（%）
股票多空型	846	2.3
混合型	708	1.9
事件驱动型	505	1.4
国际（QDII）股票型基金	441	1.2
其他	367	0.9
总计	**36 877**	**100**

此外，其他策略的私募基金，诸如相对价值型、股票多空型、混合型、事件驱动型和QDII型基金等，全部数量的占比约为10%。具体来说，股票多空型基金占比约2%，该类基金在持有股票的同时会卖空股票对冲风险，这意味着通过做空业绩未达预期和表现较差的股票或股指期货，基金可以同时在熊市和牛市都获得不错的收益。混合型基金占比约2%，该类型产品的投资标的包括股票、债券和货币市场工具等，但通常未在基金合同中明确主要投资方向，其资产配置灵活，随时可以根据市场情况调整仓位。

相对价值型与事件驱动型基金的表现通常与市场走向相关性不大，二者分别占比2%和1%左右。相对价值型是指基金利用关联证券间的价差获利，即买入价值被低估的股票，卖空价值被高估的股票，获取价格收敛所带来的收益。事件驱动型基金主要通过分析上市公司的重大事项（如并购重组、增资扩股、回购股票）等影响公司估值的因素来进行投资。

（五）基金费率

私募基金一般采用的是"2~20"的收费模式，即2%的固定管理费和20%的浮动管理费。"2%"是私募基金管理人提取管理资产的2%作为固定管理费用，无关业绩表现。"20%"是指当私募基金产生盈利而且达到合同条款的要求时，私募基金管理人提取盈利的20%作为业绩回报。

表1-11、图1-5、表1-12以及图1-6展示的是我国私募基金行业的管理费率信息，包括固定管理费率和浮动管理费率的情况。在本书中，我们重点关注以股票为投资标的的股票型私募基金。如表1-11所示，股票型私募基金的平均固定管理费率约为1.3%，与2017年的结果相比几乎持平。从图1-5中可以看出，私募基金的固定管理费主要集中在1.0%、1.5%和2%三个费率上，分别占比16%、23%以及21%左右。

表 1-11　　　　股票型私募基金的固定管理费率：截至 2018 年 12 月底

平均值	1.29%
75%分位数	1.85%
50%分位数	1.50%
25%分位数	1.00%

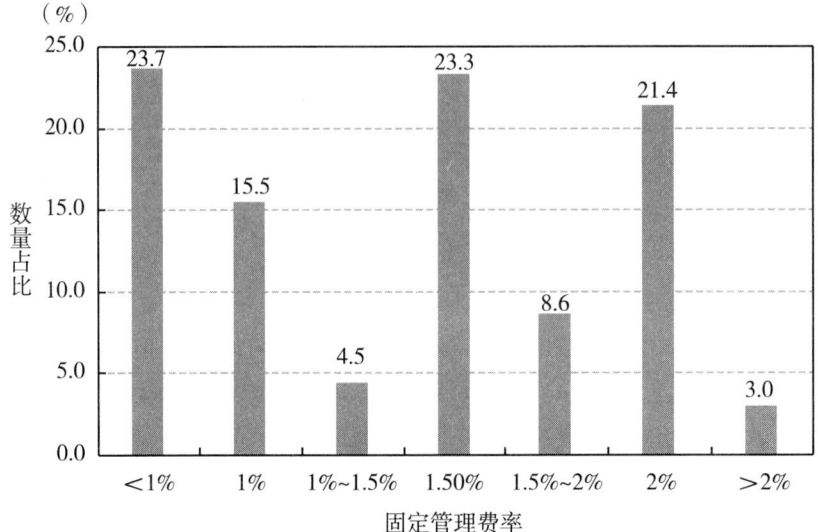

图 1-5　股票型私募基金固定管理费率的分布：截至 2018 年 12 月底

表 1-12 和图 1-6 展示的是我国股票型私募基金的浮动管理费率信息。值得一提的是，我们提取的数据来源于万得数据中有浮动费率信息的私募基金，而 2018 年万得数据没有披露私募基金浮动管理费率这项数据，因而我们采取的数据截至 2017 年 12 月底。从表 1-12 中可以看出，浮动管理费率均值为 20%，而 25%、50% 以及 75% 的分位数均为 20%。由此可见，20% 的浮动管理费率仍是我国私募基金市场上的主流，占比高达 88%，这在客观上也说明大多数私募基金具有较为统一的浮动管理费收取标准。

表 1-12　　　　股票型私募基金的浮动管理费率：截至 2017 年 12 月底

平均值	20%
75%分位数	20%
50%分位数	20%
25%分位数	20%

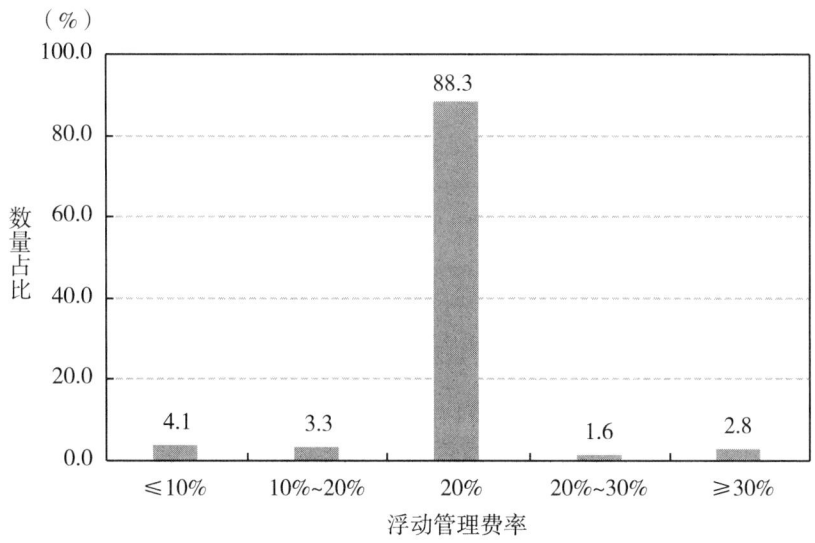

图1-6 股票型私募基金浮动管理费率的分布：截至2017年12月底

五、小结

　　私募基金向特定合格投资者募集资金，投资范围较广，投资策略灵活，更加尊重市场主体自治，监管约束不如公募基金严格，以追求绝对收益为投资理念，现已成长为倍受投资者青睐的一种理财方式。20世纪初，随着改革开放的持续深化以及居民财富的不断提升，私募基金应市场需求开始萌芽。发展初期，私募基金一直处于地下发展的状态，游走于灰色地带，监管政策较少。直到2004年，赵丹阳开创了借助信托平台发行私募基金的模式，私募基金行业才正式迎来阳光化发展的新纪元。随着2013年《证券投资基金法》以及2014年《暂行办法》的发布，私募基金走向合法化发展阶段。如今，经过资本市场的重重磨炼，以及国务院、证监会、中基协等多方机构的共同努力，私募基金行业发展愈加规范，行业监管体系也逐步成熟。

　　2018年，行业监管持续加强。资管新规及其多个配套细则落地，重塑资产管理行业行为规范，行业迎来统一监管的新格局，私募基金作为资管行业的一员，其监管也随之发生相应改变。对私募基金而言，资管新规提高了合格投资者门槛，收紧了杠杆运作比例，限制通道和嵌套，私募和银行理财间的委外业务合作一度受到严重冲击。随着资管细则的出台，私募基金与银行子公司理财的合作方式得以明朗化，为私募基金带来利好。与此同时，虽然私募基金经历"寒冬"，但行业自律监管也并未放松，《备案须知》《登记须知》《命名指引》以及信用信息报告上线，中基协这一系列自律文件的出台使得私募基金的规范化程度逐渐加深。

最后，本章从私募基金的发行数量、发行规模、发行地点、投资策略和基金费率这五个维度对证券类私募基金行业的现状进行梳理。根据万得数据库显示，2018年继续运营的私募基金为 29 767 只，全年新发行 3 179 只私募基金，较 2017 年（6 756 只）的新发行基金数量有所下降，整体发行速度趋缓。随着监管文件的密集出台，私募基金得以规范化发展的制度环境也逐渐成熟，行业发展愈加规范，停止运营的私募基金数量趋缓，2018 年为 265 只。在发行地的选择上，仍主要集中在北京、上海、深圳、哈尔滨以及昆明等城市，与 2017 年相差不大。私募基金的投资策略依然以普通股票型基金为主。从费率水平来看，截至 2018 年底，股票型私募基金的固定管理费率多数集中于 1.0%、1.5% 和 2% 上，平均数为 1.3% 左右。截至 2017 年底（万得数据库 2018 年未披露相关数据），股票型私募基金的浮动管理费率的均值为 20%，占比高达 88%。整体来看，我国私募基金行业已告别过去野蛮式生长阶段，正处于健康有序的发展过程中。

私募基金能否战胜大盘指数和公募基金

我国私募基金行业自20世纪90年代初在资本市场中产生以来,至今已形成相当大的规模,各类投资策略也渐趋成熟。我国私募证券投资基金与国外对冲基金类似,以其追求绝对正收益的天然特性吸引着高净值投资群体,也以其20%的浮动管理费及灵活的投资策略吸引着最优秀的基金经理。相对于其他投资品种,无论是在运营方面,还是在信息披露方面,相关法规对私募基金管理人的要求都宽松很多,以适应私募基金操作和投资策略的灵活性。另一方面,法规对私募基金投资者的要求相对较高,并且对于合格投资者的范围,证监会也有明确规定。那么我国私募基金行业的整体收益状况究竟如何?是否能为投资者带来较高的回报?整体而言,私募基金能否战胜公募基金和大盘指数?在报告中,我们对私募基金与万得全A指数、公募基金的业绩,分别从收益率指标和风险调整后的收益率指标两个角度做出对比。在风险调整后收益指标中,我们选择考虑不同风险因素的夏普比率、索丁诺比率和收益—最大回撤比率三个指标,将私募基金与大盘指数、公募基金的业绩进行多层次、多角度的对比,以得出综合考量的可靠结论。

我们的研究结果显示,在2008~2018年间,有八年时间股票型私募基金的收益战胜了万得全A指数,有五年时间战胜了公募基金。在2008~2018年这一期间内,私募基金的累计收益为64%,公募基金的累计收益为11%,而万得全A指数的累计收益却为-16%,低于私募基金和公募基金的业绩。从近三年和近五年私募基金与万得全A指数的夏普比率和索丁诺比率的对比结果来看,私募基金的业绩也优于大盘指数的业绩。从收益—最大回撤比率的对比结果来看,私募基金近三年和近五年的业绩都优于大盘指数。另外,我们还发现,近三年私募基金的夏普比率和索丁诺比率均优于公募基金的相应指标。

本章接下来的主要内容分为三部分:第一部分,将私募基金和万得全A指数、公募基金的收益率分别进行年度和长期的对比;第二部分,对私募基金与万得全A指数、公募基金风险调整后收益再做比较和分析,通过多角度、多层次的对比,综合判断私募基金能否真正战胜大盘指数和公募基金;第三部分,比较私募基金的收益率、夏普比率、索丁诺比率和收益—最大回撤比率四个指标的相关性，选择评估私募基金业绩的恰当指标。

一、收益率的比较

本章研究的对象是股票型私募基金，根据对私募基金各类投资策略的判断，我们将万得数据私募基金二级分类中的普通股票型、股票多空型、相对价值型和事件驱动型基金定义为股票型基金。由于分级基金的净值统计存在不统一的现象，我们在样本中排除了分级基金。对于普通投资者而言，他们最易于获取的信息就是私募基金的收益率指标，因此我们对私募基金和大盘指数、公募基金业绩的比较从收益率开始。基金的收益率采用的是红利再投资的净值增长率，即以复权净值计算的收益率，并且已经剔除管理费率和托管费率。

在收集数据时我们发现，万得数据在收集私募基金净值时，如果某个月它没有获取到某只基金的净值数据，系统会自动填充其上一个月的净值数据作为当月净值，因此会存在基金净值重复出现的情况。图2-1是2003~2018年股票型私募基金净值重复的比例。① 如果基金的复权净值和上个月相比没有变化，我们就认为这个月该基金的净值是重复的。可以看出，在2003~2018年间，基金净值重复率小于10%的基金占比约为93%，其他区间内股票型私募基金占比都很小。基金净值重复率过高通常是由数据收集问题所致，若将此类基金纳入样本会使分析结果不准确。因此，我们在样本中删除了在分析期间净值重复率大于10%的基金。

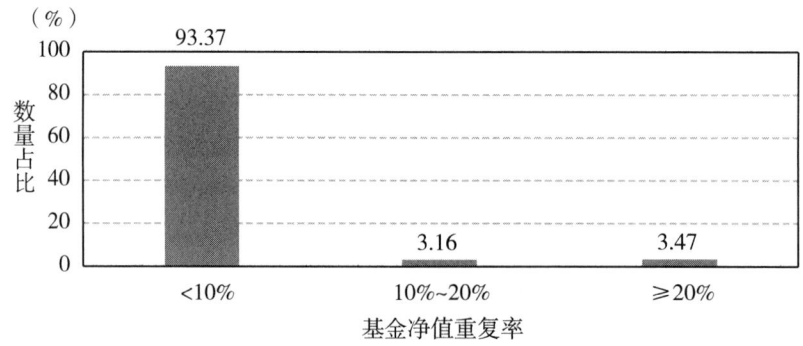

图2-1 股票型私募基金净值重复率的分布情况：2003~2018年

在收集样本时，我们发现部分基金的收益（和风险）指标在数值上十分近似，如表2-1所示。从表2-1中不难看出，安进的五只基金无论是2016年还是2017年

---

① 基金的净值重复率=该基金有重复净值的样本数/该基金的总样本数。

的年度收益率在数值上都一样。因此，本书在进行统计分析时，仅选择相似产品中的一只基金作为代表进行分析研究。例如，我们仅将表 2-1 中"安进 19 期富善对冲 1 号尊享 AA 期"基金纳入样本。

表 2-1　　　　　　　　　同类股票型私募基金样本举例　　　　　　　单位：%

编号	基金名称	2016 年收益率	2017 年收益率
1	安进 19 期富善对冲 1 号尊享 AA 期	-2.10	-5.00
2	安进 19 期富善对冲 1 号尊享 AB 期	-2.10	-5.00
3	安进 19 期富善对冲 1 号尊享 AC 期	-2.10	-5.00
4	安进 19 期富善对冲 1 号尊享 AD 期	-2.10	-5.00
5	安进 19 期富善对冲 1 号尊享 AE 期	-2.10	-5.00

本报告涉及三个基金净值的基本概念，各概念的定义如下：基金净值，是指在某一基金估值点上，按照公允价格计算的基金资产总市值扣除负债后的余额；累计净值，是指基金净值加上基金成立后累计分红所得的余额，反映该基金自成立以来的所有收益的数据；复权净值，是指考虑分红再投资后调整计算的净值。其中复权净值最能反映基金的真实表现，因此在以下的分析中，我们均使用复权净值指标。在对私募基金与大盘指数、公募基金的收益进行比较之前，我们先将四类策略的私募基金样本与大盘指数的收益与风险进行单独比较，使读者可以清晰地观察这四类私募基金的特征。

（一）四类股票型私募基金与大盘指数的比较

首先，我们在表 2-2 中展示了每年每类基金的样本数量。从表中可以看出，普通股票型基金每年含有样本数量的时间段是 2008~2018 年，股票多空型基金每年含有样本数量的时间段是 2009~2018 年，相对价值型基金每年含有样本数量的时间段是 2012~2018 年，事件驱动型基金每年含有样本数量的时间段是 2012~2018 年。

表 2-2　　　　　　　四类股票型私募基金在每一年的样本数量：
　　　　　　　　　　　截至 2018 年 12 月底　　　　　　　　　单位：只

年份	普通股票型	股票多空型	相对价值型	事件驱动型
2008	84	<10	<10	<10
2009	139	12	<10	<10
2010	230	19	<10	<10

续表

年份	普通股票型	股票多空型	相对价值型	事件驱动型
2011	420	43	<10	<10
2012	563	59	20	32
2013	616	43	35	41
2014	793	54	57	20
2015	1 088	154	83	20
2016	2 319	142	125	24
2017	4 407	136	162	32
2018	5 477	102	151	22

其次，截至2018年底，我们分别统计了近一年到近十年有完整历史数据的四类策略股票型私募基金的样本数量，如表2-3所示。据表2-3可知，有近一年（2018年）完整历史数据的股票型私募基金有5 635只，有近三年（2016~2018年）完整历史数据的基金有1 470只，有近五年（2014~2018年）完整历史数据的基金有348只，有近七年（2012~2018年）完整历史数据的基金有176只，有近十年完整历史数据（2009~2018年）的基金只有41只。

表2-3 有完整历史数据的四类股票型私募基金的样本数量：
截至2018年12月底 单位：只

策略类型	近一年	近二年	近三年	近四年	近五年	近六年	近七年	近八年	近九年	近十年
普通股票型	5 364	2 572	1 321	362	310	144	166	100	58	40
股票多空型	99	82	69	31	18	5	6	3	1	0
相对价值型	150	101	67	26	16	4	1	0	0	0
事件驱动型	22	18	13	7	4	3	3	3	2	1
合计	5 635	2 773	1 470	426	348	156	176	106	61	41

1. 普通股票型私募基金

普通股票型私募基金是指将资产主要投资于股票的私募基金，这类基金通过投资组合的方式降低非系统性风险，但其业绩容易受到市场波动的影响。图2-2是2008~2018年普通股票型私募基金与万得全A指数年度收益率的比较。据图2-2可知，在2008~2018年的十一年里，普通股票型私募基金超过大盘指数收益率的年份有七年，这几年均是大盘指数下跌较严重或上涨幅度较小的年份，如2008年、2011年和2013年，而在股指高涨的2009年和2014年，普通股票型私募基金的收益率没有超过大盘指数。

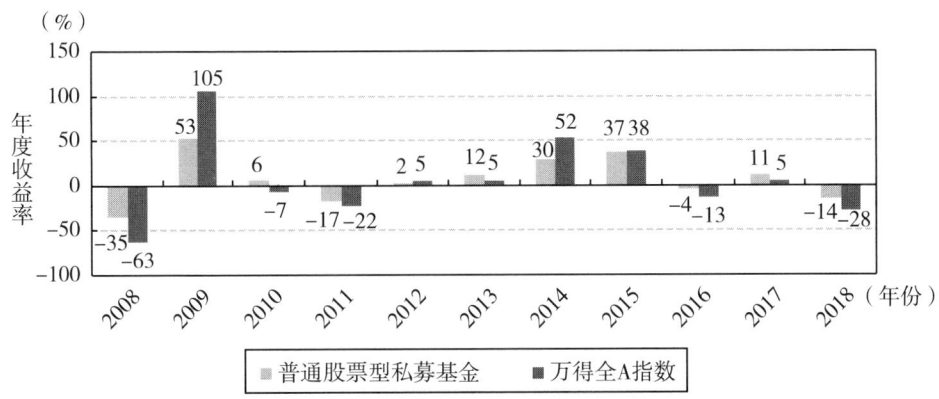

图 2-2 普通股票型私募基金与万得全 A 指数的年度收益率：2008~2018 年

图 2-3 是 2008~2018 年普通股票型私募基金与万得全 A 指数波动率的比较结果，我们可以观察这些年普通股票型私募基金的风险是否较大盘指数的风险更低。具体来看，在过去十一年中，除 2011 年、2014 年、2017 年和 2018 年外，有七个年份的普通股票型私募基金的波动率都明显低于指数的波动率，表明普通股票型私募基金的基金经理有效地将这类私募基金的风险控制在了比万得全 A 指数的波动幅度更低的范围内。例如，上海景林资产管理有限公司旗下的"景林稳健"基金，规模大，其凭借着低波动率风险，在过去五年获得了 19% 的年化收益。对于波动率的变化趋势而言，普通股票型私募基金与大盘指数波动率的变化方向相对一致，保持同增同减，但是普通股票型私募基金的波动幅度通常要低于指数的波动幅度，说明普通股票型私募基金能够将风险控制在比指数风险更低的水平。

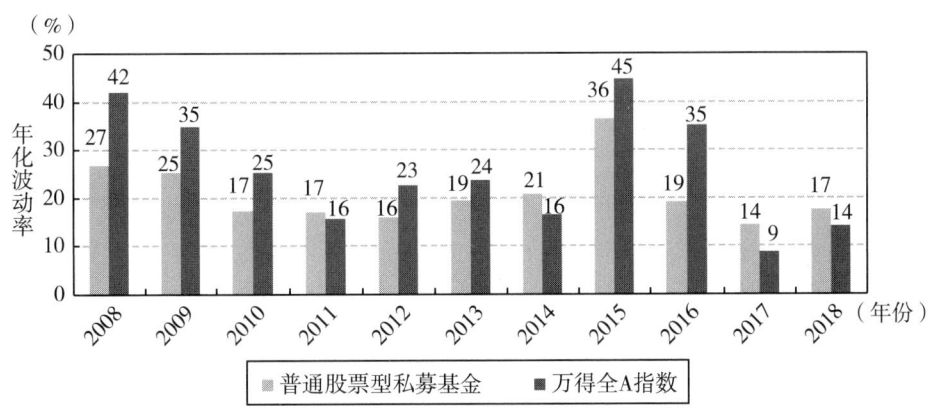

图 2-3 普通股票型私募基金和万得全 A 指数收益率的年化波动率：2008~2018 年

2. 股票多空型私募基金

股票多空型私募基金是指在投资过程中，在持有股票的同时采用股票多空策略来对冲风险，这类基金除了持有股票，也做空业绩未达预期和表现较差的股票或股指期货，力争在熊市和牛市中均能获得收益，但由于同时持有多头头寸和空头头寸，交易佣金所带来的成本也会较高。图 2-4 是 2009~2018 年股票多空型基金（2009 年之前此类基金没有样本）与万得全 A 指数年度收益率的比较结果。可以看出，在 2009~2018 年间，有七个年份的股票多空型私募基金跑赢了万得全 A 指数，分别为 2010 年、2011 年、2013 年、2015~2018 年。

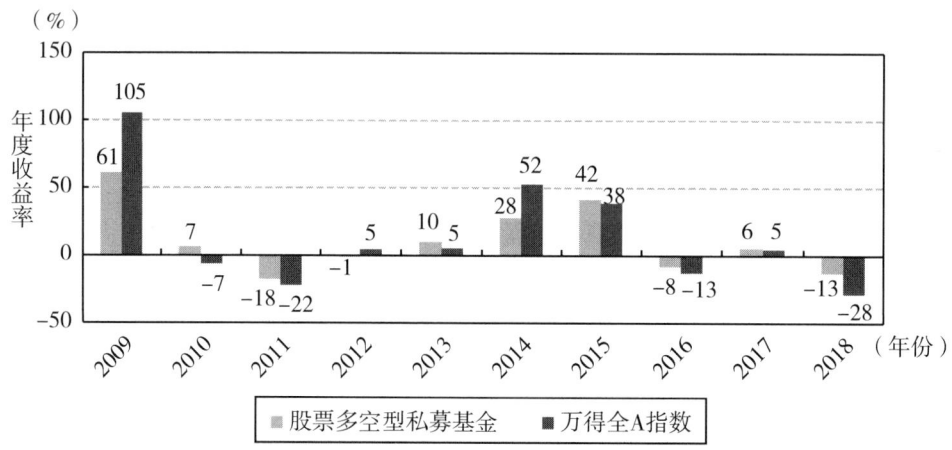

图 2-4　股票多空型私募基金与万得全 A 指数的年度收益率：2009~2018 年

图 2-5 是 2009~2018 年股票多空型私募基金与万得全 A 指数波动率的比较结果。可以看出，除了 2011 年、2014 年、2017 年和 2018 年之外，在这十年的多数年份里，股票多空型私募基金的波动率都低于万得全 A 指数的波动率，这一比较结果与普通股票型私募基金类似。例如，"思晔动态对冲旗舰产品"基金作为上海思晔投资管理有限公司旗下的一只股票多空型私募基金，通过良好的风控能力，在

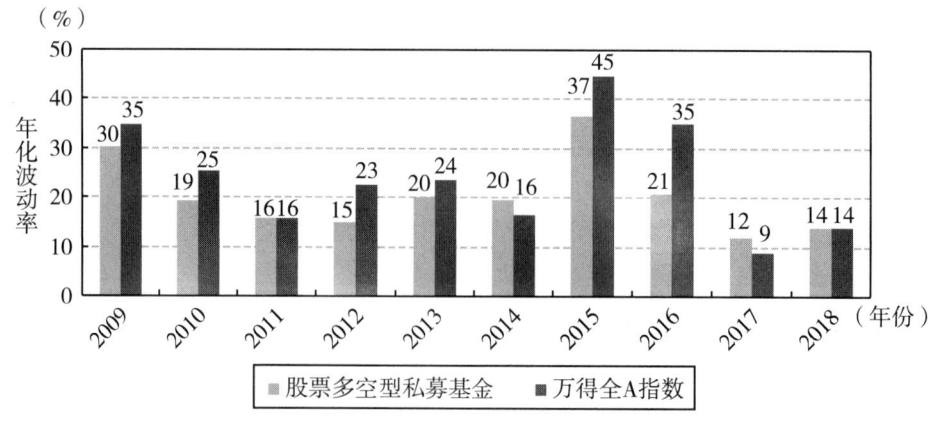

图 2-5　股票多空型私募基金与万得全 A 指数收益率的年化波动率：2009~2018 年

过去五年获得了19%的年化收益。此外，与图2-3相对照，我们发现此类基金与万得全A指数的波动率差距较普通股票型私募基金与万得全A指数的波动率差距更小，表明股票多空型私募基金对风险的控制要弱于普通股票型私募基金。

3. 相对价值型私募基金

相对价值型私募基金主要利用关联证券之间的价差来获利，即通过买入价值被低估的股票和卖空价值被高估的股票获取价格收敛所带来的收益，这类基金的收益情况往往与市场走向无关。我们将2012~2018年间相对价值型私募基金（2012年之前此类基金没有样本）与万得全A指数的年度收益率进行比较，如图2-6所示。据图可知，在这七年中，此类基金有四个年份（2013年、2016年、2017年和2018年）的收益率超过了万得全A指数的收益率，而且较之前两类基金与指数收益率间的同升同降趋势，相对价值型私募基金收益与大盘指数收益的相关性显然低得多。例如，"申毅量化"基金是一只典型的股票多空型私募基金，其通过对基金净值波动风险、对回撤的严格把控以及稳健的投资策略，在过去五年中获得了8%的年化收益。无论市场是涨是跌，相对价值型私募基金的收益都比较平稳，而且此类基金在多数年份里的收益也明显偏低，这与其低风险、低收益的策略特征相符。由此可知，虽然在市场大涨时，相对价值型私募基金的收益较低，但在股市出现大幅下跌时，该类基金往往能为投资者守住更多的财富。

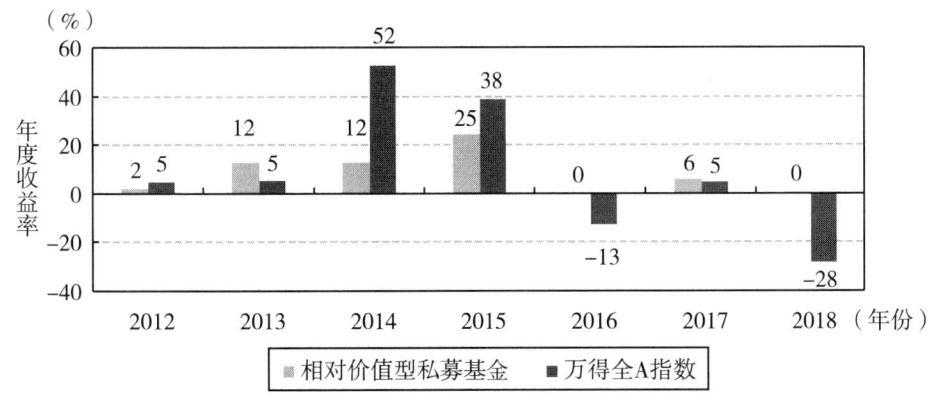

图2-6 相对价值型私募基金与万得全A指数的年度收益率：2012~2018年

图2-7是2012~2018年相对价值型私募基金与万得全A指数年化波动率的比较结果。可以明显看出，在这七年中，除了在2017年相对价值型私募基金的波动率与大盘指数的波动率持平外，其余年份相对价值型私募基金的波动率都低于万得全A指数的波动率，且此类基金与万得全A指数波动率的变动方向不具有一致性。具体来看，在2015年和2016年，相对价值型私募基金的波动率分别较万得全A指数波动率低26个和22个百分点，这一点与此类基金的策略特征也是相符的。可

见，股市的涨跌并未给相对价值型私募基金的收益造成很大影响，同时证明该类基金具有优秀的风险控制能力，与相对价值型私募基金低风险、低相关性、收益较稳定的特点相吻合。

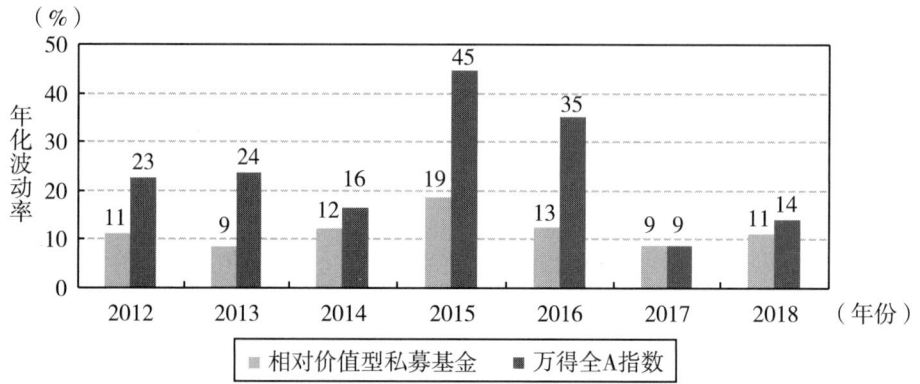

图 2-7　相对价值型私募基金与万得全 A 指数收益率的年化波动率：2012~2018 年

4. 事件驱动型私募基金

事件驱动型私募基金通过分析上市公司投资和运营中的重大事项来进行投资。一般来讲，重大事项包括公司的收购、并购、重组、增资扩股、回购股票，也包括影响公司估值的其他因素，如公司科技专利申请的批准等。这类基金的表现与大盘走势的相关性不大。图 2-8 是 2012~2018 年事件驱动型私募基金（2012 年之前此类基金没有样本）与万得全 A 指数年度收益率的比较结果。在这七年中，除了 2014 年和 2017 年外，事件驱动型私募基金的收益率皆高于指数的收益率，并且除了 2017 年之外，与普通股票型私募基金、股票多空型私募基金相比，事件驱动型私募基金的收益率在各年份中皆为最高。

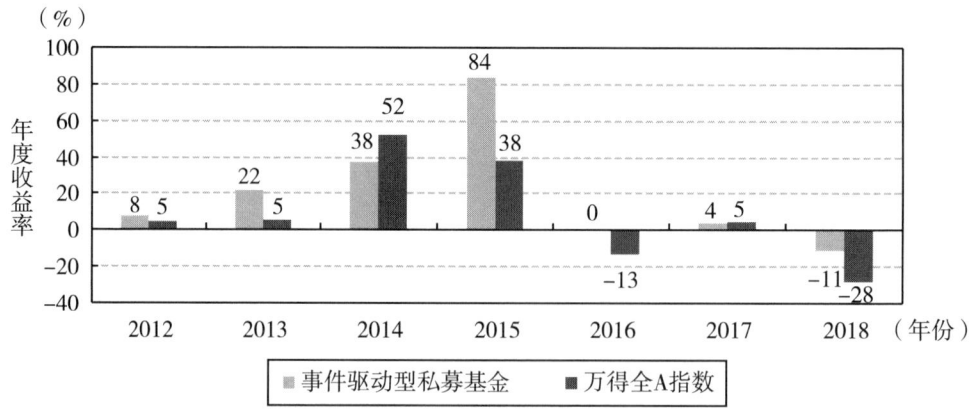

图 2-8　事件驱动型私募基金与万得全 A 指数的年度收益率：2012~2018 年

图 2-9 是 2012~2018 年事件驱动型私募基金与万得全 A 指数年化波动率的比较结果。我们发现，与前三类基金不同，事件驱动是一类高风险的投资策略，虽然此类基金的波动率与指数的波动率相差不多，但在这七年中，除 2015 年和 2016 年外，事件驱动型私募基金的波动率都高于指数的波动率，这说明事件驱动型私募基金在四类基金中的风险也是最高的，其风险甚至高于指数的波动幅度。

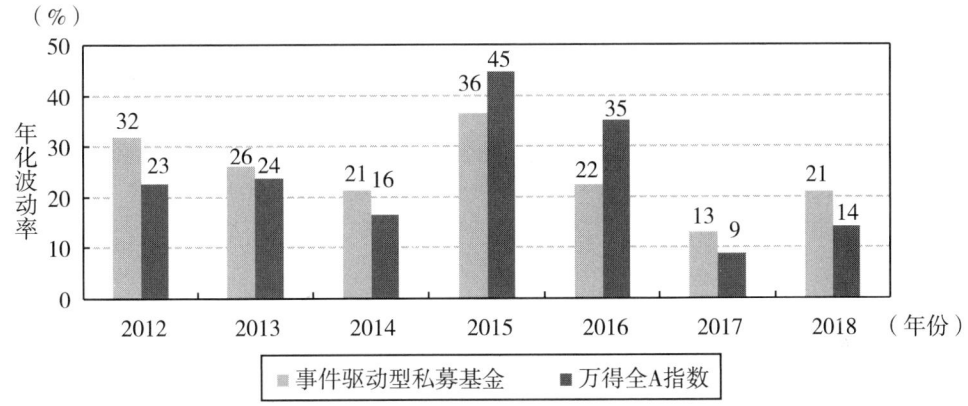

图 2-9　事件驱动型私募基金与万得全 A 指数收益率的年化波动率：2012~2018 年

通过对上述四类基金与指数收益和风险的比较分析，我们发现，普通股票型私募基金、股票多空型私募基金和事件驱动型私募基金与指数更具相关性和可比性，而相对价值型基金与指数的收益指标没有多大相关性。因此在本章接下来的内容中，我们将股票型私募基金样本与大盘指数的收益指标进行比较分析时，只选取相对价值型私募基金之外的三类基金作为样本，从股票型私募基金与股票型公募基金和万得全 A 指数的年度收益率、各年度超越大盘指数业绩的比例和累计收益率三个方面展开分析。

（二）年度收益率的比较

我们首先对 2008~2018 年股票型私募基金年度收益率与万得全 A 指数、股票型公募基金的年度收益率进行比较，图 2-10 给出了这一结果。

我们观察私募基金与指数间年度收益率的差异后发现：首先，私募基金业绩超过大盘指数收益的年份少于其业绩低于大盘指数收益的年份。在这十一年内，有七年私募基金的收益高于万得全 A 指数的收益，而有三年低于万得全 A 指数的收益，有一年与万得全 A 指数的收益持平。私募基金的业绩超越指数收益最多的年份是在 2008 年，指数收益率为 -63%，而私募基金的收益率为 -35%，高于指数收益 28 个百分点。

其次，在指数下跌的年份中，私募基金的表现都好于大盘指数。在2008~2018年的十一年间，有五个年份的大盘指数呈下跌状态，而私募基金或者做到了盈余，或者做到了跌幅比大盘指数更小，这五个年份分别为2008年、2010年、2011年、2016年和2018年，指数的业绩分别是-63%、-7%、-22%、-13%和-28%，而私募基金的业绩分别是-35%、6%、-17%、-4%和-14%。可见，私募基金给投资者带来的亏损更少。

最后，这段时间内投资于私募基金的风险更小。无论是在股市上涨的年份还是下跌的年份，指数在年度间的波动幅度更大，而私募基金的涨跌幅则更趋平稳。在牛市年份，如2009年和2014年，指数的收益率分别为105%和52%，而私募基金在这两个年份的收益率分别为54%和30%。在熊市年份，如2008年、2011年和2018年，指数的收益率分别为-63%、-22%和-28%，而私募基金在这三个年份的收益率分别为-35%、-17%和-14%。在我国这样一个易于波动的新兴资本市场中，能够做到较低的波动幅度是很难得的。

再来看私募基金和公募基金的比较。从我们的《2019年中国公募基金研究报告》中，我们知道，在2003~2018年间的多数年份里，股票型公募基金的收益率高于万得全A指数的收益率。具体而言，除了在2007年、2009年、2011年、2014年和2016年跑输万得全A指数以外，公募基金的年度收益率在2003~2018年间都跑赢了指数。而本报告的分析期间为2008~2018年，在这十一年间，私募基金和公募基金的收益率孰高孰低呢？我们看到，在2008~2018年间，有六年私募基金的收益率跑赢同期股票型公募基金的收益率。在指数上涨的年份（2009年、2012~2015年、2017年）中，仅在2014年私募基金的收益高于公募基金的收益。在指数下跌的年份（2008年、2010年、2011年、2016年、2018年）中，私募基金的表现都要好于公募基金。因此，单从年度收益率来看，难以直接判断在两者中哪类基金的收益更高（见图2-10）。

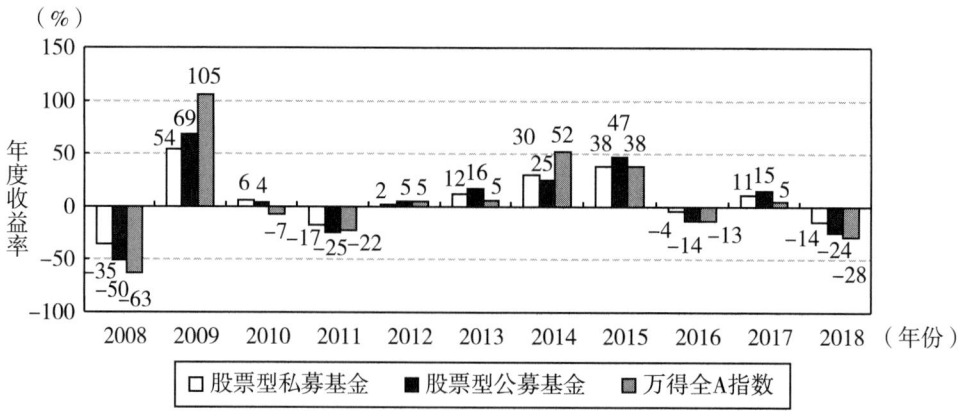

图2-10 股票型私募基金、公募基金与万得全A指数的年度收益率比较：2008~2018年

我们用私募基金和万得全A指数、公募基金的月度收益率计算它们的年化波动率，进一步分析私募基金和大盘指数、公募基金的收益率波动幅度的差异，图2-11为三者波动率的比较结果。首先，我们比较私募基金和大盘指数收益波动率的差异。在2008~2018年中，只有在2011年、2014年、2017年和2018年，万得全A指数收益率的波幅小于私募基金收益率的波幅，其他年份都高于私募基金收益率的波幅。我们知道，在2015年的6、7月份发生罕见的股灾，该年份指数收益率的波动率高达45%，而私募基金收益率的波动率则被控制在了36%，低于指数收益的波动幅度。再看私募基金和公募基金收益波动率的差异。可以看到，在这十一年中，有六个年份（2008~2010年、2012年、2015~2016年）私募基金收益的年化波动率小于公募基金，并且在这六年中，私募基金收益率的波幅也小于大盘指数收益的波动幅度。此外，在2011年和2013年，私募基金与公募基金的波动率持平。总体来看，在三者中，私募基金的风险最低，公募基金次之，风险最高的是大盘指数。

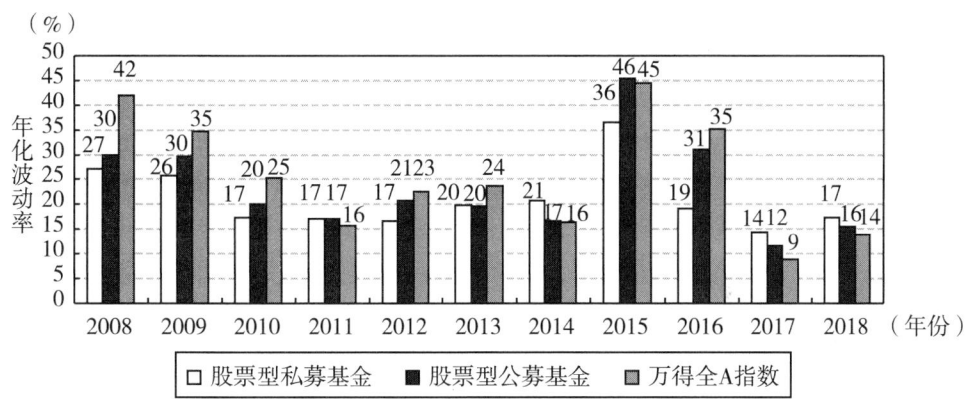

图2-11 股票型私募基金、公募基金和万得全A指数收益率的年化波动率比较：2008~2018年

（三）基金超过大盘指数收益率的比例

年度收益率的比较是以私募基金行业收益率的均值作为比较的指标，为了观察私募基金行业整体的收益率与大盘指数收益率的对比情况，我们计算了2008~2018年间每一年私募基金收益率超越大盘指数收益率的比例，结果在图2-12中给出。同时，为了观察私募和公募两个行业在超越大盘指数比例方面的差异，我们在图2-12中也给出了各年份公募基金的这一指标。首先，我们来看私募基金超越大盘指数的比例情况。总体来看，2008~2018年间，50%以上的私募基金收益率超越了大盘指数收益率的情况发生了七年，分别是2008年、2010年、2011年、

2013年、2016年、2017年和2018年，超越的比例分别为97%、85%、68%、60%、76%、53%和83%。特别是在股市变动剧烈的2015年和2018年，仍分别有37%和83%的私募基金超越了大盘指数的收益。分年度来看，私募基金行业的业绩大比例超越大盘指数收益的年份，均是在指数上涨较少或下跌较多的熊市年份，而在牛市年份中，私募基金行业内能够超越大盘指数收益的比例普遍较小。如在2009年、2012年和2014年，指数的收益分别为105%、5%和52%，私募基金行业的平均收益率分别为54%、2%和30%（见图2-10），私募基金超越指数收益的比例分别为9%、35%和14%。在多数的牛市年份中，私募基金行业在整体上没能超越指数，说明在牛市中，虽然绝大部分基金都在盈利，但此时私募基金行业内部的业绩差距却在拉大。在牛市中，能够准确把握进出市场的节奏，获取超越市场指数的收益，站在市场上涨势头高处的基金经理只是少数人，大部分私募基金经理都无法在牛市中追赶上大盘指数上涨的步伐。再看私募基金与公募基金两个行业超越大盘指数的比例比较情况。总体来说，两者的共同点在于熊市年份超越指数的比例都较高，而牛市年份超越指数的比例都偏低，看来这是基金行业运作的共性。

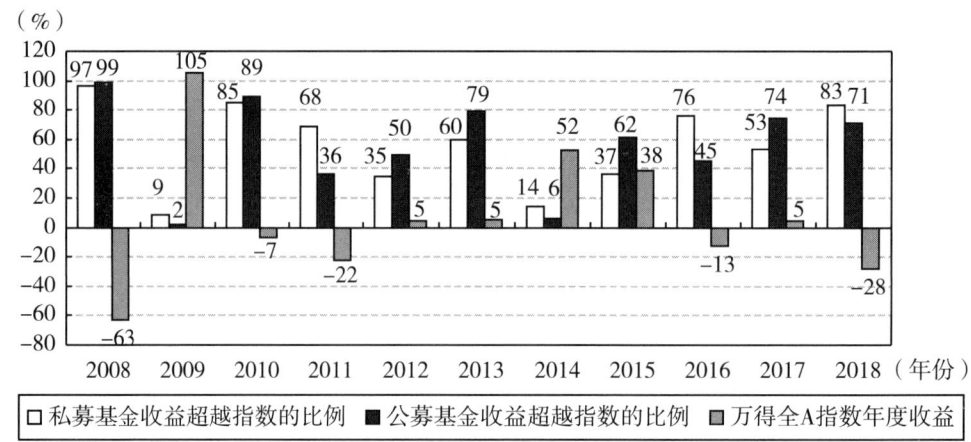

图2-12 股票型私募基金、公募基金分别超越大盘指数
收益率的比例：2008~2018年

（四）累计收益率的比较

从投资者的角度看，他们比较关注长期投资于私募基金的收益是否能够超越指数？如果能够超越指数，其超越指数的幅度是多少？假设私募基金可以超过指数的业绩，那么它是否也能超越公募基金？超越公募基金的幅度又是多少？为了回答上

述问题，我们首先选取近三年和近五年作为两个观察期，比较私募基金和万得全A指数、公募基金年均收益率的高低，再对2008~2018年间私募基金和万得全A指数、公募基金的累计收益率进行比较。在选取基金样本时，我们要求私募基金样本在2016~2018年间或2014~2018年间具有完整三年或五年的基金复权净值数据。按照表2-3所示，过去三年（2016~2018年）和过去五年（2014~2018年）的样本数量分别为1 470只和348只。近三年和近五年私募基金等权年均收益率和万得全A指数、公募基金的年均收益率比较结果如图2-13所示。2016~2018年私募基金等权年均收益率为-4%，高于万得全A指数的收益率（-13%）以及公募基金的年均收益率（-10%）。2014~2018年私募基金等权年均收益率为8%，高于万得全A指数的收益率（7%）和公募基金的年化收益率（6%）。因此，无论是从短期还是中长期来看，私募基金都保持了相对于大盘指数和公募基金的业绩优势。

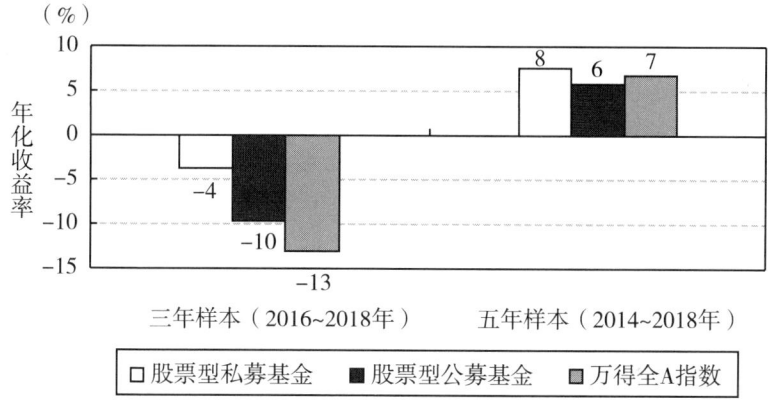

图2-13 股票型私募基金、公募基金和万得全A指数的年化收益率

我们将考察期间延长至整个样本期，对2008~2018年私募基金等权平均累计收益率和万得全A指数、公募基金累计收益率做出比较，结果展示在图2-14中。我们将三者在2007年最后一天的初始价值都设定为100元，如果投资者在2007年底以同样的100元分别投资于股票型私募基金、万得全A指数和公募基金，那么到2018年末，私募基金的等权平均累计收益率为64%，公募基金的等权平均累计收益率为11%，万得全A指数的累计收益率仅为-16%。可见，在不考虑风险因素的情况下，长期投资于私募基金将会获得较高的投资收益。

基于上述三个方面的分析，我们可以得到，在不考虑风险因素的情况下，无论是分年度看，还是从短期或是中长期看，2008~2018年期间投资于股票型私募基金的收益都会高于投资于万得全A指数的收益，而且风险较指数更低。从私募基金和公募基金的诸方面比较来看，私募基金在长期投资中具有较大优势，不仅具有较低的年度风险，并且能够获取较高的投资收益。

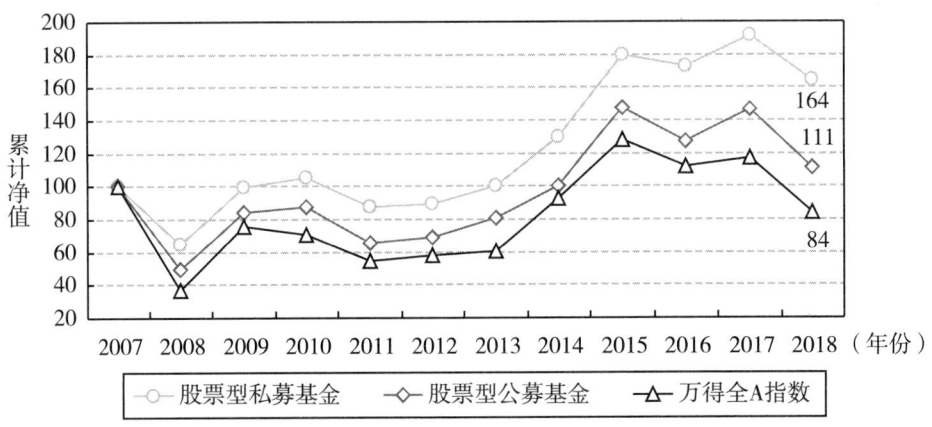

图 2-14 股票型私募基金、公募基金和万得全 A 指数的累计净值：2008~2018 年

二、风险调整后收益指标的比较

对私募基金和大盘指数、公募基金的比较，从投资者最易于获取的绝对收益信息分析入手是第一步。但若要深入了解私募基金的业绩状况，则应进一步分析风险调整后的收益指标。与绝对收益指标相比，风险调整后的收益指标增加了对风险因素的考虑，更加科学、合理。在选择风险调整后收益指标时，我们选取衡量总风险的夏普比率、衡量下行风险的索丁诺比率，以及衡量一段时期内最大回撤风险的收益—最大回撤比率三个指标，从而使私募基金业绩与大盘指数、公募基金业绩的比较结论更为准确和可靠。不同的投资组合面临的风险是不同的，而风险调整后的收益指标使我们可以回答以下问题：在承担相同风险的情况下，私募基金和大盘指数、公募基金的收益是否存在差异？接下来，我们对四类策略基金组成的股票型私募基金整体样本做出分析。在本节中，我们以近三年和近五年作为研究期间，从多个层次、多个角度对股票型私募基金和大盘指数、股票型公募基金的相关风险调整后收益指标展开比较和分析。在选取基金样本时，我们同样要求基金在 2016~2018 年间或 2014~2018 年间具有完整三年或五年的基金复权净值数据，且每个分析区间内的基金历史净值重复率都小于 10%。从表 2-3 看到，近三年股票型私募基金的样本量为 1 470 只，近五年股票型私募基金的样本量为 348 只。

（一）夏普比率

夏普比率的含义为基金每承担一个单位的风险所获得的超额收益。在计算这一指标时,用某一时期内基金的平均超额收益率除以这个时期超额收益率的标准差来衡量基金风险调整后的回报,该比例越高,表明基金在风险相同的情况下获得的超额收益越高。其公式如下:

$$Sharpe_M = \frac{MAEX}{\sigma_{ex}} \quad (2.1)$$

$$Sharpe_A = Sharpe_M \times \sqrt{12} \quad (2.2)$$

其中,$Sharpe_M$ 为月度夏普比率;$Sharpe_A$ 为年化夏普比率;$MAEX$ 为月度超额收益率的平均值(monthly average excess return);σ_{ex} 为月度超额收益率的标准差(standard deviation)。基金的月度超额收益率为基金的月度收益率减去市场月度无风险收益率,市场无风险收益率采用整存整取的一年期基准定期存款利率。

我们对近三年(2016~2018年)和近五年(2014~2018年)股票型私募基金等权平均年化夏普比率与股票型公募基金、万得全A指数的年化夏普比率进行比较,结果如图2-15所示。从图2-15可以看到,近三年股票型私募基金的年化夏普比率为-0.19,股票型公募基金等权平均年化夏普比率为-0.43,同一时期万得全A指数的年化夏普比率为-0.58,这说明无论是公募基金还是私募基金所贡献的收益,或是大盘指数的收益都低于无风险的银行存款利率。总体而言,虽然从近三年的年化夏普比率表现来看,股票型私募基金超越了万得全A指数和公募基金,但无论是股票型私募基金、公募基金还是万得全A指数,整体表现欠佳。而在过去五年,股票型私募基金年化夏普比率的表现(0.40)同样好于股票型公募基金(0.28)和万得全A指数(0.31),说明在承担相同风险的情况下,股票型私募基金能获取更高的收益。总体而言,无论是短期还是中长期,私募基金风险调整后的收益表现都强于同期大盘指数和公募基金。

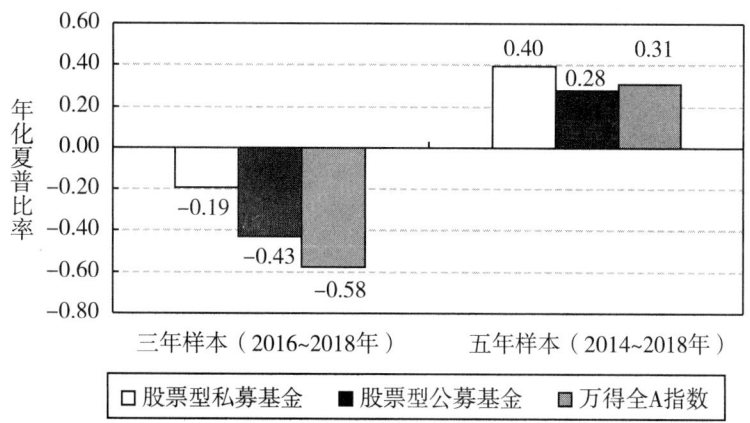

图2-15 股票型私募基金、公募基金和万得全A指数的年化夏普比率

我们将2014~2018年私募基金年化夏普比率的分布均分为10个区间,并做出

直方图，在直方图中将股票型私募基金的年化夏普比率与万得全A指数的年化夏普比率进行更直观的比较，结果如图2-16所示。

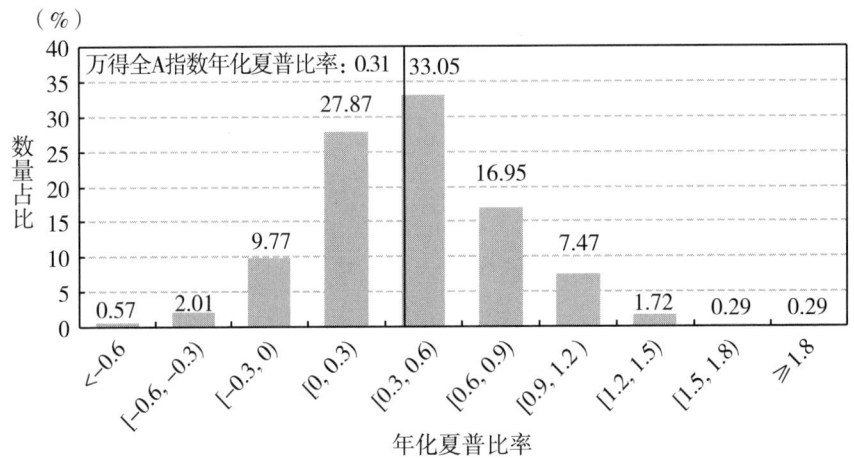

图2-16 股票型私募基金年化夏普比率的分布：2014~2018年

由图2-16可知，股票型私募基金年化夏普比率的峰值出现在[0.3, 0.6)这一区间，占比为33%；万得全A指数近五年的年化夏普比率（0.31）也位于该区间内。其次，年化夏普比率较为集中的区间是[0, 0.3)，占比约为28%。位于区间[0.6, 0.9)内的私募基金年化夏普比率占比下降较多，为17%，说明股票型私募基金年化夏普比率达到这一高度难度较大。在这348只基金中，近五年年化夏普比率的最大值为1.92，最小值为-1.79，而中位数值为0.40，高于万得全A指数的年化夏普比率（0.31），也就是说，有超过半数的股票型私募基金的年化夏普比率超过了万得全A指数的年化夏普比率。

与股票型公募基金相比，近五年股票型公募基金年化夏普比率的最大值为0.89，最小值为-0.50，显然股票型私募基金年化夏普比率分布的离散程度更高，也就是说，在控制总风险方面，股票型私募基金相互间的差距比股票型公募基金相互间的差距要大。股票型公募基金年化夏普比率的中位数值为0.28，低于股票型私募基金年化夏普比率的中位数值（0.40）。整体来看，股票型私募基金行业对总风险的控制能力比股票型公募基金行业对总风险的控制能力更强。

我们将2014~2018年股票型私募基金样本的年化夏普比率从高到低排列，如图2-17所示，图中横线代表万得全A指数的年化夏普比率（0.31），表示当承担每一单位风险时，大盘指数可获得0.31%的超额收益。从图2-17可以看出，年化夏普比率高于0.31的股票型私募基金为206只，占比59%，表明有近六成股票型私募基金的年化夏普比率超越了万得全A指数的年化夏普比率。此外，我们还发现，有35只私募基金近五年的年化夏普比率小于零。

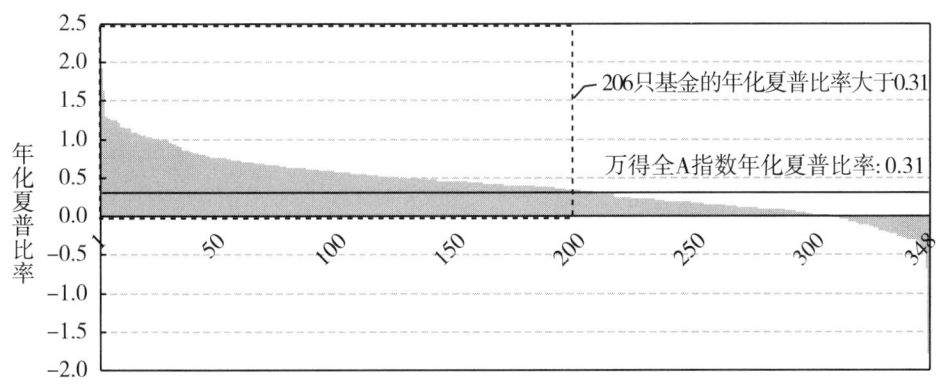

图 2-17　股票型私募基金年化夏普比率排列图：2014~2018 年

图 2-18 为过去五年（2014~2018 年）中股票型私募基金年化夏普比率的散点图，纵轴代表股票型私募基金的超额收益率，横轴代表股票型私募基金超额收益标准差（风险），每只基金的年化夏普比率是从原点到每一坐标点的斜率，斜率越大，基金的年化夏普比率越大，风险调整后的收益越高。其中，最大斜率为 1.92，最小斜率为 -1.79，二者分别为年化夏普比率的最大值和最小值，所有基金的年化夏普比率都落入由原点射出、斜率分别为 1.92 和 -1.79 的射线所围成的扇形区间内。不难发现，股票型私募基金年化夏普比率的分布较为集中。

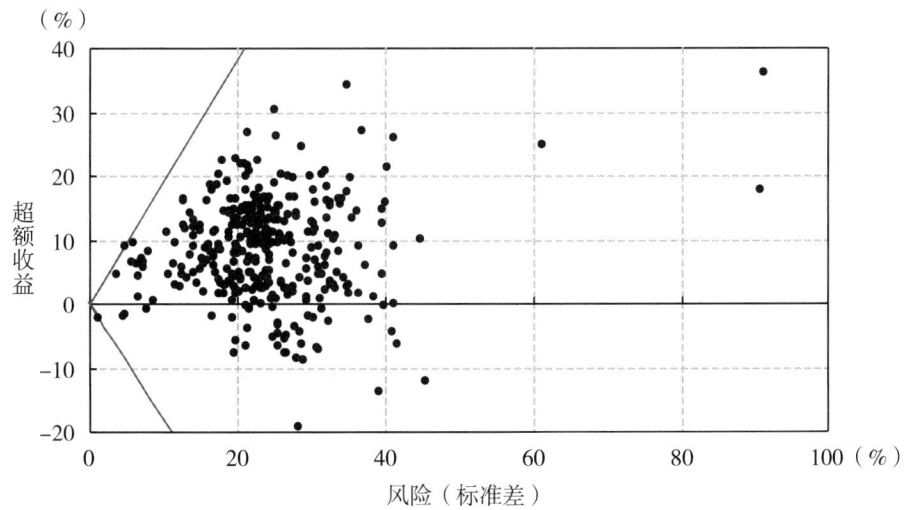

图 2-18　股票型私募基金年化夏普比率散点图：2014~2018 年

为了方便观察，我们把过去五年（2014~2018 年）年化夏普比率排名在前 10 名和后 10 名的基金挑出，放大显示并加上基金简称和年化夏普比率数值，如图 2-19（a）和图 2-19（b）所示。从图 2-19（a）和图 2-19（b）可以看出，近五年年化夏普比率最大的是"念空跨境套利"基金,年化夏普比率为 1.92;最小的是"稳健流动性"基金,年化夏普比率为-1.79。

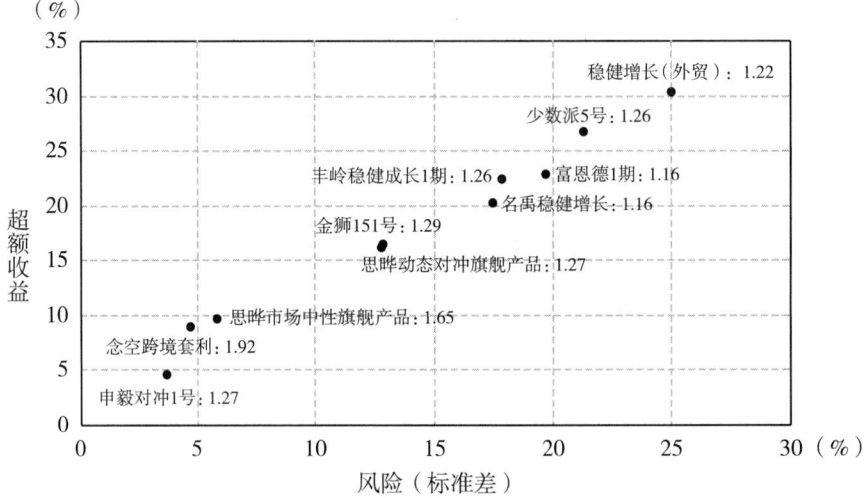

图 2-19(a)　股票型私募基金年化夏普比率散点图(前 10 名):2014~2018 年

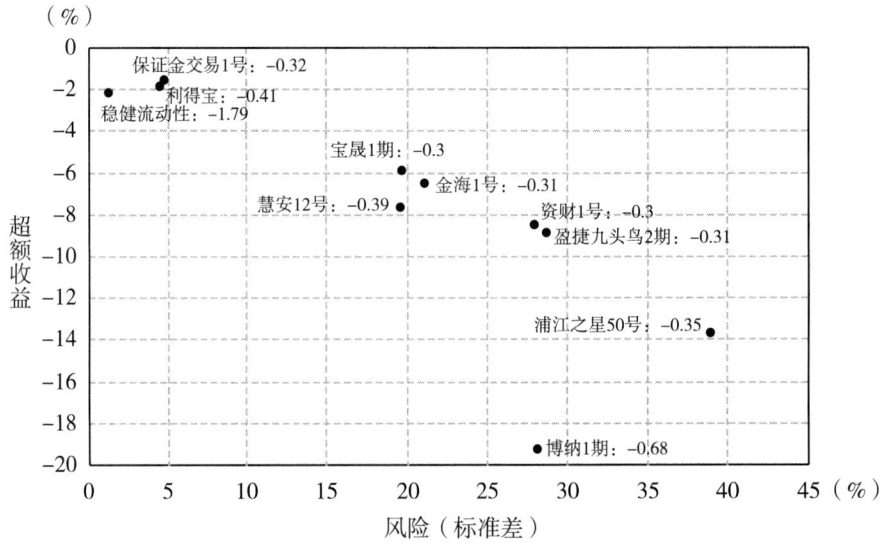

图 2-19(b)　股票型私募基金年化夏普比率散点图(后 10 名):2014~2018 年

在相同的风险水平下,年化夏普比率最高的股票型私募基金与万得全 A 指数的收益相比会表现出怎样的差异?为了回答这一问题,我们将 2014~2018 年年化夏普比率排名在前 5%的股票型私募基金单独挑出,与万得全 A 指数的收益进行比较分析。表 2-4 是 2014~2018 年按照年化夏普比率排名前 5%的私募基金样本名单,我们可以计算出这些基金的超额收益率标准差均值为 16%。如果用万得全 A 指数作为比较基准的话,假设我们使用大盘指数近五年的年化夏普比率(0.31)和风险(16%)反推指数的超额收益率,那么它的年化超额收益率应为5%(16%×0.31)。在按照年化夏普比率排名前5%的基金中,这些基金的超额收益率均高于万得全A指数的超额收益率(5%)。

表2-4　　年化夏普比率排名在前5%的股票型基金:2014~2018年

编号	基金名称	年化超额收益率（%）	年化超额收益率标准差（%）	年化夏普比率
1	念空跨境套利	8.97	4.66	1.92
2	思晔市场中性旗舰产品	9.63	5.85	1.65
3	金狮151号	16.54	12.80	1.29
4	思晔动态对冲旗舰产品	16.24	12.78	1.27
5	申毅对冲1号	4.59	3.63	1.27
6	丰岭稳健成长1期	22.46	17.81	1.26
7	少数派5号	26.75	21.29	1.26
8	稳健增长（外贸）	30.37	24.99	1.22
9	富恩德1期	22.84	19.67	1.16
10	名禹稳健增长	20.23	17.45	1.16
11	诚盛1期	22.64	19.73	1.15
12	淘利多策略量化套利	6.61	5.76	1.15
13	银帆7期	18.76	16.40	1.14
14	中国龙平衡	11.26	10.32	1.09
15	世诚扬子2号	18.69	17.23	1.09
16	大朴进取1期	17.86	16.49	1.08
17	思晔量化择股旗舰	21.78	20.41	1.07
18	海洋之星1号	21.86	20.83	1.05
19	新思哲1期	26.33	25.25	1.04
20	银帆6期	14.18	13.64	1.04
21	信合东方2期	8.35	8.03	1.04
22	黄金优选1期1号（淡水泉）	19.28	18.60	1.04
23	景富趋势成长1期	21.63	21.23	1.02
24	聚发（25）-保证金交易1号A2	7.13	7.07	1.01
25	银帆5期	16.04	15.90	1.01

续表

编号	基金名称	年化超额收益率（%）	年化超额收益率标准差（%）	年化夏普比率
26	明河价值1期	22.60	22.66	1.00
27	证大稳健增长	34.33	34.58	0.99
28	申毅量化	6.19	6.25	0.99
29	林园	20.78	21.47	0.97
30	道谊稳健	12.25	12.79	0.96
31	长江稳健	13.16	13.98	0.94
32	鑫安1期	19.91	21.19	0.94
33	金锝6号	6.52	7.15	0.91
34	双赢6期	11.80	13.01	0.91
35	仙童1期	24.71	28.64	0.86
	指标平均值	**17.24**	**15.99**	**1.11**

那么在相同的风险水平下，年化夏普比率最低的股票型私募基金与万得全A指数的收益相比又会表现出怎样的差异？为了回答这一问题，我们将2014～2018年按照年化夏普比率排名在后5%的股票型私募基金单独挑出，与万得全A指数的收益进行比较分析。表2-5是2014～2018年按照年化夏普比率排名在后5%的股票型私募基金样本。从表2-5我们可以发现，这35只基金的年化超额收益率和年化夏普比率均为负值，年化超额收益率的平均值为-6%，年化超额收益率标准差的均值为26%，年化夏普比率的平均值为-0.27。如果用万得全A指数作为比较基准的话，假设我们使用大盘指数近五年的年化夏普比率（0.31）和风险（26%）反推指数的超额收益率，那么它的年化超额收益率应为8%（26%×0.31）。在按照年化夏普比率排名在后5%的股票型私募基金中，没有一只基金的超额收益率高于指数的业绩（8%）。其中，"朱雀漂亮阿尔法"基金的超额收益率最高，为-0.73%，仍然低于指数的业绩（8%）。这说明与指数相比，年化夏普比率表现较差的基金未能在控制风险的同时取得良好的收益，造成这些基金年化夏普比率较低的主要原因是它们的收益较低。年化超额收益率越小的基金，它们的年化夏普比率也偏小。例如，在这些基金中，年化夏普比率排名倒数第二的"博纳1期"基金的风险为28%，其过低的年化超额收益率（-19%）使其成为"吊车尾"的角色。在表2-5中，没有一只基金的年化夏普比率为正，这些基金的特点是在承担较大风险的同时，取得的收益水平普遍偏低，因而它们的年化夏普比率也很低。

表 2-5　　年化夏普比率排名在后 5%的股票型基金：2014~2018 年

编号	基金名称	年化超额收益率（%）	年化超额收益率标准差（%）	年化夏普比率
1	稳健流动性	-2.13	1.19	-1.79
2	博纳 1 期	-19.25	28.10	-0.68
3	利得宝	-1.85	4.48	-0.41
4	慧安 12 号	-7.65	19.59	-0.39
5	浦江之星 50 号	-13.63	38.93	-0.35
6	保证金交易 1 号	-1.54	4.74	-0.32
7	盈捷九头鸟 2 期	-8.87	28.72	-0.31
8	金海 1 号	-6.48	21.09	-0.31
9	资财 1 号	-8.47	27.94	-0.30
10	宝晟 1 期	-5.86	19.65	-0.30
11	盛世源稳健增长	-7.68	26.46	-0.29
12	冰冷 1 期	-7.57	26.22	-0.29
13	泰石 1 期	-12.11	45.34	-0.27
14	光华上智 1 期	-6.54	25.40	-0.26
15	明华新兴成长	-7.25	30.86	-0.23
16	中域增值 1 期	-6.97	30.59	-0.23
17	太极 1 号	-6.29	28.52	-0.22
18	投资精英之尚雅（A）	-5.61	26.34	-0.21
19	鼎诺秋实 1 期	-5.23	24.72	-0.21
20	鼎陶朱辉 2 期	-4.97	26.52	-0.19
21	金狮 156 号	-4.67	25.39	-0.18
22	共青城新里程	-3.93	21.42	-0.18
23	华展金丰 1 期	-4.39	28.41	-0.15
24	鑫增长 1 号	-6.37	41.46	-0.15
25	御峰 1 号	-3.39	25.29	-0.13
26	广金成长	-3.66	27.76	-0.13

续表

编号	基金名称	年化超额收益率（%）	年化超额收益率标准差（%）	年化夏普比率
27	武当10期	-2.96	25.31	-0.12
28	中金金致1号	-2.25	19.30	-0.12
29	R2007ZX065	-1.94	16.63	-0.12
30	浦江之星28号	-4.51	40.86	-0.11
31	朱雀漂亮阿尔法	-0.73	7.62	-0.10
32	双赢1期（瀚信）	-2.65	32.17	-0.08
33	龙票1期（华润）	-2.13	30.26	-0.07
34	德源安战略成长1号	-2.51	37.53	-0.07
35	瀚信经典1期	-1.95	29.44	-0.07
	指标平均值	**-5.54**	**25.55**	**-0.27**

对比年化夏普比率排名在前5%的优秀基金（35只）和排名在后5%的较差的基金（35只），我们发现，两组基金的风险相差10%，而两组基金的年化超额收益率均值相差23%。这一结果表明，优秀的股票型私募基金可以在与大盘指数相同的风险水平下，获得更高的超额收益；而较差的股票型私募基金，在与大盘指数相同的风险水平下，只能取得很低的超额收益。此外，与较差的股票型私募基金相比，最优秀的股票型私募基金不仅能够获得更高的超额收益，而且能将风险控制在更低的水平。有些读者比较关心基金在更短时间段内的年化夏普比率的表现，在进一步的研究中，我们将样本时间缩短至近三年（2016~2018年），用相同的方法比较股票型私募基金与股票型公募基金、万得全A指数的年化夏普比率，我们发现结论与近五年的比较结果基本一致，因此不再赘述。

（二）索丁诺比率

索丁诺比率是另一个经典的风险调整后收益指标，它与夏普比率的区别在于，夏普比率衡量的是投资组合的总风险，计算风险指标时采用的是超额收益率标准差。而索丁诺比率在考虑投资组合的风险时将其分为上行风险和下行风险，认为投资组合的正回报符合投资人的需求，因此只需衡量下行风险，计算风险指标时采用的是超额收益率的下行标准差。索丁诺比率和夏普比率一致，比率越高，表明基金净值回调的幅度越小，盈利更加稳健。对于私募基金的投资者而言，索丁诺比率比夏普比率更为重要。因为一般情况下，投资者在购买私募基金时，合同中都会对"清盘线"做出规定，市场上大多数私募基金的"清盘线"设置在净值下降到0.7~0.8元处，这意味着投资者和基金经理们会更关注下行风险。其计算公式如下：

$$Sortino_M = \frac{MAEX}{D\sigma_{ex}} \quad (2.3)$$

$$Sortino_A = Sortino_M \times \sqrt{12} \quad (2.4)$$

其中，$Sortino_M$为月度索丁诺比率；$Sortino_A$为年化索丁诺比率；$MAEX$为超额收益率的月平均值（monthly average excess return）；$D\sigma_{ex}$为月度超额收益率的下行风险标准差（downside standard deviation）。基金的月度超额收益率为基金的月度收益率减去市场月度无风险收益率，市场无风险收益率采用整存整取的一年期基准定期存款利率。

我们对过去三年（2016~2018年）和过去五年（2014~2018年）股票型私募基金、股票型公募基金等权平均年化索丁诺比率与万得全A指数的年化索丁诺比率做了比较，结果如图2-20所示。可以看到，近三年股票型私募基金的等权平均年化索丁诺比率为0.00，同一时期股票型公募基金的等权平均年化索丁诺比率为-0.55，而万得全A指数的年化索丁诺比率仅为-0.74，虽然股票型私募基金的索丁诺比率最高，但这三者的比率数值都不尽如人意，这一点与之前夏普比率的分析比较类似。造成这一结果的原因是近几年我国股市震荡较大，而股票型私募基金的投资策略更为灵活，对于股票型公募基金和大盘指数而言，取得正收益很难。从近五年索丁诺比率的比较来看，股票型私募基金的风险调整后收益明显超越了万得全A指数和股票型公募基金，说明在承担相同的下行风险的情况下，私募基金取得了更高的收益。总而言之，无论是股票型私募基金、股票型公募基金还是大盘指数，近三年的表现都欠佳，而在过去五年，三者的索丁诺比率都为正数，但股票型私募基金的数值最高，说明在相同的下行风险水平下，股票型私募基金获取的收益高于指数基金和公募基金。

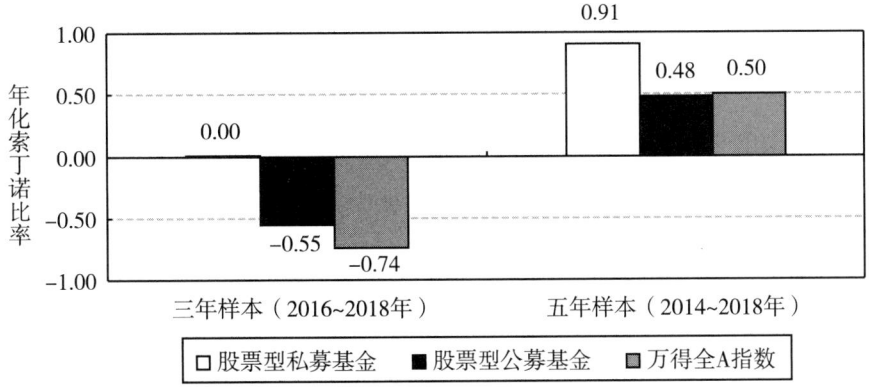

图2-20 股票型私募基金、公募基金与万得全A指数的年化索丁诺比率

图 2-21 是 2014~2018 年股票型私募基金年化索丁诺比率分组分布的直方图。我们将 2014~2018 年股票型基金的年化索丁诺比率均分为 10 组展示，从图 2-21 中可以看出，股票型私募基金的索丁诺比率在 [0.25，0.95) 区间内的占比最高，约为 39%；其次是区间 [-0.45，0.25)，占比为 24%；再次是区间 [0.95，1.65)，占比为 21%。股票型私募基金年化索丁诺比率的最大值为 6.89，最小值为-2.12，中位数值为 0.71，高于万得全 A 指数的年化索丁诺比率（0.5），表明近五年有多于半数的股票型私募基金的年化索丁诺比率超过了万得全 A 指数的年化索丁诺比率（0.5）。与股票型公募基金相比，近五年股票型公募基金年化索丁诺比率的最大值为 1.85，最小值为-0.69，显然股票型私募基金索丁诺比率分布的离散程度较股票型公募基金要大很多，也就是说，在控制下行风险方面，股票型私募基金相互间的差距要比股票型公募基金相互间的差距大很多。股票型私募基金索丁诺比率的中位数值为 0.71，高于股票型公募基金索丁诺比率的中位数值（0.46），说明整体来看，股票型私募基金行业对下行风险的控制能力比股票型公募基金行业对下行风险的控制能力要高。

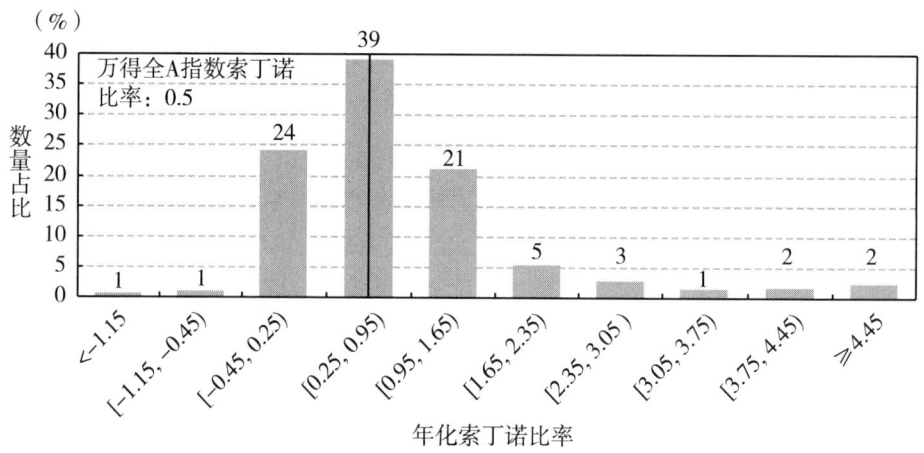

图 2-21　股票型私募基金年化索丁诺比率的分布情况：2014~2018 年

图 2-22 是 2014~2018 年股票型私募基金年化索丁诺比率由高到低的排列图，横线代表万得全 A 指数的索丁诺比率（0.5）。从图 2-22 可以看出，索丁诺比率高于万得全 A 指数的股票型私募基金为 215 只，占比为 62%，这一比例略高于之前夏普比率的比较结果（59%）；另外，有 43 只基金近五年的索丁诺比率小于零。我们还可以观察到，大部分股票型私募基金的索丁诺比率分布于-1~4 之间，有少数股票型私募基金的索丁诺比率异常的高，使得私募基金的索丁诺比率之间差异加大。可见，股票型私募基金年化索丁诺比率的分布呈明显的两极分化现象。

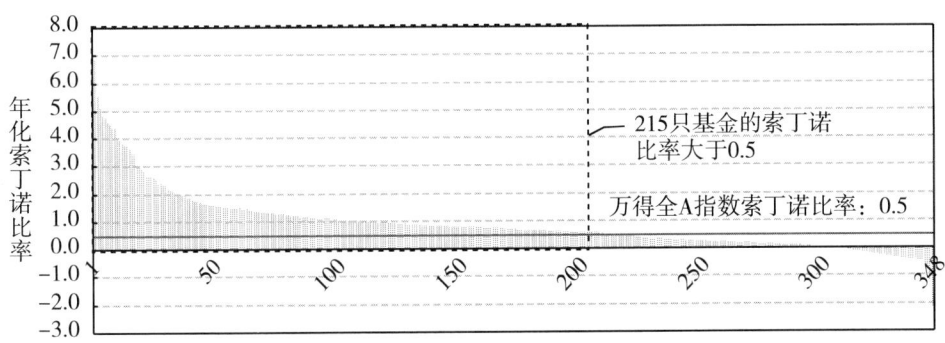

图 2-22　股票型私募基金年化索丁诺比率排列图：2014~2018 年

图 2-23 是 2014~2018 年股票型私募基金年化索丁诺比率的散点图，横轴代表股票型私募基金的超额收益下行标准差（风险），纵轴代表股票型私募基金的超额收益率（超额收益），从原点到每一坐标点的射线斜率即为单只基金对应的索丁诺比率。已知股票型私募基金年化索丁诺比率的最大值为 6.89（最大斜率），最小值为 -2.12（最小斜率），所有基金的索丁诺比率都落入由原点射出、斜率分别为 6.89 和 -2.12 的射线所围成的扇形区间内。

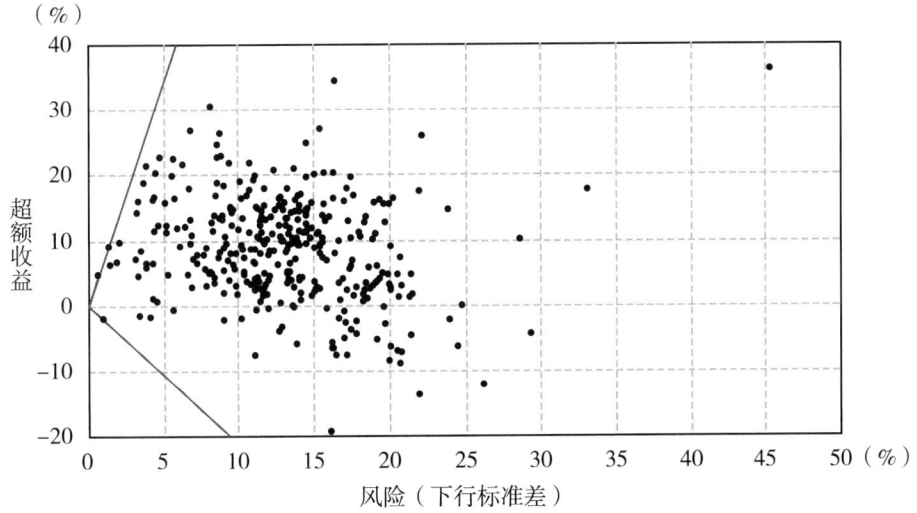

图 2-23　股票型私募基金年化索丁诺比率的散点图：2014~2018 年

为了更清晰地观察索丁诺比率排前 10 名和后 10 名的私募基金，我们将它们在图 2-24（a）和图 2-24（b）中分别突出显示并标出。图 2-24（a）和图 2-24（b）中纵轴代表私募基金的超额收益率，横轴代表私募基金超额收益的下行标准差。索丁诺比率最大的私募基金是"申毅对冲 1 号"，值为 6.89；最小的是"稳健流动性"，值为 -2.12。

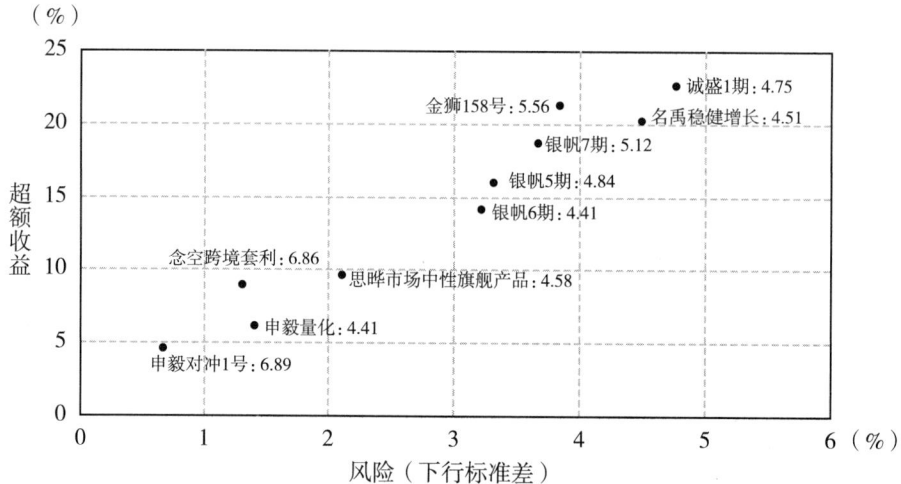

图 2-24（a） 股票型私募基金索丁诺比率散点图（前 10 名）：2014~2018 年

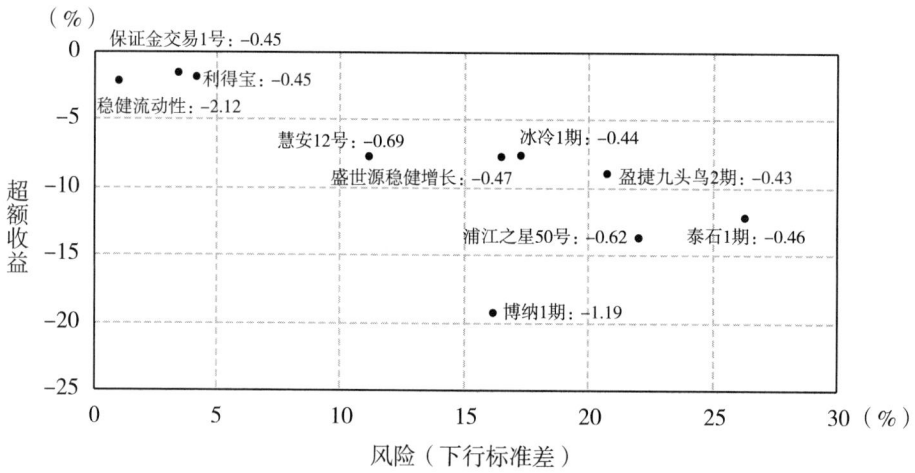

图 2-24（b） 股票型私募基金索丁诺比率散点图（后 10 名）：2014~2018 年

为了进一步观察在相同的下行风险水平下，最优秀的股票型基金和大盘指数在超额收益和下行风险的综合作用下索丁诺比率表现的显著差异，我们将近五年（2014~2018 年）按照索丁诺比率排名在前 5% 的股票型私募基金与万得全 A 指数的收益进行对比分析。表 2-6 是 2014~2018 年按照索丁诺比率排名在前 5% 的股票型私募基金名单，我们可以计算出这些基金的超额收益率下行标准差均值为 6%。如果用万得全 A 指数作为比较基准的话，我们知道其近五年的索丁诺比率为 0.5，在 6% 的下行风险水平下（即超额收益率的下行标准差为 6%），它的超额收益率应为 3%（6%×0.5）。观察表 2-6 中数据可以发现，在按照索丁诺比率排名在前 5% 的基金中，所有基金的超额收益率都高于万得全 A 指数的超额收益率（3%）。其中，"申毅对冲

1号"基金的超额收益率最低,为5%,仍然高于万得全A指数的超额收益率。因此,就索丁诺比率排名在前5%的基金来看,整体上这些基金的表现比指数更加出色。

表2-6　　年化索丁诺比率排名在前5%的股票型基金:2014~2018年

编号	基金名称	年化超额收益率（%）	年化超额收益率下行标准差（%）	年化索丁诺比率
1	申毅对冲1号	4.59	0.67	6.89
2	念空跨境套利	8.97	1.31	6.86
3	金狮158号	21.37	3.85	5.56
4	银帆7期	18.76	3.67	5.12
5	银帆5期	16.04	3.31	4.84
6	诚盛1期	22.64	4.76	4.75
7	思晔市场中性旗舰产品	9.63	2.10	4.58
8	名禹稳健增长	20.23	4.48	4.51
9	申毅量化	6.19	1.40	4.41
10	银帆6期	14.18	3.22	4.41
11	丰岭稳健成长1期	22.46	5.65	3.98
12	少数派5号	26.75	6.81	3.93
13	思晔动态对冲旗舰产品	16.24	4.28	3.79
14	金狮151号	16.54	4.38	3.78
15	稳健增长（外贸）	30.37	8.16	3.72
16	鑫安1期	19.91	5.53	3.60
17	景富趋势成长1期	21.63	6.25	3.46
18	淘利多策略量化套利	6.61	1.93	3.43
19	银帆8期	15.85	5.14	3.08
20	新思哲1期	26.33	8.79	3.00
21	仙童1期	24.71	8.58	2.88
22	前海一线	16.31	5.75	2.84
23	大朴进取1期	17.86	6.70	2.67
24	明河价值1期	22.60	8.60	2.63
25	道谊稳健	12.25	4.67	2.62
26	新同方	11.46	4.40	2.60
27	富恩德1期	22.84	8.93	2.56
28	信合东方2期	8.35	3.51	2.38
29	鑫兰瑞	12.21	5.16	2.37
30	海洋之星1号	21.86	9.38	2.33

续表

编号	基金名称	年化超额收益率（%）	年化超额收益率下行标准差（%）	年化索丁诺比率
31	聚发（25）-保证金交易1号A2	7.13	3.10	2.30
32	世诚扬子2号	18.69	8.63	2.17
33	中国龙平衡	11.26	5.23	2.15
34	证大稳健增长	34.33	16.43	2.09
35	思晔量化择股旗舰	21.78	10.76	2.02
指标平均值		**17.40**	**5.59**	**3.55**

那么，在相同的下行风险水平下，索丁诺比率表现较差的股票型私募基金与万得全A指数相比是否存在一些差距？如果有差距，这一差距是多大？为了回答这些问题，我们选择2014~2018年按照索丁诺比率排名在后5%的基金，与万得全A指数的收益进行比较分析。表2-7是2014~2018年按照索丁诺比率排名在后5%的股票型私募基金名单，我们可以计算出这些基金的超额收益率下行标准差的均值为16%。如果用万得全A指数作为比较基准的话，我们知道其近五年的索丁诺比率为0.5，在16%的下行风险水平下（即超额收益率的下行标准差为16%），它的超额收益率应为8%(16%×0.5)。在索丁诺比率排名在后5%的基金中，没有一只基金的超额收益率高于万得全A指数的超额收益率（8%）。在这些基金中，超额收益率最高的基金是"朱雀漂亮阿尔法"，其超额收益率仅为-0.73%，但这只基金的下行标准差比指数的下行标准差低（16%），为5.68%，说明这只基金在控制风险方面能力较强。再来看在这些基金中超额收益率排在第十六位的"投资精英之尚雅（A）"基金，其超额收益率为-5.61%，然而这只基金的下行标准差与指数的下行标准差相差并不大，说明与指数基金相比，较差的基金未能在控制住下行风险的同时取得良好的收益。

表2-7　　年化索丁诺比率排名在后5%的股票型基金：2014~2018年

编号	基金名称	年化超额收益率（%）	年化超额收益率下行标准差（%）	年化索丁诺比率
1	稳健流动性	-2.13	1.01	-2.12
2	博纳1期	-19.25	16.18	-1.19
3	慧安12号	-7.65	11.13	-0.69
4	浦江之星50号	-13.63	22.01	-0.62
5	盛世源稳健增长	-7.68	16.51	-0.47

续表

编号	基金名称	年化超额收益率（%）	年化超额收益率下行标准差（%）	年化索丁诺比率
6	泰石1期	-12.11	26.25	-0.46
7	利得宝	-1.85	4.14	-0.45
8	保证金交易1号	-1.54	3.43	-0.45
9	冰冷1期	-7.57	17.26	-0.44
10	盈捷九头鸟2期	-8.87	20.75	-0.43
11	资财1号	-8.47	20.04	-0.42
12	宝晟1期	-5.86	13.89	-0.42
13	光华上智1期	-6.54	16.34	-0.40
14	金海1号	-6.48	16.26	-0.40
15	明华新兴成长	-7.25	20.80	-0.35
16	投资精英之尚雅（A）	-5.61	16.27	-0.34
17	中域增值1期	-6.97	20.59	-0.34
18	太极1号	-6.29	20.10	-0.31
19	共青城新里程	-3.93	12.73	-0.31
20	鼎陶朱辉2期	-4.97	17.05	-0.29
21	鼎诺秋实1期	-5.23	19.25	-0.27
22	御峰1号	-3.39	12.95	-0.26
23	鑫增长1号	-6.37	24.54	-0.26
24	中金金致1号	-2.25	9.03	-0.25
25	华展金丰1期	-4.39	17.88	-0.25
26	金狮156号	-4.67	21.44	-0.22
27	广金成长	-3.66	17.52	-0.21
28	R2007ZX065	-1.94	10.25	-0.19
29	双赢1期（瀚信）	-2.65	17.14	-0.15
30	浦江之星28号	-4.51	29.36	-0.15
31	武当10期	-2.96	19.78	-0.15
32	德源安战略成长1号	-2.51	17.88	-0.14
33	朱雀漂亮阿尔法	-0.73	5.68	-0.13
34	瀚信经典1期	-1.95	16.71	-0.12
35	龙票1期（华润）	-2.13	23.94	-0.09
	指标平均值	**-5.54**	**16.46**	**-0.39**

对比索丁诺排名在前5%的优秀基金（35只）和排名在后5%的较差的基金（35只），我们发现，两组基金的风险相差11%，而两组基金的年化超额收益率均值

相差23%。这一结果表明,在承担相同风险水平的情况下,索丁诺比率表现优秀的股票型私募基金,不仅可以获得超越同行的超额收益,还可能战胜大盘指数。而较差的股票型私募基金则相反。索丁诺比率优秀的股票型私募基金不仅能够获得更高的收益,而且能将下行风险控制在更低的水平。有些读者比较关心基金在更短时间段内的索丁诺比率的表现,在进一步的研究中,我们将样本时间缩短至近三年(2016~2018年),用相同的方法比较股票型私募基金与万得全A指数、股票型公募基金的索丁诺比率,我们发现结论与近五年的比较结果基本一致,因此不再赘述。

(三) 收益—最大回撤比率

回撤是指在某一段时期内基金净值从高点开始回落到低点的幅度。最大回撤率是指在选定周期内的任一历史时点往后推,基金净值走到最低点时的收益率回撤幅度的最大值,它用来衡量一段时期内基金净值的最大损失,是下行风险的最大值。对于私募基金而言,最大回撤率是一个重要的风险指标。由于我们对私募基金的研究是基于月度单位的,因此采用离散型公式。离散型最大回撤率的定义为,如果 $X(t)$ 是一个在 $[t_1, t_2, \cdots, t_n]$ 上资产价格的月度时间序列,那么在 t_n 时刻该资产的最大回撤率 $DR(t_n)$ 的公式为:

$$DR(t_n) = \max_{s>t; s, t \in t_1, t_2, \cdots, t_n} \left(\frac{X(s) - X(t)}{X(t)}, 0 \right) \qquad (2.5)$$

最大回撤率可以很好地揭示基金在历史上表现不好的时期净值回撤的最大幅度。通过计算最大回撤率,投资者可以了解基金过去一段时期内净值的最大跌幅,因此,这一指标在近些年越来越受到私募基金投资者和基金经理们的重视。但仅仅考虑最大回撤率是不够的,当基金的收益率很低时,即使最大回撤率非常小,也难以被评价为优秀的基金。这一问题可以通过计算私募基金的收益率与最大回撤率的比率来解决,公式如下:

$$AR/DR_Y = \frac{Annualized\ Return}{DR_Y} \qquad (2.6)$$

其中,DR_Y 表示每年的资产价格的最大回撤率;AR 表示资产的年化收益率。收益—最大回撤比率包含对下行风险的衡量。在投资时,投资者往往担心资产出现大幅缩水,无法控制最大损失。收益—最大回撤比率指标越高,说明基金在承受较大下行风险的同时,可以获得较高的回报。以下我们所汇报的均为年化收益—最大回撤比率的分析结果。

我们对近三年(2016~2018年)和近五年(2014~2018年)股票型私募基金与万得全A指数的收益—最大回撤比率做了比较分析,结果如图2-25所示。从图2-25可以看到,近三年私募基金的收益—最大回撤比率为3.12,即如果股票型私募基金平均最大回撤为10%的话，那么股票型私募基金的平均年化收益为31.2%。而万得全A指数的收益—最大回撤比率为-1。因此，从近三年收益—最大回撤比率的比较来看，股票型私募基金在较大程度上超越了万得全A指数。可见，相较于大盘指数，短期内股票型私募基金在承受较大下行风险的同时，可以获得更高的回报。从近五年的比较结果来看，股票型私募基金的收益—最大回撤比率（2.69）高出万得全A指数的收益—最大回撤比率（0.79）三倍有余。可见，从中长期来看，股票型私募基金的表现强于指数。

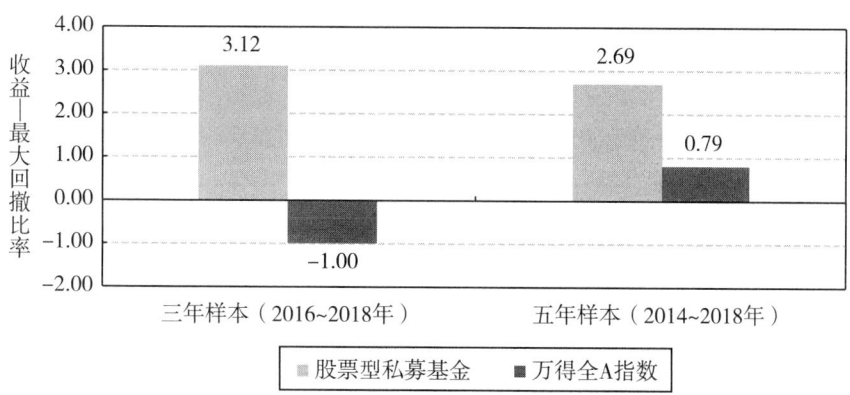

图2-25 股票型基金与万得全A指数的收益—最大回撤比率

图2-26是2014～2018年股票型私募基金收益—最大回撤比率分组分布的直方图。我们将这些基金的收益—最大回撤比率均分为10组展示。从图2-26可以看出，与同样关注下行风险的索丁诺比率的分布相比，股票型私募基金的收益—最大回撤比率在区间［-0.5，3.5）内分布较为集中，在两极基金分布的数量相对较少。其中，股票型私募基金的收益—最大回撤比率在区间［-0.5，0.5）内分布最多，数量占比为25%。其次，有18%的股票型私募基金的收益—最大回撤比率位于区间［0.5，1.5）内，在区间［6.5，7.5）的基金分布得最少，占比为0.6%。另外，我们得到股票型私募基金收益—最大回撤比率的最大值为41.21，最小值为-0.83，中位数值为1.55，高于万得全A指数的收益—最大回撤比率0.79，这表明近五年中有超过半数的股票型私募基金的收益—最大回撤比率高于万得全A指数的收益—最大回撤比率。

图2-27是2014～2018年股票型私募基金收益—最大回撤比率从高到低的排列图，从图中可以明显看出私募基金收益—最大回撤比率的巨大差异。结果显示，收益—最大回撤比率高于万得全A指数的股票型私募基金为218只，占比为63%，高于之前夏普比率（59%）、索丁诺比率（62%）的比较结果。我们还观察到，有极少数股票型私募基金的收益—最大回撤比率异常的高，导致股票型私募基金的收益—最大回撤比率之间出现较大差异。

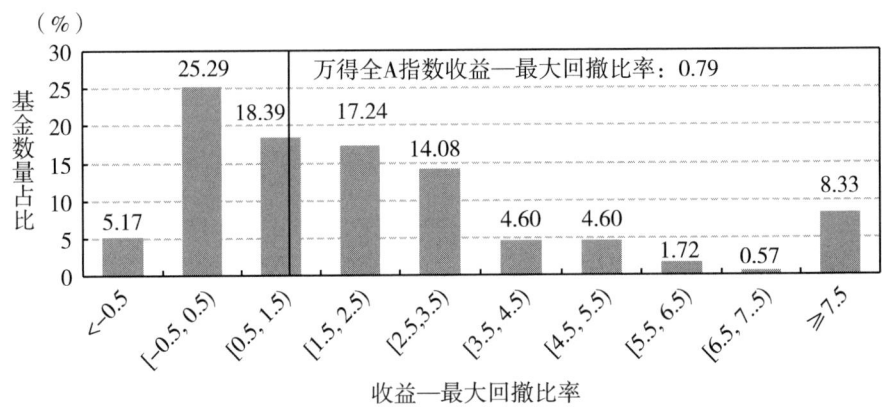

图 2-26　股票型私募基金收益—最大回撤比率分布情况：2014~2018 年

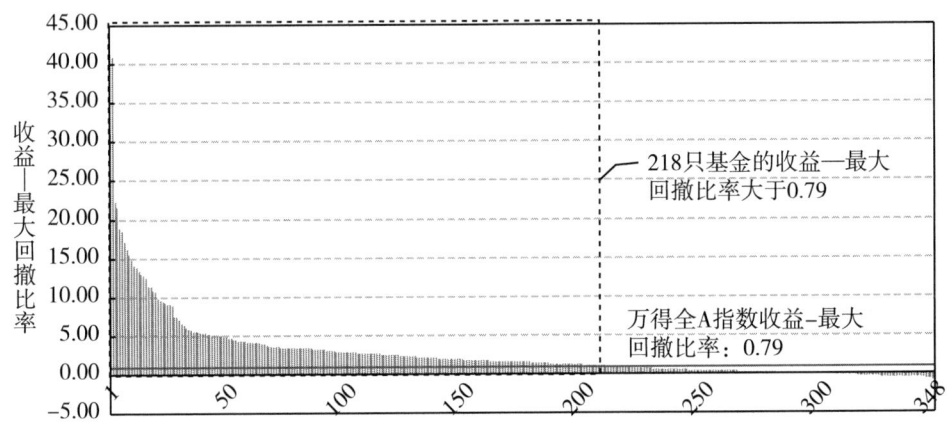

图 2-27　股票型私募基金收益—最大回撤比率排列图：2014~2018 年

图 2-28 是 2014~2018 年股票型私募基金收益—最大回撤比率的散点图，横坐标代表基金的最大回撤，纵坐标代表股票型私募基金的收益。每只基金的收益—最大回撤比率即为从原点到坐标点的斜率，斜率越大，代表该基金的收益—最大回撤比率越大，最大斜率为 41.21，最小斜率为 -0.83。

为了更清晰地观察按照收益—最大回撤比率排前 10 名和后 10 名的股票型私募基金，我们将它们在图 2-29（a）和图 2-29（b）中分别突出显示并标出相对应的基金简称和指标值，纵轴代表私募基金的收益率，横轴代表私募基金的最大回撤率，收益—最大回撤比率即为从原点到每一只私募基金对应的由收益率和最大回撤率所确定的点的斜率。所有私募基金的收益—最大回撤比率都分布在从最小斜率（-0.83）到最大斜率（41.21）之间的两条射线所夹的扇形区域内。图 2-29（a）和图 2-29（b）中标出，收益—最大回撤比率最大的基金是"申毅对冲 1 号"，值为 41.21；比率最小的是"博纳 1 期"，值为 -0.83。

第二章 私募基金能否战胜大盘指数和公募基金

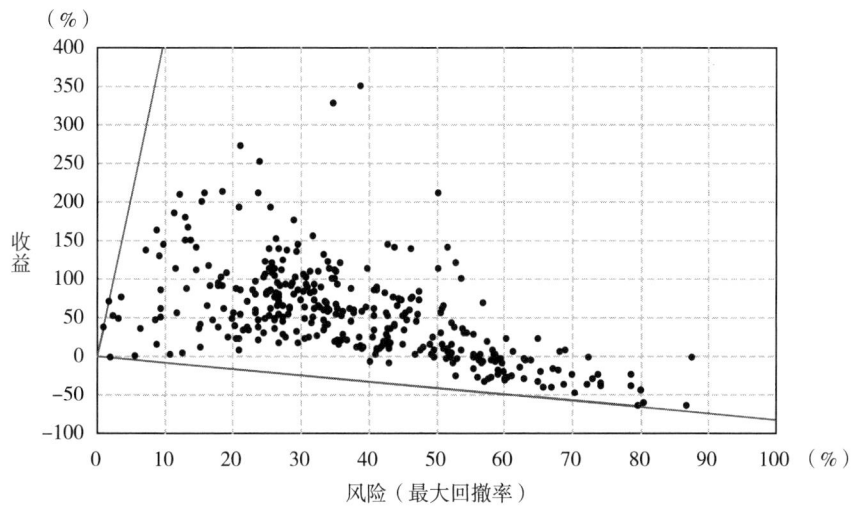

图 2-28　股票型私募基金收益—最大回撤比率的散点图：2014~2018 年

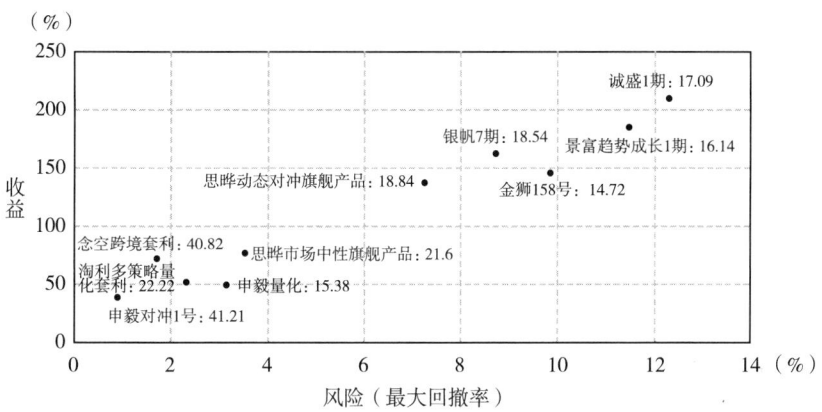

图 2-29（a）　股票型私募基金收益—最大回撤比率的散点图（前 10 名）：2014~2018 年

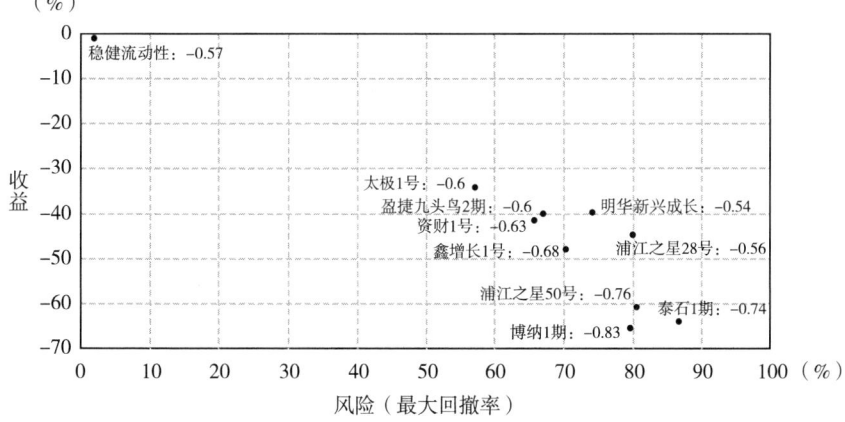

图 2-29（b）　股票型私募基金收益—最大回撤比率的散点图（后 10 名）：2014~2018 年

当考虑的风险因素转变为最大回撤率时，我们要思考的问题是在相同的最大回撤率水平下，优秀的股票型私募基金与万得全 A 指数相比表现又是怎样呢？为了回答这一问题，我们选出 2014~2018 年收益—最大回撤比率排名在前 5% 的基金，与万得全 A 指数的收益进行对比分析。表 2-8 是 2014~2018 年收益—最大回撤比率排名在前 5% 的股票型私募基金样本名单，我们可以计算出这些基金的最大回撤率均值为 15%。如果用万得全 A 指数作为比较基准的话，我们知道其近五年的收益—最大回撤比率为 0.79，在 15% 的下行风险水平下（即在最大回撤率为 15% 的情况下），它的年化收益率应为 12%（15%×0.79）。在表 2-8 中，收益—最大回撤比率排名在前 5% 的基金，年化收益率均远高于万得全 A 指数的收益率（12%）。其中，"申毅对冲 1 号"的累计收益率最低，为 37.79%，仍远远高于指数的收益水平（12%）。总体而言，就收益—最大回撤比率排名在前 5% 的基金来看，整体上股票型私募基金的表现显然比指数好很多。

表 2-8　　收益—最大回撤比率排名在前 5% 的股票型基金：2014~2018 年

编号	基金名称	累计收益率（%）	最大回撤率（%）	收益—最大回撤比率
1	申毅对冲 1 号	37.79	0.92	41.21
2	念空跨境套利	70.91	1.74	40.82
3	淘利多策略量化套利	51.64	2.32	22.22
4	思晔市场中性旗舰产品	76.11	3.52	21.60
5	思晔动态对冲旗舰产品	136.88	7.26	18.84
6	银帆 7 期	162.30	8.75	18.54
7	诚盛 1 期	209.94	12.29	17.09
8	景富趋势成长 1 期	185.10	11.47	16.14
9	申毅量化	48.31	3.14	15.38
10	金狮 158 号	145.28	9.87	14.72
11	银帆 5 期	130.24	9.24	14.10
12	名禹稳健增长	179.20	13.00	13.78
13	富恩德 1 期	210.73	15.85	13.29
14	少数派 5 号	272.90	21.07	12.95
15	明河价值 1 期	199.69	15.52	12.87
16	鑫安 1 期	167.29	13.53	12.36

续表

编号	基金名称	累计收益率（%）	最大回撤率（%）	收益—最大回撤比率
17	仙童1期	212.74	18.59	11.45
18	大朴进取1期	150.20	13.17	11.40
19	世诚扬子2号	150.78	13.89	10.85
20	新思哲1期	252.56	23.86	10.59
21	银帆6期	113.10	11.58	9.76
22	金狮151号	140.48	14.69	9.56
23	稳健增长（外贸）	327.74	34.82	9.41
24	海洋之星1号	193.28	20.97	9.22
25	证大稳健增长	350.17	38.88	9.01
26	新同方	85.01	9.46	8.99
27	丰岭稳健成长1期	210.56	23.71	8.88
28	思晔量化择股旗舰	192.21	25.50	7.54
29	前海一线	110.27	14.66	7.52
30	银帆8期	116.40	16.44	7.08
31	中国龙平衡	87.49	13.34	6.56
32	信合东方2期	60.19	9.40	6.40
33	林园	175.12	28.94	6.05
34	东源1期	151.96	26.32	5.77
35	朱雀18期	108.09	19.18	5.63
指标平均值		**156.36**	**15.05**	**13.36**

那么，在相同的风险水平下（最大回撤率相同的情况下），收益—最大回撤比率表现较差的私募基金与万得全A指数相比是否也存在一些差距呢？如果有差距，这一差距会是多大？为了回答这些问题，我们选择2014~2018年按照收益—最大回撤比率排名在后5%的基金，与万得全A指数的收益进行比较分析。表2-9是2014~2018年按照收益—最大回撤比率排名在后5%的股票型私募基金名单，根据这些基金的最大回撤率，我们可以计算出这些基金的最大回撤率均值为65%。如果用万得全A指数作为比较基准的话，我们知道其近五年的收益—最大回撤比率为0.79，在65%的下行风险水平下（即最大回撤率为65%的情况下），它的年化收益率应为51%（65%×0.79）。据表2-9可知，在收益—最大回撤比率排名在

后5%的基金中,没有一只基金的收益率超过万得全A指数的收益率(51%)。在这些基金中,收益率最高的是"稳健流动性"基金,其收益率仅为-1.12%,这只基金的最大回撤率(1.96%)却远低于指数的最大回撤率(65.22%),这只基金相对于其他基金而言表现较好,虽然取得的收益较低,但该基金对风险的把控能力较强。再来看累计收益排名第二名的"尚雅11期"基金,其累计收益仅为-16.92%,这只基金的最大回撤率(55.58%)与指数的最大回撤率相差不大。总体而言,若以最大回撤率作为风险因素来考虑,在相同的风险水平下,较差的股票型私募基金在整体上的表现比万得全A指数差很多。

表2-9　　收益—最大回撤比率排名在后5%的股票型基金：2014~2018年

编号	基金名称	累计收益率（%）	最大回撤率（%）	收益—最大回撤比率
1	博纳1期	-65.72	79.66	-0.83
2	浦江之星50号	-61.00	80.53	-0.76
3	泰石1期	-64.17	86.74	-0.74
4	鑫增长1号	-48.12	70.35	-0.68
5	资财1号	-41.61	65.83	-0.63
6	盈捷九头鸟2期	-40.11	67.03	-0.60
7	太极1号	-34.18	57.15	-0.60
8	稳健流动性	-1.12	1.96	-0.57
9	浦江之星28号	-44.72	80.02	-0.56
10	明华新兴成长	-39.79	74.25	-0.54
11	冰冷1期	-36.75	68.84	-0.53
12	慧安12号	-31.59	60.13	-0.53
13	盛世源稳健增长	-37.16	72.29	-0.51
14	塔晶老虎1期	-29.63	57.76	-0.51
15	鼎诺秋实1期	-28.48	56.12	-0.51
16	光华上智1期	-32.57	64.93	-0.50
17	中域增值1期	-39.43	78.70	-0.50
18	投资精英之尚雅（A）	-30.14	60.22	-0.50
19	宝晟1期	-25.72	52.90	-0.49
20	华展金丰1期	-27.84	58.12	-0.48
21	金泰瑞丰（乾清）	-35.39	74.23	-0.48
22	鼎陶朱辉2期	-28.35	60.47	-0.47

续表

编号	基金名称	累计收益率（%）	最大回撤率（%）	收益—最大回撤比率
23	金海1号	−29.33	63.06	−0.47
24	金狮156号	−25.91	61.18	−0.42
25	广金成长	−24.80	59.22	−0.42
26	德源安战略成长1号	−30.03	73.04	−0.41
27	龙票1期（华润）	−24.47	70.07	−0.35
28	武当10期	−20.69	60.06	−0.34
29	共青城新里程	−19.44	59.17	−0.33
30	中融293号-金河新价值成长1期	−23.78	73.80	−0.32
31	双赢1期（瀚信）	−24.89	78.71	−0.32
32	御峰1号	−20.18	65.40	−0.31
33	尚雅11期	−16.92	55.58	−0.30
34	瀚信经典1期	−18.56	67.97	−0.27
35	世通嫦娥奔月	−17.51	67.21	−0.26
	指标平均值	**−32.00**	**65.22**	**−0.49**

对比索丁诺比率排名在前5%的优秀基金（35只）和排名在后5%的较差的基金（35只），我们发现，两组基金的风险相差50%，而两组基金的收益率均值却相差188%之多。这一结果表明，在相同的风险水平下，收益—最大回撤比率优秀的股票型私募基金不仅可以获得超越同行的超额收益，还可能战胜大盘指数；而较差的股票型私募基金则相反。有些读者比较关心基金在更短时间段内的收益—最大回撤比率的表现，在进一步的研究中，我们将样本时间缩短至近三年（2016~2018年），用相同的方法比较股票型私募基金与万得全A指数、股票型公募基金的收益—最大回撤比率，我们发现结论与近五年的比较结果基本一致，因此不再赘述。

三、四个收益指标的相关性分析

在对股票型私募基金和大盘指数的业绩按照各种收益指标进行了充分的对比分析之后，我们需要思考这样的问题，即在评价私募基金的业绩时，哪一个收益指标更为恰当？而回答此问题的前提是了解收益率、夏普比率、索丁诺比率、收益—最大回撤比率这四个收益指标之间的相关性，只有在相关性较高的情况下，从中选择一个更为恰当的指标才是有意义的。为了使结论更加可靠，我们在分析收益指标间的相关性时仍然选择五年期这一较长的期间，对2008～2018年中每五年的四个收益指标间的相关性进行比较分析，从四个指标中选择出最为合适的评价股票型私募基金业绩的收益指标，结果在表2-10中给出。通过观察表2-10中2008～2018年间的每五年中私募基金四个收益指标的相关性系数，我们发现，如果按照是否进行风险调整将收益指标分为两类，对这两类之间不同的相关系数进行比较分析的话，收益率与后三者间的相关性较高，但是未进行风险调整的收益率指标与三个风险调整后收益指标的相关性之间的差异很大，而且相关系数在各年度之间并不稳定。相对来讲，收益率与夏普比率、索丁诺比率的相关系数稍高于其与收益—最大回撤比率间的相关系数，而且在所有时段内，收益率与夏普比率的相关系数要高于或等于其与索丁诺比率间的相关系数。再者，就三个风险调整后的收益指标之间的相关性来看，夏普比率与索丁诺比率的相关性较高，而将收益—最大回撤比率与上述二者间的相关性进行比较，可以看出，收益—最大回撤比率与夏普比率间的相关性高于其与索丁诺比率间的相关性。

表2-10　每五年中股票型私募基金四个收益指标的相关性：2008～2018年　　单位：%

年份	收益率与夏普比率	收益率与索丁诺比率	收益率与收益/最大回撤比率	夏普比率与索丁诺比率	夏普比率与收益/最大回撤比率	索丁诺比率与收益/最大回撤比率
2008～2012	91	89	73	98	81	88
2009～2013	95	91	75	95	83	91
2010～2014	95	91	81	95	87	94
2011～2015	89	89	82	95	87	94
2012～2016	79	79	69	90	79	94
2013～2017	80	69	47	86	67	91
2014～2018	85	68	40	91	74	90

基于以上分析，我们认为，首先，虽然绝对收益指标与风险调整后的收益指标之间的相关性较高，但风险调整后的收益指标对风险做了调整，能更好地反映基金的真实业绩，因此，在这两类指标中，我们认为选择风险调整后的收益作为评估基金业绩的指标较为合适。其次，在风险调整后收益指标间进行选择时，采用索丁诺比率和收益—最大回撤比率所得到的结论相差不大，而作为考虑下行风险的指标，收益—最大回撤比率相对于其他二者而言，更加直观、有区分度，同时比考虑总风险的夏普比率更为谨慎，在实际应用中也更加符合私募基金投资者关注"清盘线"

的现实情况。因此,我们建议首选收益—最大回撤比率作为评价私募基金业绩的风险调整后收益指标。

四、小结

对于追求绝对收益的私募基金投资者来讲,如何判断私募基金业绩的高低呢?易于获取的大盘指数收益信息往往被用作与私募基金业绩比较的基准。那么,我国的私募基金行业能否战胜大盘指数呢?如果能够战胜大盘指数,那么私募基金是否也能超过公募基金的业绩?为了回答上述一系列问题,我们从收益率和风险调整后的收益率两个角度就各类指标对股票型私募基金、万得全A指数、股票型公募基金做了深入的对比和分析。

在进行收益率指标比较时,我们以2008~2018年为研究期间,分别对私募基金和万得全A指数、公募基金的年度收益率、各年度基金业绩超越指数的比例和累计收益率这三个方面进行比较。结果显示,在2008~2018年间的多数年份里,私募基金的整体收益都以较高比例战胜了万得全A指数,但与公募基金相比则互有高低。这一期间内,私募基金的累计收益率为64%,而万得全A指数的累计收益率为-16%,公募基金的累计收益率为11%,私募基金的累计收益最高。

在对风险调整后收益进行比较时,我们选取从不同角度考虑风险因素的夏普比率、索丁诺比率和收益—最大回撤比率三个风险调整后收益指标,将股票型私募基金和万得全A指数近五年的夏普比率、索丁诺比率、收益—最大回撤比率,分别从整体、分组、单只基金以及前5%和后5%等多个层次做了详细对比分析。结果发现,在最近五年(2014~2018年),在相同的风险水平下,当我们比较夏普比率和索丁诺比率时,私募基金能够取得的回报高于公募基金和大盘指数,并且近五年私募基金收益—最大回撤比率的表现也好于大盘指数。以上分析表明,在2014~2018年期间,从总体上来看,在考虑了基金管理费和交易成本后,主动管理的股票型私募基金的业绩能够战胜大盘指数和公募基金。综合来看,私募基金是一种较好的投资方式。

最后,我们对比分析基金的收益率、夏普比率、索丁诺比率以及收益—最大回撤比率间的关系。研究结果显示,收益—最大回撤比率与其他指标间的相关性都较高,能够普遍代表各指标的分析效果,符合股票型私募基金的管理风格,能够直观反映私募基金的业绩。因此,我们认为采用收益—最大回撤比率来评估私募基金的业绩较为恰当。

私募基金经理是否具有选股能力与择时能力

在我国股市飞速发展的今天，随着私募基金品种的丰富、数量的增加，其业绩表现也就成为广大投资者关心的首要问题，如何评价各私募基金产品的业绩表现、评估各私募基金经理的投资能力显得愈发重要。尽管目前我国私募基金的类型和策略有很多种，但绝大多数私募基金仍是主动管理的股票型私募基金，因此，选股能力和择时能力在评价私募基金的业绩表现时占据了绝对重要的地位和作用。本章从选股能力和择时能力两个方面，对我国主动管理的股票型私募基金进行研究，力图了解基金的业绩与基金经理的选股能力和择时能力间的关系。本章的研究，一方面可以为那些有意向投资于私募基金行业的机构投资者和高净值群体提供有价值的投资参考；另一方面也对进一步完善目前学术界对私募基金这一资本市场重要领域的研究做出贡献。

本章采用 Treynor-Mazuy 四因子模型，对我国非结构化的股票型私募基金从 2012 年 1 月至 2018 年 12 月的月度收益数据进行了选股能力和择时能力两个方面的实证研究。研究结果显示，只有少部分私募基金经理具有显著的选股能力（占比 22%，使用最近五年的样本），大多数私募基金经理并没有选股能力。我们还发现，只有 16% 的私募基金经理具有择时能力，而大多数基金经理没有能力选择加仓或减仓的时机。

本章主要内容分为四部分：第一部分，利用 Treynor-Mazuy 模型考察哪些基金经理具有选股能力；第二部分，利用 Treynor-Mazuy 模型探讨哪些基金经理具有择时能力；第三、第四部分在上述回归结果的基础上，对不同样本区间内的股票型基金的选股能力和择时能力进行稳健性检验，运用自助法验证那些显示出显著选股能力或择时能力的基金经理的业绩是来自他们的能力还是来自他们的运气。

一、回归模型及样本

在 Fama-French 三因子模型（1992）基础上，Carhart（1997）在模型中加入

一年期收益的动量因子，构建出四因子模型。Carhart 四因子模型综合考虑了系统风险、账面市值比、市值规模以及动量因素对投资组合业绩的影响，因其强大的解释力而得到国内外基金业界的广泛认可。例如，Cao、Simin、Wang（2013）等在分析相关问题时就使用该模型。Carhart 四因子模型如下：

$$R_{i,t} - R_{f,t} = \alpha_i + \beta_{i,mkt} \times (R_{mkt,t} - R_{f,t}) + \beta_{i,smb} \times SMB_t + \beta_{i,hml} \times HML_t + \beta_{i,mom} \times MOM_t + \varepsilon_{i,t}$$
(3.1)

其中，i 指的是第 i 只基金，$R_{i,t} - R_{f,t}$ 为 t 月基金 i 的超额收益率；$R_{mkt,t} - R_{f,t}$ 为 t 月大盘指数（万得全 A 指数）的超额收益率；$R_{f,t}$ 为 t 月无风险收益率；SMB_t 为规模因子，代表小盘股与大盘股之间的溢价，为 t 月小公司的收益率与大公司的收益率之差；HML_t 为价值因子，代表价值股与成长股之间的溢价，为 t 月价值股（高账面市值比公司）与成长股（低账面市值比公司）收益率之差；MOM_t 为动量因子，代表过去一年内收益率最高的股票与最低的股票之间的溢价，为过去一年（$t-1$ 个月到 $t-11$ 个月）收益率最高的 30% 的股票与过去一年（$t-1$ 个月到 $t-11$ 个月）收益率最低的 30% 的股票在 t 个月的收益率之差。我们用 A 股市场上所有上市公司的数据自行计算规模因子、价值因子和动量因子。α_i 代表基金经理因具有选股能力而给投资者带来的超额收益，它可以表示为：

$$\alpha_i \approx (\overline{R_{i,t}} - \overline{R_{f,t}}) - \hat{\beta}_{i,mkt} \times (\overline{R_{mkt,t}} - \overline{R_{f,t}}) - \hat{\beta}_{i,smb} \times \overline{SMB_t} - \hat{\beta}_{i,hml} \times \overline{HML_t} - \hat{\beta}_{i,mom} \times \overline{MOM_t}$$
(3.2)

当 α_i 显著大于零时，说明基金经理 i 为投资者带来了超额收益，表明基金经理具有选股能力；当 α_i 显著小于零时，表明基金经理具有错误的选股能力；当 α_i 接近于零时，说明基金经理没有选股能力。

择时能力也可以给投资者带来超额收益。择时能力是指基金经理根据对市场的预测，主动改变基金的风险暴露以谋求更高收益的能力。如果基金经理预测未来市场会上涨，那么他会加大对高风险资产的投资比例；相反，如果他预测未来市场会下降，则会降低对高风险资产投资的比例。一些文献也对此问题进行了研究，如 Chen 和 Liang（2007）、Chen（2007）等。Treynor 和 Mazuy 在 1966 年的文献中提出在传统的单因子 CAPM 模型中引入一个平方项，用来检验基金经理的择时能力。我们将 Treynor-Mazuy 模型里的平方项加入 Carhart 四因子模型中，构建出一个基于四因子模型的 Treynor-Mazuy 模型：

$$R_{i,t} - R_{f,t} = \alpha_i + \beta_{i,mkt} \times (R_{mkt,t} - R_{f,t}) + \gamma_i \times (R_{mkt,t} - R_{f,t})^2 + \beta_{i,smb} \times SMB_t + \beta_{i,hml} \times HML_t$$
$$+ \beta_{i,mom} \times MOM_t + \varepsilon_{i,t} + \beta_{imom} \times MOM_t + \varepsilon_{it}$$
(3.3)

其中，γ_i 代表基金经理的择时能力，其他变量和式（3.1）中的定义一样。如果 γ_i 显著大于 0，说明基金经理 i 具有择时能力。

我们使用基于 Carhart 四因子模型的 Treynor-Mazuy 四因子模型来评估基金经理的选股能力和择时能力。我们将 2012~2018 年划分为三个样本区间，分别为三年样本（2016~2018 年）、五年样本（2014~2018 年）、七年样本（2012~2018 年），并以万得全 A 指数作为基金业绩的比较对象。为避免因基金运行时间不一致对研究结果造成的影响，基金的历史业绩就要足够长，故而我们要求每只基金在各样本区间（三年、五年、七年）内都要有完整的复权净值数据。[①] 我们选取私募基金二级分类中的普通股票型、股票多空型、相对价值型和事件驱动型四类基金作为股票型私募基金，研究对象没有包括债券型、宏观对冲型、混合型、QDII 型、货币市场型等非主要投资于国内股票市场的私募基金。由于分级基金在基金净值的统计上存在不统一的现象，我们在样本中排除了分级基金。如第二章所述，万得数据在收集私募基金净值的时候，如果某个月它没有获取某只基金的净值数据，则它会自动填充其上一个月的净值数据，因此会存在基金净值重复出现的情况。图 3-1 再次展现了 2003~2018 年股票型私募基金净值重复率的分布。不难看出，在 2003~2018 年净值重复率小于 10% 的基金占比约为 93%，为了控制这种由于数据收集问题所导致的分析结果的不准确性，我们删除了在分析期间内净值重复率大于 10% 的基金。

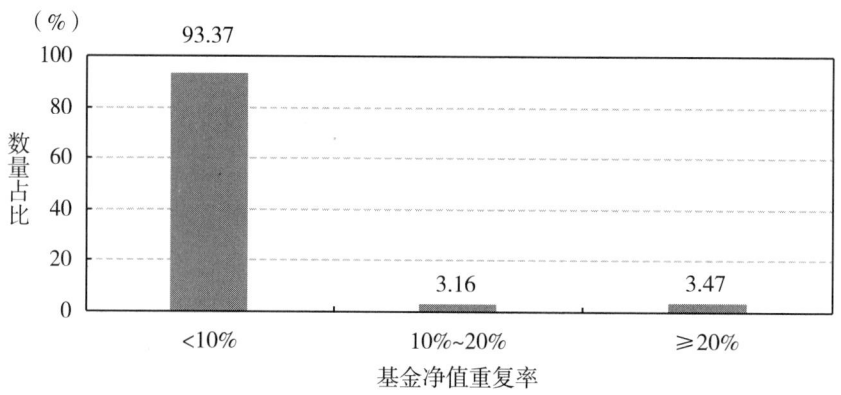

图 3-1　股票型私募基金净值重复率的分布：2003~2018 年

由于估计模型需要较长的时间序列数据，我们要求每只基金在分析的样本期间内都有完整的复权净值数据。我们主要利用基金在 2014~2018 年的五年间的月度数据进行分析，在后面的分析中也会对比三年数据和七年数据的结果。表 3-1 展现了近三年、五年和七年的股票型私募基金的样本分布。从表 3-1 中可见，近三年、五年和七年的股票型基金的样本数分别为 1 470 只、348 只和 176 只。因为私募基金行业到目前为止的基金经理的轮换不是很频繁，因此，在这份报告中，我们

---

① 在后续的研究中，我们可能会根据具体情况对样本进行修改。

将一只基金与这只基金的基金经理同等对待,不考虑基金经理的更迭问题。我们用最小二乘法(OLS)估计基金经理的选股能力,模型中的选股能力 α 以月为单位。为方便解释其经济含义,后面汇报的 α 都为年化 α。

表 3-1　　　　　　　　不同分析区间内涵盖的样本数量　　　　　　单位:只

基金策略	过去三年 (2016~2018 年)	过去五年 (2014~2018 年)	过去七年 (2012~2018 年)
普通股票型基金	1 321	310	166
股票多空型基金	69	18	6
相对价值型基金	67	16	1
事件驱动型基金	13	4	3
总计	**1 470**	**348**	**176**

注:股票型私募基金是指私募基金二级分类中普通股票型、股票多空型、相对价值型和事件驱动型私募基金的总称。

二、选股能力分析

表 3-2 展现了过去五年(2014~2018 年)股票型基金选股能力 α 显著性的估计结果。图 3-2 给出了 348 只股票型基金 α 的 t 值从高到低的排列。由于我们主要关心私募基金经理是否具有正确的选股能力,因此我们使用单边的假设检验,检验 α 是否为正,并且显著大于 0。不难看出,在 5% 的显著性水平下,有 77 只基金(占比 22%)的 α 为正显著,其 t 值高于 1.64,说明这 77 只基金的基金经理表现出了显著的选股能力;有 263 只基金 α 的 t 值是不显著的,占比为 76%;同时,我们还看到,有 8 只基金(占比 2%)的 α 为负显著,其 t 值低于 -1.64,说明这 8 只基金的基金经理具有明显错误的选股能力。因此,总体来看,在 348 只具有五年历史数据的股票型私募基金中,有少部分优秀的基金经理具有显著的选股能力。

表 3-2　　　股票型基金的选股能力 α 显著性的估计结果:2014~2018 年

显著性	样本数量(只)	数量占比(%)
正显著	77	22
不显著	263	76
负显著	8	2
总计	**348**	**100**

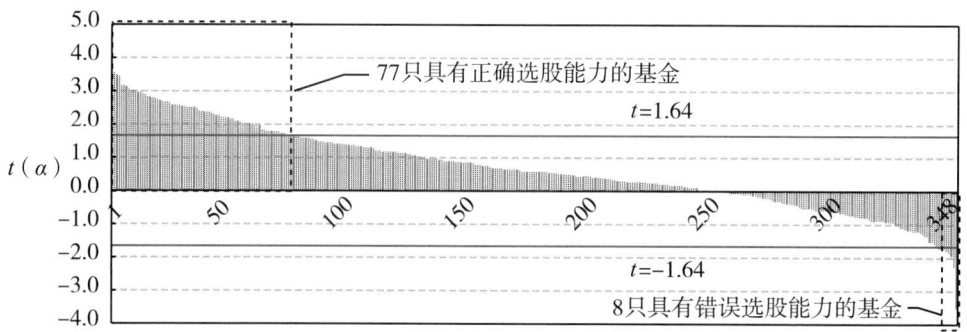

图3-2 股票型基金的选股能力 α 的 t 值（显著性）排列：2014~2018年

注：正确选股能力代表 $t(\alpha)>1.64$；错误选股能力代表 $t(\alpha)<-1.64$；未表现出选股能力代表 $-1.64\leq t(\alpha)\leq 1.64$。基金具有选股能力是指基金表现出正确的选股能力；基金不具有选股能力代表基金表现出错误的或未表现出选股能力。

图3-3展现了Treynor-Mazuy模型中，每组基金的选股能力（年化 α）、择时能力（γ）、市场因子（β_{mkt}）、规模因子（β_{smb}）、价值因子（β_{hml}）、动量因子（β_{mom}）和调整后 R^2 的趋势变化情况，依然按照每组基金选股能力（年化 α）由大到小展示。可以看出，在不同组别的基金中，其对市场因子（β_{mkt}）的风险暴露情况基本近似，都在0.55左右；随着每组基金选股能力 α 的降低，其对小盘股因子（β_{smb}）的风险暴露在逐渐走高。在选股能力最高的第1组基金中，其在小盘股的风险暴露（β_{smb}）为负；而在年化 α 最低的第10组基金中，其 β_{smb} 的平均值接近0.4。由此可见，具有较强选股能力的基金并不是因为重仓小盘股，而是因为重仓大盘股获得了较高的 α，而年化 α 较低的基金往往重仓小盘股。我们还可以看出，基金对价值因子（β_{hml}）的风险暴露随着选股能力的减小而增大，对于年化 α 较高的基金而言，基金对价值因子的风险暴露较小。以第1组为例，该组基金经理的选股能力最强，他们对价值因子的风险暴露（-0.21）表现为反向暴露，说明基金重仓成长股、轻仓价值股；而第10组基金对应的是选股能力最弱的基金，这些基金对价值因子的风险暴露（0.38）较大，说明这些基金轻仓成长股、重仓价值股。不同组别的基金对动量因子（β_{mom}）的风险暴露与选股能力间并没有明显规律。下面我们将重点讨论基金经理的选股能力 α。

表3-3展现的是Treynor-Mazuy四因子模型回归结果。我们按照基金经理的选股能力 α 把基金等分为10组。第1组为 α 最高的组，第10组为 α 最低的组。表3-3汇报的是每一组基金所对应的选股能力（α）、择时能力（γ）、市场因子（β_{mkt}）、规模因子（β_{smb}）、价值因子（β_{hml}）、动量因子（β_{mom}）以及反映模型拟合好坏程度的调整后 R^2 的平均值。据表3-3可知，Treynor-Mazuy四因子模型的年化选股能力 α 在20%（第1组）到-14%（第10组）之间变化。股票型私募基金对大盘指数的风险敞口（β_{mkt}）在0.46~0.63之间；对盘位效应因子的风险敞口（β_{smb}）

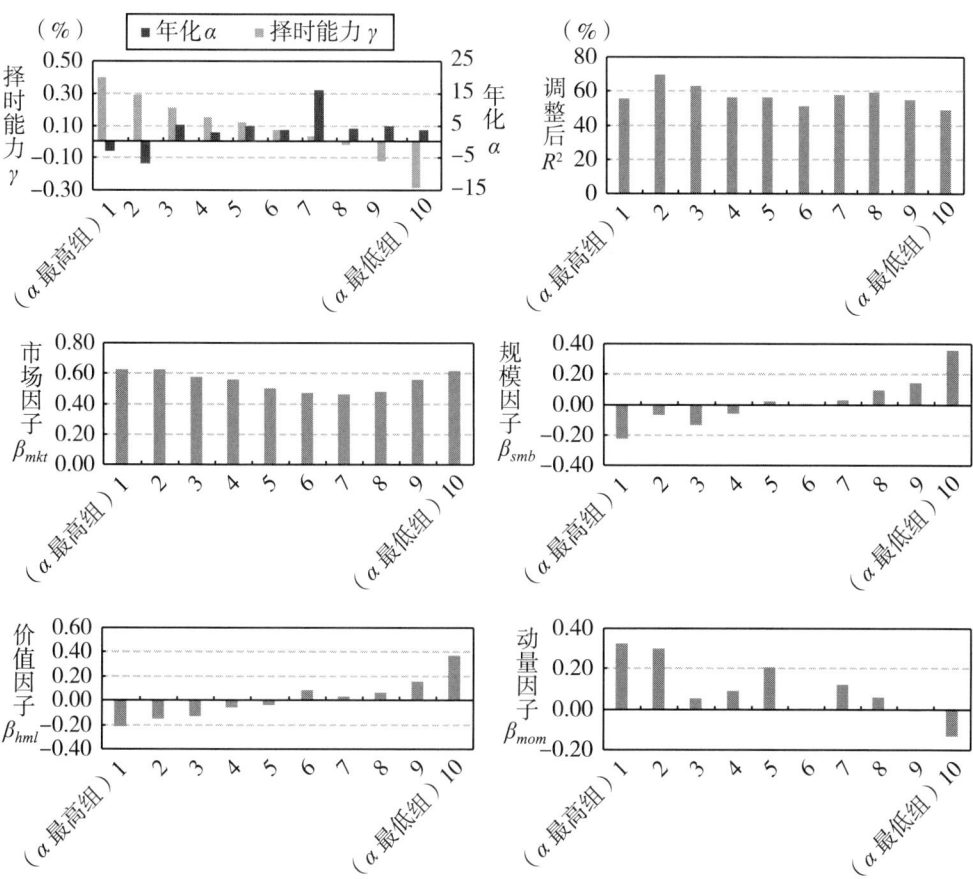

图 3-3 Treynor-Mazuy 模型的回归结果（按选股能力年化 α 分组）：2014~2018 年

在-0.23~0.36 之间；对价值因子的风险敞口（β_{hml}）在-0.21~0.38 之间；对动量因子的风险敞口（β_{mom}）在-0.13~0.33 之间；调整后 R^2 在 49%~69% 之间，其平均值为 57%，即 Treynor-Mazuy 四因子模型可以解释私募基金超额收益率方差的 57%。

表 3-3　　　　　Treynor-Mazuy 四因子模型的回归结果
（按选股能力年化 α 分组）：2014~2018 年

组别	年化 α（%）	γ	β_{mkt}	β_{smb}	β_{hml}	β_{mom}	调整后 R^2（%）
1（α 最高组）	20.06	-0.06	0.63	-0.23	-0.21	0.33	56
2	14.42	-0.14	0.63	-0.07	-0.15	0.30	69
3	10.66	0.10	0.58	-0.14	-0.14	0.05	63
4	7.71	0.06	0.56	-0.06	-0.06	0.09	56
5	5.85	0.09	0.50	0.02	-0.04	0.21	57

组别	年化 α (%)	γ	β_{mkt}	β_{smb}	β_{hml}	β_{mom}	调整后 R^2 (%)
6	3.52	0.07	0.47	0.00	0.09	0.00	51
7	1.54	0.32	0.46	0.03	0.04	0.12	58
8	−0.93	0.08	0.48	0.09	0.06	0.06	59
9	−6.11	0.10	0.56	0.15	0.16	−0.01	55
10（α 最低组）	−14.27	0.07	0.62	0.36	0.38	−0.13	49

注：此表汇报每组基金对应的 α、γ、β_{mkt}、β_{smb}、β_{hml}、β_{mom} 和调整后 R^2 的平均值。

表 3-4 是 Treynor-Mazuy 模型中 α 为正显著的 77 只基金的检验结果，同时我们也给出这些基金在过去三年（2016~2018 年）的选股能力年化 α。这些基金的近五年年化 α 在 6%~34% 之间。在附录二中，我们具体列示出过去五年（2014~2018 年）中每只股票型私募基金选股能力（年化 α）的估计值以及对四个风险因子的风险暴露程度，供读者参考。

表 3-4　　　　　在过去五年具有选股能力的股票型基金

编号	基金名称	过去五年（2014~2018 年）		过去三年（2016~2018 年）		三年、五年
		年化 α (%)	$t(\alpha)$	年化 α (%)	$t(\alpha)$	
1	天弓 2 号	34.42	3.49	17.04	1.46	
2	高信百诺 1 期	25.24	3.04	19.39	2.84	√
3	富恩德 1 期	23.43	2.82	13.89	2.01	√
4	海洋之星 1 号	22.98	3.18	16.57	2.45	√
5	金狮 157 号	22.96	2.57	7.64	1.43	
6	彤源 2 号	22.43	2.95	27.19	3.33	√
7	林园	21.63	2.39	19.41	1.71	
8	汉和资本 1 期	21.30	3.07	15.62	2.04	√
9	证大稳健增长	21.13	1.71	11.62	1.15	
10	少数派 5 号	20.52	2.03	2.24	0.39	
11	智诚 7 期	19.82	1.78	20.04	1.42	
12	仙童 1 期	19.54	1.67	18.40	2.26	√
13	凯顺 2012	19.50	2.91	10.61	1.34	
14	执耳医药	19.44	2.96	14.12	1.67	√
15	奕金安 1 期	18.75	2.80	17.67	2.25	√
16	璟恒 1 期	18.63	2.53	15.00	2.11	√
17	景林丰收	18.55	2.70	11.87	1.41	
18	长金 9 号	18.49	1.72	11.99	0.88	

续表

编号	基金名称	过去五年(2014~2018年)		过去三年(2016~2018年)		三年、五年
		年化α(%)	t(α)	年化α(%)	t(α)	
19	久富1期	18.01	2.52	5.52	0.84	
20	瑞僖稳健收益	17.86	2.70	11.60	1.49	
21	新思哲1期	17.75	1.64	10.50	1.57	
22	智德持续增长	17.73	2.57	8.85	1.5	
23	万利富达	17.54	2.16	11.52	1.17	
24	智德1期	17.36	2.84	10.20	1.98	√
25	景林稳健	16.86	3.02	12.78	1.96	√
26	黄金优选7期1号(汇利)	16.67	2.52	11.92	1.42	
27	朱雀4期	16.44	2.68	20.30	3.12	√
28	乐晟精选	16.20	1.81	5.10	0.72	
29	黄金优选1期1号(淡水泉)	16.11	3.46	14.65	2.47	√
30	汇利3期	15.88	2.03	7.07	0.76	
31	黄金优选4期1号(朱雀)	15.72	2.77	17.20	2.65	√
32	源乐晟策略创新1期	15.59	2.19	4.83	0.82	
33	景林稳健2号	15.57	2.16	8.58	1.07	
34	尚雅12期	15.46	1.80	3.13	0.32	
35	朱雀13期	15.44	2.38	16.32	2.26	√
36	投资精英(星石B)	15.37	3.56	20.47	4.42	√
37	明达	15.33	2.40	7.75	1.03	
38	投资精英之景林(A类)	15.08	2.06	7.71	0.93	
39	金狮152号	14.93	1.96	9.12	1.06	
40	世诚扬子2号	14.85	3.16	8.07	1.88	√
41	西藏隆源1号	14.79	2.38	10.67	1.51	
42	招商汇智之凤翔1号	14.64	2.59	10.58	1.51	
43	穿石品质生活	14.44	2.54	8.90	1.64	√
44	穿石1号	14.21	2.58	11.29	2.31	√
45	双赢5期	14.10	2.19	9.47	1.79	√
46	朱雀18期	13.96	2.39	10.96	2.61	√
47	思晔量化择股旗舰	13.93	3.14	4.93	1.12	
48	景泰复利回报1期(国投)	13.88	2.05	11.62	1.92	√
49	黄金组合1期1号	13.44	4.33	14.80	3.53	√
50	飞天4号	13.35	2.47	12.21	1.81	√
51	投资精英(朱雀A)	13.09	2.29	14.64	2.33	√

续表

编号	基金名称	过去五年（2014~2018年）		过去三年（2016~2018年）		三年、五年
		年化α（%）	t（α）	年化α（%）	t（α）	
52	金狮155号	12.99	2.20	7.42	1.47	
53	双赢7期	12.85	2.78	13.40	2.75	√
54	朱雀20期	12.78	2.10	9.08	1.39	
55	民森E号	12.64	2.02	8.33	1.52	
56	金中和1期（中信）	12.60	1.96	12.46	2.77	√
57	投资精英（星石A）	12.31	2.94	15.22	3.26	
58	淡水泉成长1期	11.83	2.67	8.15	1.62	
59	朱雀中欧教育	11.76	1.79	11.51	1.81	√
60	双赢10期	11.46	2.54	4.63	0.83	
61	朱雀5期	11.30	1.75	13.65	1.9	√
62	朱雀10期	11.11	2.09	12.2	2.67	√
63	悟空同创量化1期	10.71	2.26	6.89	1.14	
64	大朴进取1期	10.71	1.64	2.55	0.75	
65	德丰华1期	10.53	1.83	8.24	1.33	
66	星石9期	10.50	2.35	12.43	2.63	√
67	中国龙平衡	9.74	3.01	6.69	2.31	√
68	长江稳健	9.70	2.23	5.93	1.12	
69	理成风景1号	9.32	1.97	7.12	1.52	
70	星石目标回报1期	9.15	1.64	12	2.49	√
71	思晔动态对冲旗舰产品	7.80	1.67	3.38	0.75	
72	远策1期	7.49	1.82	2.01	0.46	
73	润晖稳健增值	7.22	2.03	6.65	1.61	
74	念空跨境套利	6.72	2.73	2.76	1.25	
75	光大基金宝-均衡价值	6.62	2.32	3.45	0.93	
76	金鹏1期	6.43	2.52	6.57	2.17	√
77	金锝6号	5.5	1.80	5.4	2.92	√

注：表中"√"代表在过去三年和过去五年都具有选股能力的股票型基金。

我们选取年化α为23%的"富恩德1期"基金作为研究对象，分析其基金经理在近五年中的选股能力。图3-4为"富恩德1期"基金和同时期的万得全A指数的累计收益曲线。在近五年中，万得全A指数的累计收益率为38%，"富恩德1期"的累计收益率达211%。该基金的基金经理通过对行业景气度的判断，选取那些业绩增速快、估值便宜的股票，从而获得超额收益。该基金在2015年8月开始与指数拉开差距，在2017年6月与万得全A指数间的差距逐渐加大，在2016年和 2018 年股市下跌时仍能够跑赢大盘，该基金经理的选股能力得以体现。

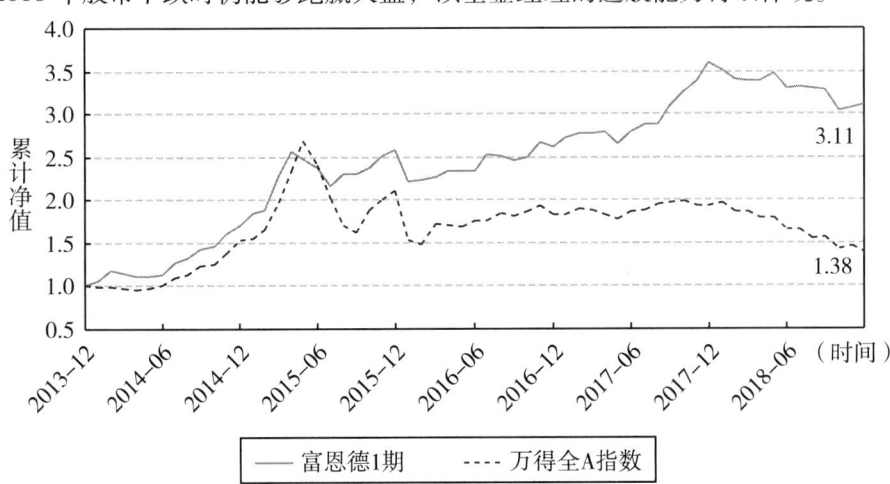

图 3-4　"富恩德 1 期"基金的累计净值：2014~2018 年

我们选取年化 α 为 14%的"思晔量化择股旗舰"基金作为研究对象，分析其基金经理在近五年中的选股能力。图 3-5 为"思晔量化择股旗舰"基金和同时期的万得全 A 指数的累计收益曲线。在近五年中，万得全 A 指数的累计收益率为 38%，"思晔量化择股旗舰"的累计收益率达 192%。2015 年我国 A 股市场出现大起大落的剧烈波动。在股灾启动之初，随着大盘指数的大幅下跌，该基金的累计收益并没有随之急跌而下，而是一直保持在指数的累计收益之上稳步增长，并且后期该基金与大盘指数间的差距逐渐拉大，最终实现风险可控的可观回报，该基金经理的选股能力得以体现。

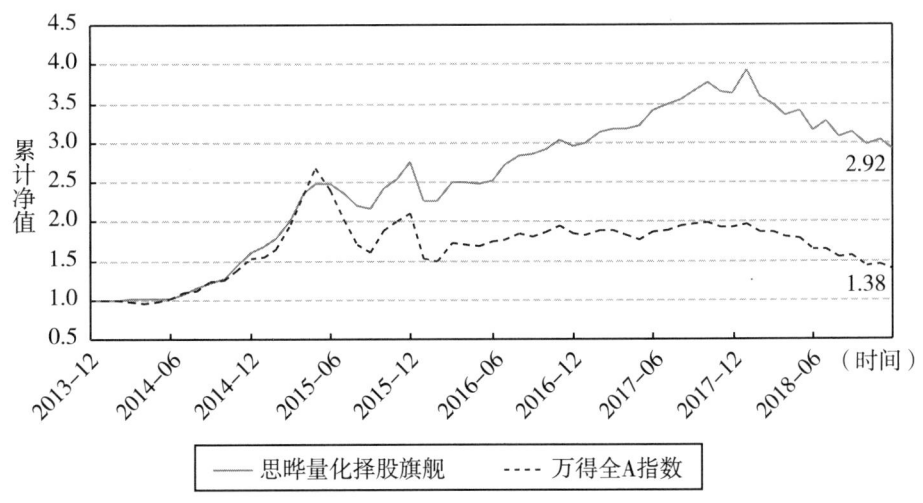

图 3-5　"思晔量化择股旗舰"基金的累计净值：2014~2018 年

三、择时能力分析

除了选股可以给投资者带来超额收益外,择时也是产生超额收益的一种方式。下面,我们对具有五年历史业绩的 348 只股票型私募基金的择时能力进行研究。表 3-5 是这些基金择时能力显著性的估计结果统计。图 3-6 展现了使用 Treynor-Mazuy 四因子模型估计出来的择时能力 γ 的 t 值。我们主要关心基金经理是否具有正确的择时能力,因此我们使用单边假设检验来检验 γ 是否为正显著。在 5% 的显著性水平下,有 57 只基金(占比 16%)的 γ 为正显著,其 t 值高于 1.64,表明这些基金经理具有显著的择时能力;有 255 只(占比 73%)的基金经理没有显著的择时能力;同时,我们看到,有 36 只基金(占比 10%)的 γ 为负显著,其 t 值低于 -1.64,说明这些基金经理具有错误的择时能力。总体来看,在我国股票型私募基金的基金经理中,只有 16% 的基金经理在 2014~2018 年样本期内展现出择时能力。

表 3-5　股票型基金的择时能力 γ 显著性的估计结果:2014~2018 年

显著性	样本数量	数量占比(%)
正显著	57	16
不显著	255	74
负显著	36	10
总计	**348**	**100**

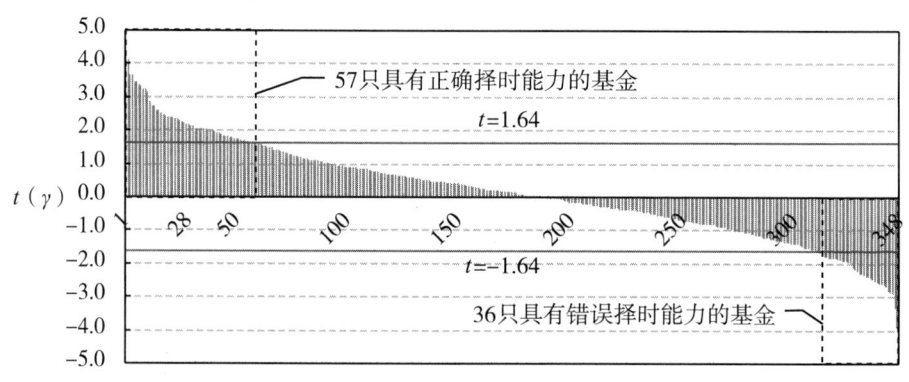

图 3-6　股票型基金的择时能力的 t 值(显著性)排列:2014~2018 年

注:正确择时能力代表 $t(\gamma) > 1.64$;错误择时能力代表 $t(\gamma) < -1.64$;未表现出择时能力代表 $-1.64 \leq t(\gamma) \leq 1.64$。基金具有择时能力是指基金表现出正确的择时能力;基金不具有择时能力代表基金表现出错误的或未表现出择时能力。

我们采用 Treynor-Mazuy 模型对 2014~2018 年每只基金的择时能力进行回归分析。图 3-7 和表 3-6 展现了在 Treynor-Mazuy 四因子模型中，根据择时能力 γ 分组，从第 1 组到第 10 组基金的择时能力 γ 和年化 α 的变化情况。可以看出，10 组基金对市场因子的风险暴露基本在 0.55 上下变动，说明不同组别的基金对市场因子都有较高的风险暴露。我们还发现，不同组别的基金对小盘股因子（β_{smb}）、价值因子（β_{hml}）和动量因子（β_{mom}）的风险暴露并没有明显的规律。最后，我们来观察反映 Treynor-Mazuy 模型拟合好坏的调整后 R^2 的平均值从择时能力最高的第 1 组基金到择时能力最低的第 10 组基金的变化情况。从表 3-6 中可见，对于第 1 组择时能力最高的基金而言，模型拟合程度最低，该组基金调整后 R^2 的平均值为 49%；而对于第 10 组基金的模型拟合程度相对较高，均值为 54%。但整体来看，从第 1 组基金到第 10 组基金的调整后 R^2 并没有一个明显的趋势。平均而言，Treynor-Mazuy 模型可以解释私募基金超额收益方差的 57%。下面，我们将重点讨论基金经理的择时能力 γ。

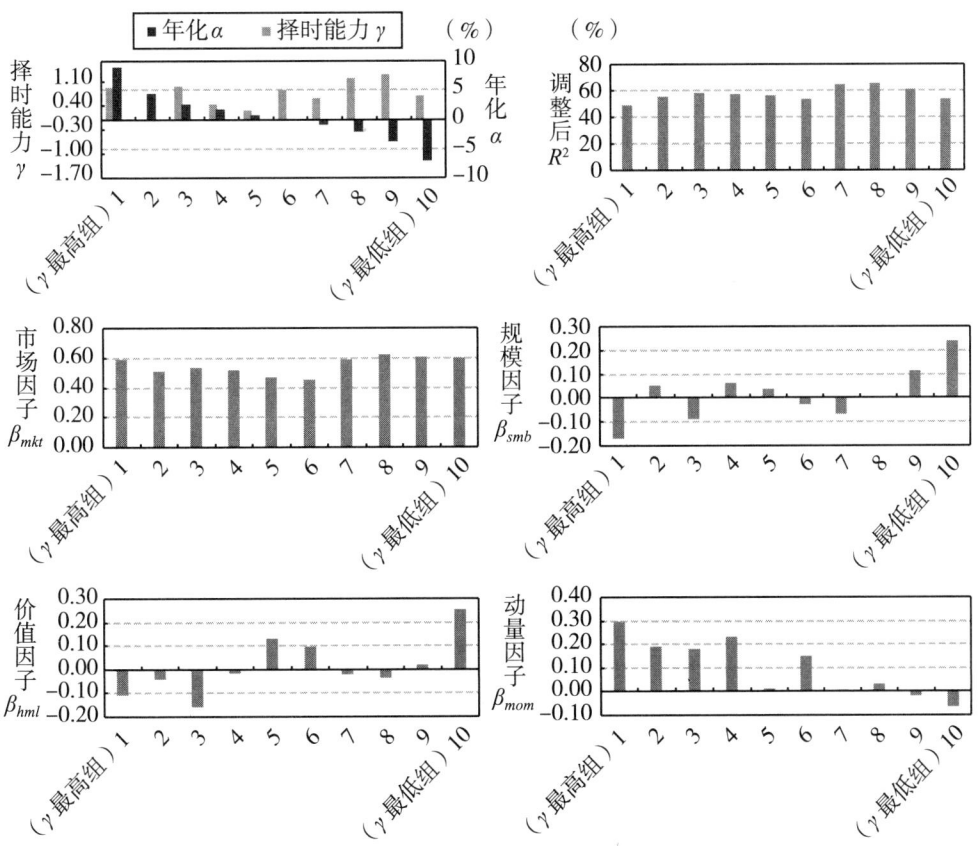

图 3-7　Treynor-Mazuy 模型的回归结果（按择时能力 γ 分组）：2014~2018 年

表 3-6　　Treynor-Mazuy 模型的回归结果（按择时能力 γ 分组）：2014~2018 年

组别	γ	年化 α（%）	β_{mkt}	β_{smb}	β_{hml}	β_{mom}	调整后 R^2（%）
1（γ 最高组）	1.53	5.54	0.59	-0.17	-0.11	0.30	49
2	0.74	-0.01	0.51	0.05	-0.04	0.19	56
3	0.45	5.63	0.53	-0.09	-0.16	0.18	58
4	0.28	2.53	0.52	0.06	-0.02	0.23	57
5	0.14	1.59	0.47	0.04	0.13	0.01	56
6	-0.02	5.04	0.45	-0.03	0.10	0.15	53
7	-0.17	3.53	0.59	-0.07	-0.02	0.01	64
8	-0.37	7.04	0.62	0.00	-0.04	0.03	65
9	-0.65	7.63	0.61	0.11	0.02	-0.02	61
10（γ 最低组）	-1.22	4.06	0.60	0.24	0.26	-0.06	54

注：此表汇报每组基金对应的 γ、α、β_{mkt}、β_{smb}、β_{hml}、β_{mom} 和调整后 R^2 的平均值。

我们主要关心具有正确择时能力的基金，换言之，就是择时能力（γ）呈现正显著性的基金。在单边 T 检验中，如果基金 i 的择时能力指标 γ 所对应的 T 值大于 1.64，则代表该基金具有显著正确的择时能力。表 3-7 给出在 Treynor-Mazuy 四因子模型中 γ 为正显著的、具有择时能力的 57 只基金的检验结果，同时我们也给出了这些基金在过去三年（2016~2018 年）择时能力的估计结果。在附录二中，我们列示过去五年（2014~2018 年）中股票型私募基金经理择时能力的相关统计结果，供读者朋友们查阅。

表 3-7　　在过去五年具有择时能力的股票型基金

编号	基金名称	过去五年（2014~2018 年）		过去三年（2016~2018 年）		三年、五年
		γ	t（γ）	γ	t（γ）	
1	兆信 1 期	1.10	4.27	0.13	0.55	
2	中金金致 5 号	1.75	4.13	1.31	2.33	√
3	冰剑 1 号	1.35	3.68	0.70	1.32	
4	混沌 1 号（聚发 11）	3.94	3.66	2.45	1.68	√
5	鑫安 1 期	1.54	3.47	0.18	0.42	
6	明河价值 1 期	1.45	3.45	0.24	0.49	
7	思晔市场中性旗舰产品	0.50	3.38	0.41	1.74	√
8	金陀罗飞龙 1 号	3.12	3.32	-0.06	-0.06	
9	景富趋势成长 1 期	1.68	3.25	-0.75	-1.94	

续表

编号	基金名称	过去五年（2014~2018年）		过去三年（2016~2018年）		三年、五年
		γ	$t(\gamma)$	γ	$t(\gamma)$	
10	丰岭稳健成长1期	1.37	3.25	0.42	0.84	
11	稳健增长（外贸）	1.72	3.16	1.07	1.73	√
12	金狮154号	0.83	2.85	−0.01	−0.34	
13	新同方	1.03	2.74	0.19	0.46	
14	朴石1期	1.39	2.74	0.26	0.41	
15	惠正成长（外贸）	1.55	2.60	−1.59	−4.83	
16	道谊稳健	0.91	2.60	0.20	0.40	
17	森瑞独立景气	2.17	2.51	−0.74	−0.85	
18	金蕴12期（泽升）	1.58	2.49	−0.75	−0.77	
19	银帆7期	1.11	2.43	−0.39	−0.80	
20	仙童1期	1.66	2.41	0.23	0.36	
21	汇信惠正1号	1.92	2.40	−0.86	−1.93	
22	朴石3期	1.06	2.38	0.25	0.42	
23	瑞天价值成长	0.88	2.36	−0.43	−1.05	
24	慧安12号	1.01	2.33	0.36	0.77	
25	少数派5号	1.37	2.30	0.88	1.94	√
26	中金金致1号	0.96	2.27	−0.16	−0.49	
27	尊岳进取2号	0.37	2.23	−0.01	−0.04	
28	惠正成长	1.76	2.19	−1.68	−2.84	
29	鑫兰瑞	1.12	2.16	0.49	1.20	
30	东方港湾1期	1.02	2.14	0.39	0.57	
31	清水源1号	1.64	2.12	−0.35	−0.44	
32	名禹稳健增长	0.81	2.07	−0.02	−0.05	
33	慧安1号	1.04	2.07	0.25	0.56	
34	源乐晟策略创新1期	0.86	2.06	−0.32	−0.68	
35	保证金交易1号	0.29	2.06	0.22	1.17	
36	共青城金泉动量	1.66	2.05	0.40	0.42	

续表

编号	基金名称	过去五年（2014~2018年）		过去三年（2016~2018年）		三年、五年
		γ	$t(\gamma)$	γ	$t(\gamma)$	
37	尊嘉 ALPHA	0.49	2.04	0.20	2.01	√
38	银帆 6 期	0.69	2.01	−0.33	−0.81	
39	新思哲 1 期	1.28	2.01	0.71	1.34	
40	诚盛 1 期	0.94	2.01	−0.56	−2.14	
41	金狮 155 号	0.68	1.96	0.24	0.59	
42	瑞天 5 期	0.82	1.93	0.32	0.76	
43	世诚扬子 2 号	0.53	1.93	−0.19	−0.57	
44	金蕴 38 期（上善若水 4 期）	0.64	1.88	0.69	1.37	
45	普邦恒升华金 1 期	0.63	1.85	0.43	0.94	
46	天勤 1 号	0.87	1.84	−1.00	−2.56	
47	展博 2 期	1.01	1.83	−0.31	−0.50	
48	龙腾 3 期	1.05	1.81	−1.05	−1.52	
49	归富长乐 1 号	0.55	1.78	−0.08	−0.31	
50	汇信信诚 1 号	0.79	1.77	−1.00	−1.95	
51	银帆 8 期	1.08	1.76	−0.25	−0.61	
52	金中和西鼎	1.52	1.73	0.76	1.19	
53	向量 ETF 创新 1 期	1.61	1.73	2.20	2.05	√
54	思晔动态对冲旗舰产品	0.47	1.71	−0.14	−0.40	
55	金狮 151 号	0.52	1.66	0.00	−0.86	
56	金石 3 期	1.24	1.65	−1.93	−1.93	
57	投资精英之展博（A）	0.66	1.64	−0.24	−0.70	

注：表中"√"代表在过去三年和过去五年都具有择时能力的股票型基金。

我们选取"鑫安 1 期"基金，对其基金经理的择时能力做出分析。如图 3-8 所示，在 2014~2018 年，万得全 A 指数的累计收益率为 38%，而"鑫安 1 期"基金的累计收益率达 167%。2015 年市场出现大起大落的剧烈波动。该基金在 2015 年 6 月的下跌幅度小于万得全 A 指数，在 2015 年 10 月初市场小幅上涨时的涨幅与市场指数涨幅相近，同时在 2018 年市场下跌时跌幅小于市场指数。从这一例子可以看出，基金经理的择时能力使基金不但可以抓住股市上涨的机会提升基金的业绩，而且在市场急剧下跌的阶段，基金经理可以通过对市场的预期及时调整基金仓位，从而减少亏损。从这个例子我们可以看到，当市场出现大起大落的剧烈波动时，更容易体现出基金经理的择时能力。

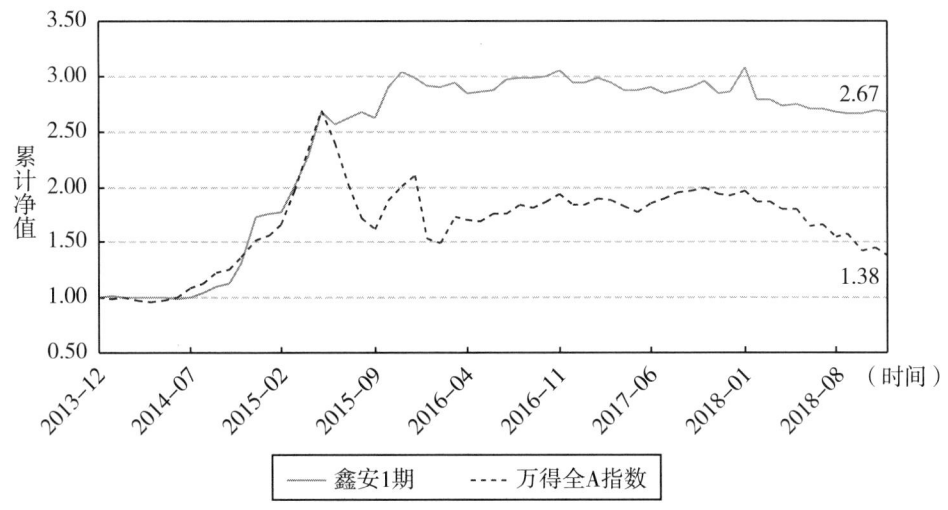

图3-8 "鑫安1期"基金的累计净值：2014~2018年

四、稳健性检验

在前文关于基金经理选股能力和择时能力的研究中，我们所用的样本为2014~2018年五年的样本。那么，当分析的样本时间加长或缩短时，我们所得出的相关结论是否会发生变化？这里我们主要回答两个问题：当样本所选取的时间不同时，有关基金经理的选股能力和择时能力的结论是否有变化？如果有变化，这种变化是由于不同样本时间内基金之间的差异所带来的，还是由于相同基金所处的市场环境的不同所带来的？我们使用2016~2018年的三年样本和2012~2018年的七年样本来对基金经理的选股能力和择时能力进行稳健性检验，将分析的结果与之前的2014~2018年五年样本的结果进行对比，从而判断样本时间选取的不同是否会影响对基金经理选股和择时能力的分析。在三年和七年的样本中，我们同样要求每只基金有完整的净值数据。在三年样本中的基金个数为1 470只，在七年样本中的基金个数为176只，之前分析的五年样本中的基金个数为348只。这些样本是相互重合的，即七年样本的176只基金都在三年和五年样本中，同样，五年样本的348只基金也都在三年样本中。

图 3-9 为在不同样本期间中具有显著选股能力的基金的比例,我们还是使用 5% 的显著性水平。从图 3-9 中可见,在 2016~2018 年的三年样本中,有 13% 的基金的基金经理具有显著的选股能力;在 2014~2018 年的五年样本中,该比例为 22%;而在 2012~2018 年的七年样本中,该比例上升至 30%。可见,在不同的样本时期内,具有显著选股能力的基金经理的比例还是有所差异的,但这些比例都高于我们选取的 5% 的显著性水平。

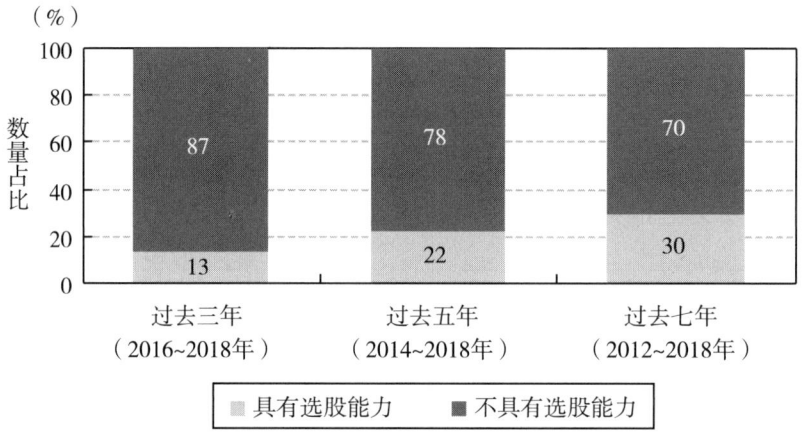

图 3-9 样本区间内具有选股能力的基金数量占比

表 3-8 展现了在不同样本期间中选股能力 α 显著性估计的更详细的结果。表 3-8 中除了给出不同样本时期具有正确选股能力的基金经理的比例,还给出了具有错误选股能力和未表现出选股能力的基金经理的比例,以及同时期的万得全 A 指数的累积涨幅。从表 3-8 中可见,虽然这三个样本的截止期都是 2018 年 12 月,但每个样本的时间起点不同,因此它们所对应的市场环境也不相同。在三年样本 (2016~2018 年)中,万得全 A 指数下跌了 34%,基金经理具有选股能力的比例是 13%;在五年样本(2014~2018 年)中,万得全 A 指数上涨了 38%,基金经理中具有选股能力的比例是 22%;在七年样本(2012~2018 年)中,万得全 A 指数上涨了 53%,基金经理中具有选股能力的比例是 30%。可见,具有选股能力的基金经理数量占比和股票市场的涨幅呈正相关关系,并且当股票市场涨幅较大时,体现出选股能力的基金经理的比例也相对较高;反之,当股票市场上涨较小时,展示出选股能力的基金经理的比例相对较少。当市场处于上涨阶段时,更容易使基金经理体现出选股能力。我们还发现,无论是在三年、五年还是七年的样本中,选股能力不显著的基金经理所占的比例基本都在 60% 以上,并且每个样本期中有 2%~8% 的基金经理具有明显错误的选股能力。整体来看,大部分股票型私募基金经理不具备选股能力,基金经理想要通过选股能力给投资者带来超额收益是相对比较困难的一件事情。

表 3-8　　　　　三年、五年、七年样本选股能力显著性的估计结果

样本区间	正显著	不显著	负显著	基金数(只)	万得全 A 涨幅（%）
过去三年（2016~2018 年）	195（13%）	1 152（79%）	123（8%）	1 470	-34
过去五年（2014~2018 年）	77（22%）	263（76%）	8（2%）	348	38
过去七年（2012~2018 年）	52（30%）	121（68%）	3（2%）	176	53

注：括号中的数字为相应的基金数量占比，显著性水平为 5%。

在三年、五年和七年样本中，具有显著选股能力的基金经理的比例除了受到不同样本所处的市场环境的影响外，还与所分析样本之间的差异有关。因为每年都有新成立和停止运营的基金，不同的分析样本中所包含的基金数量是不同的。在后面的分析中，我们将控制这种样本之间的差异，重新对比不同样本期间内具有显著选股能力的基金的比例。

表 3-9 展现的是七年样本（2012~2018 年）中的 176 只基金，在三年样本（2016~2018 年）和五年样本（2014~2018 年）中通过 Treynor-Mazuy 四因子模型估计出来的选股能力的结果。如果我们考察这些基金的三年期业绩，有 25 只（占比 14%）基金的基金经理具有显著的选股能力；当考察期变为五年和七年后，分别有 49 只（占比 28%）和 52 只（占比 30%）基金的基金经理具有显著的选股能力。在这 176 只基金中，无论考察三年、五年还是七年的样本，每类样本中都有 60% 以上的基金选股能力不显著，可见绝大部分基金经理是不具备选股能力的。每类样本中有 2%~8% 的基金经理具有错误的选股能力，投资者应避免投资类似基金。

表 3-9　　　具有七年完整数据的股票型基金在过去三年、五年、七年
　　　　　　选股能力显著性的估计结果

样本区间	正显著	不显著	负显著	基金数(只)	万得全 A 涨幅（%）
过去三年（2016~2018 年）	25（14%）	137（78%）	14（8%）	176	-34
过去五年（2014~2018 年）	49（28%）	124（70%）	3（2%）	176	38
过去七年（2012~2018 年）	52（30%）	121（68%）	3（2%）	176	53

注：括号中的数字为相应的基金数量占比，显著性水平为 5%。

我们同样分析了在三年样本和五年样本中都有数据的348只基金选股能力的差异，具体如表3-10所示。在三年样本中，有32只基金（占比9%）的基金经理具有显著的选股能力；在五年样本中，具有显著选股能力的基金上升到77只（占比22%）；同时，我们发现，从近三年到近五年中，选股能力不显著的基金数量占比都在80%左右。

表3-10　　具有五年完整数据的股票型基金在过去三年、五年的选股能力显著性的估计结果

时间区间	正显著	不显著	负显著	基金数（只）	万得全A涨幅（%）
过去三年（2016~2018年）	32（9%）	288（83%）	28（8%）	348	-34
过去五年（2014~2018年）	77（22%）	263（76%）	8（2%）	348	38

注：括号中的数字为相应的基金数量占比，显著性水平为5%。

上述分析的结论同样和之前分别使用三年或五年全部样本的结论近似（见表3-8）。可见，并不是由于基金个体之间的不同导致在三年、五年、七年样本期间内具有选股能力的基金经理比例的差异。我们在选取相同的基金时，这个差异在三年、五年、七年样本期间内也是同样存在的。故而，我们认为是由于不同分析时间内我国股票市场环境的不同，导致使用最近三年、五年和七年样本的分析结果产生差异。虽然这三个样本时期都受到2016年和2018年股票市场剧烈下跌的影响，但每个样本期间大盘指数的收益是不同的。在三年样本（2016~2018年）中，万得全A指数下挫34%；在五年样本（2014~2018年）和七年样本（2012~2018年）中，万得全A指数分别上涨了38%和53%。在这几个样本区间内，市场的涨幅和基金经理选股能力的关系基本呈正相关关系。

接下来，我们利用同样的方法来分析基金经理的择时能力。图3-10为在不同样本期间具有择时能力的基金的比例，我们还是以5%的显著性水平进行讨论。从图3-10中可见，在2016~2018年的三年样本中，有6%的基金的基金经理具有正显著的择时能力；在2014~2018年的五年样本中，该比例为16%；在2012~2018年的七年样本中，该比例为11%。可见，在不同的样本时期内，具有显著择时能力的基金经理的比例同样是有所差异的。

表3-11展现了在不同样本期间择时能力γ显著性检验更详细的结果。通过对比三个样本同时期的万得全A指数的累积涨幅，我们发现，基金经理的择时能力和股票市场表现之间的关系并不明显。另外，无论是在三年、五年还是七年的样本中，都至少有80%以上的基金经理不具有择时能力。可见，对股票市场未来涨跌的判断是一件非常困难的事情，绝大部分股票型基金经理不具备择时能力。

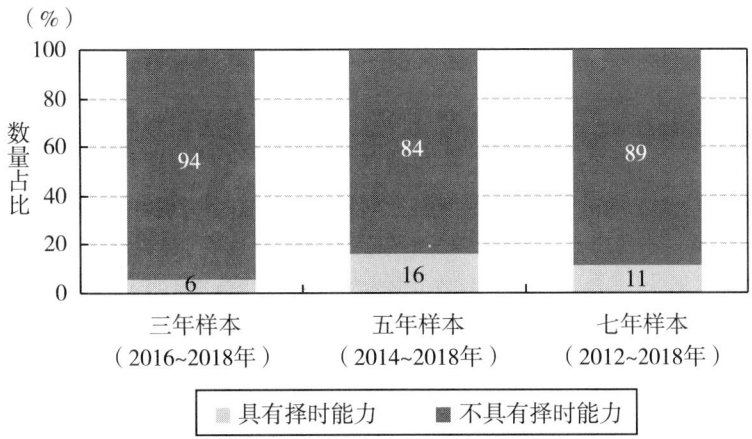

图 3-10　样本区间内具有择时能力的股票型基金的数量占比

表 3-11　　　　　三年、五年、七年样本择时能力显著性的估计结果

样本区间	正显著	不显著	负显著	基金数（只）	万得全A涨幅（%）
过去三年（2016~2018年）	85（6%）	1 117（76%）	268（18%）	1 470	-34
过去五年（2014~2018年）	57（16%）	255（74%）	36（10%）	348	38
过去七年（2012~2018年）	20（11%）	134（76%）	22（13%）	176	53

注：括号中的数字为相应的基金数量占比，显著性水平为5%。

同样，我们选取在三年、五年、七年样本中相同的基金来分析其在不同样本时期内的择时能力显著性的差异，从而判断是否是由于基金样本的不同导致具有显著择时能力的基金经理比例的不同。我们首先选取在三年、五年和七年样本中都有数据的176只基金，分析这些基金在这三个不同样本中择时能力的差异，结果如表3-12所示。在这176只基金中，有6只基金（占比3%）在三年样本中具有显著择时能力。在五年样本中，具有显著择时能力的基金为22只（占比13%）；在七年样本中，该数量为20只（占比11%）。并且，无论选取的分析样本时间是长还是短，都有87%以上的基金不具有择时能力，有11%~28%的基金具有错误的择时能力。股票市场的上涨幅度和具有显著择时能力的基金经理的比例呈现一定的正相关关系。当股票市场大幅上涨时，择时能力使基金经理可以抓住股市上涨的机会提升基金的业绩；在股票市场下跌时，基金经理可以根据其对市场的预测，减少其基金组合对股票市场风险的敞口，从而在一定程度上规避股市下跌的风险，体现出择时能力。整体来看，无论选取的分析样本时间是长还是短，绝大部分的基金经理是不具有判断市场走向的择时能力的。

表 3-12　具有七年完整数据的股票型基金在过去三年、五年、七年的择时能力显著性的估计结果

样本区间	正显著	不显著	负显著	基金数（只）	万得全 A 涨幅（%）
过去三年（2016~2018 年）	6（3%）	121（69%）	49（28%）	176	-34
过去五年（2014~2018 年）	22（13%）	134（76%）	20（11%）	176	38
过去七年（2012~2018 年）	20（11%）	134（76%）	22（13%）	176	53

注：括号中的数字为相应的基金数量占比，显著性水平为 5%。

表 3-13 展示了在三年样本和五年样本中都有数据的 348 只基金择时能力的差异。在这 348 只基金中，有 13 只基金（占比 4%）在三年样本中具有显著的择时能力；在五年样本中，有 57 只基金（16%）具有显著的择时能力；此外，有 84%~96% 左右的基金在三年和五年的样本中不具有显著的择时能力。我们注意到，在三年和五年的样本中，分别有 77 只（占比 22%）和 36 只（占比 10%）基金具有错误的择时能力。

表 3-13　具有五年完整数据的股票型基金在过去三年、五年的择时能力显著性的估计结果

样本区间	正显著	不显著	负显著	基金数（只）	万得全 A 涨幅（%）
过去三年（2016~2018 年）	13（4%）	258（74%）	77（22%）	348	-34
过去五年（2014~2018 年）	57（16%）	255（74%）	36（10%）	348	38

注：括号中的数字为相应的基金数量占比，显著性水平为 5%。

结合表 3-11 可以发现，上述分析的结论同样和之前分别使用三年或五年全部样本的结论近似。具有择时能力的基金经理的比例和股票市场上涨的幅度呈现一定的正相关关系，当股票市场涨幅较大时，具有择时能力的基金经理的比例也相对较高；当市场涨幅较小时，具有择时能力的基金经理的比例也随之降低。因此，我们

认为,不同样本所处的股票市场的环境将会影响基金经理择时能力的体现。

综上所述,采用五年样本数据与使用七年样本数据所得结论近似。基金所处市场环境的不同会对基金经理择时能力的表现造成影响,震荡的市场行情更容易体现出基金经理的择时能力。总体而言,绝大部分基金经理不具有判断市场走向的择时能力。

五、自助法检验

前面的回归分析结果表明,一小部分基金经理具有显著的选股能力或择时能力,那么这些结果会不会是由于运气带来的呢?由于基金的收益率不是严格服从正态分布,回归分析的结果虽然表明某些基金经理具有显著的选股能力或择时能力,但这些结果可能是由于样本的原因(即运气因素)所带来的,而不是来自基金经理自身的投资能力。那么,在具有显著的选股能力或择时能力的基金经理中,哪些基金经理是因为运气而取得了良好的业绩,哪些基金经理又是真正拥有投资能力的呢?

著名的统计学家 Efron 在 1979 年提出了一种对原始样本进行重复抽样,从而产生一系列新的样本的统计方法,即自助法(bootstrap)。自助法是对原始样本进行重复抽样以产生一系列"新"样本的统计方法,图 3-11 展示了自助法的抽样原理。如图 3-11 所示,我们观察到的样本只有一个,如某只基金的历史收益数据,因此只能产生一个统计量(如基金经理的选股能力)。自助法的基本思想是对已有样本进行多次抽样,即把现有样本的观测值看成一个新的总体再进行有放回的随机抽样,这样在不需要增加额外的新样本的情况下,会获得多个统计量,即获得基金经理选股能力的多个估计值,通过对比这多个统计量所生成的统计分布和实际样本产生的统计量,就可以判断基金经理的能力是否来源于运气。

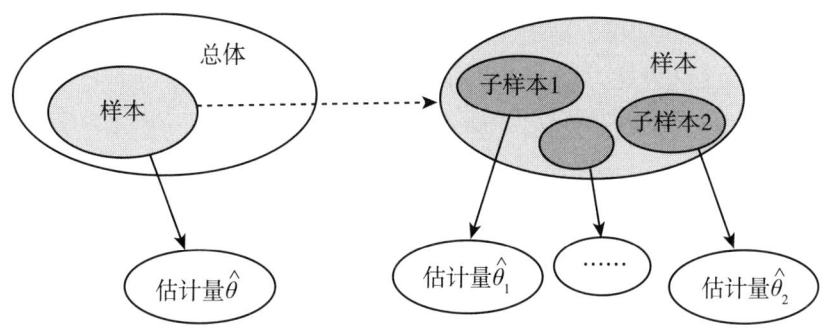

图 3-11 自助法抽样示意

在以下的检验中,我们对每只基金的样本进行1 000次抽样。我们也使用5 000次抽样来区分基金经理的能力和运气,因这些结果与使用1 000次抽样的结果十分类似,结论不再赘述。

我们以基金i的选股能力α进行自助法检验为例。通过Treynor-Mazuy四因子模型对基金i月度净收益的时间序列进行普通最小二乘法(OLS)回归,估计模型的$\hat{\alpha}$、风险系数($\hat{\beta}_{mkt}$、$\hat{\beta}_{smb}$、$\hat{\beta}_{hml}$、$\hat{\beta}_{mom}$)、残差序列,具体模型见式(3.3)。我们通过自助法过程对获得的残差序列进行1 000次抽样,根据每次抽样后的残差和之前估计出来的风险系数($\hat{\beta}_{mkt}$、$\hat{\beta}_{smb}$、$\hat{\beta}_{hml}$、$\hat{\beta}_{mom}$)构造出1 000组不具备选股能力($\hat{\alpha}=0$)的基金的超额收益率,获得1 000个没有选股能力的基金的样本,每一个新生成的基金样本与基金i有同样的风险暴露。然后,我们对这1 000个样本再次进行Treynor-Mazuy四因子模型的回归,就获得了1 000个选股能力α的估计值。由于这1 000个α是出自我们构造的没有选股能力的基金的收益率,在5%的显著性水平下,如果这1 000个α中有多于5%比例的(该比例为自助法的P值)α大于通过Treynor-Mazuy四因子模型回归所得到的基金i的$\hat{\alpha}$(真实的α),则表明基金i的选股能力α并不是来自基金经理自身的能力,而是来自运气因素和统计误差;反之,如果这1 000个α中,只有少于5%的α大于基金i的α,则表明基金i的选股能力α并不是来自运气因素,而是来自基金经理的真实能力。Kosowski、Timmermann、White和Wermers(2006)、Fama和French(2010)、Cao、Simin、Wang(2013)、Cao、Chen、Liang、Lo(2013)等利用该方法来研究美国基金经理所取得的业绩是来自他(她)们的能力还是运气。

在之前的分析中我们得到,在五年样本(2014~2018年)的348只样本基金中,有77只基金(占比22%)表现出正确的选股能力,因此,我们进一步对这77只基金的选股能力进行自助法检验。图3-12展示了部分基金经理(10位)通过自助法估计出来的1 000个选股能力α的分布和实际α的对比。图3-12中的曲线为通过自助法获得的选股能力α的结果;垂直线为运用Treynor-Mazuy模型估计出来的实际选股能力α的结果。例如,对于"高信百诺1期"基金而言,通过自助法估计出的1 000个选股能力α的统计值中,有2个大于通过Treynor-Mazuy模型估计出来的实际的α($\hat{\alpha}=25.24\%$),即自助法的P值为0.002(P=0.2%),从统计检验的角度讲,我们有95%的信心确信该基金经理的选股能力来自其自身的投资能力。

表3-14展示了通过Treynor-Mazuy四因子模型估计出来的具有显著选股能力的77只股票型基金的自助法结果。在这77只基金中,有58只基金的自助法的P值小于5%,如"天弓2号""富恩德1期""思晔量化择股旗舰"等,这些基金在表中已用"*"标出;有19只基金的自助法的P值大于5%,如"证大稳健增长"

第三章 私募基金经理是否具有选股能力与择时能力

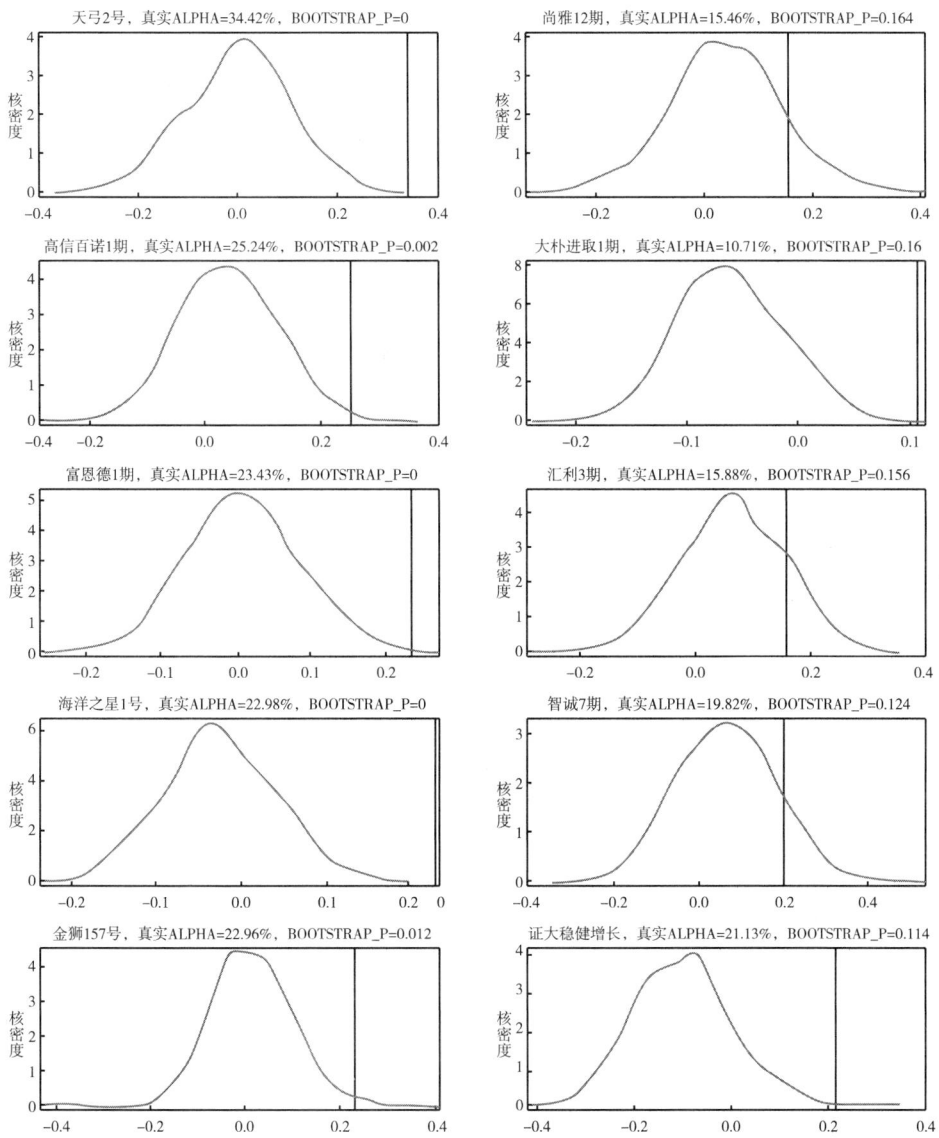

图 3-12 自助法估计的股票型基金的 α 的分布（部分）：2014～2018 年

注：曲线表示通过自助法获得的选股能力 α 的分布；垂直线表示运用 Carhart 四因子模型估计出来的实际选股能力 α。

"智诚 7 期""仙童 1 期"等。从统计学假设检验的角度讲，我们有 95% 的把握得出以下结论：这 58 只基金（占 348 只基金的 17%）的基金经理的选股能力并不是来自运气，而是来自他们的自身能力，而另外 19 只基金的基金经理的选股能力并不是来自其自身的能力，而是来自运气和统计误差。

表 3-14　具有选股能力的股票型基金的自助法检验结果：2014~2018 年

编号	基金名称	年化 α (%)	$t(\alpha)$	自助法 P 值	编号	基金名称	年化 α (%)	$t(\alpha)$	自助法 P 值
1	天弓 2 号	34.42	3.49	0.000*	40	世诚扬子 2 号	14.85	3.16	0.000*
2	高信百诺 1 期	25.24	3.04	0.002*	41	西藏隆源 1 号	14.79	2.38	0.004*
3	富恩德 1 期	23.43	2.82	0.000*	42	招商汇智之凤翔 1 号	14.64	2.59	0.012*
4	海洋之星 1 号	22.98	3.18	0.000*	43	穿石品质生活	14.44	2.54	0.022*
5	金狮 157 号	22.96	2.57	0.012*	44	穿石 1 号	14.21	2.58	0.012*
6	彤源 2 号	22.43	2.95	0.036*	45	双赢 5 期	14.10	2.19	0.042*
7	林园	21.63	2.39	0.016*	46	朱雀 18 期	13.96	2.39	0.020*
8	汉和资本 1 期	21.30	3.07	0.002*	47	思晔量化择股旗舰	13.93	3.14	0.012*
9	证大稳健增长	21.13	1.71	0.114	48	景泰复利回报 1 期（国投）	13.88	2.05	0.044*
10	少数派 5 号	20.52	2.03	0.044*	49	黄金组合 1 期 1 号	13.44	4.33	0.000*
11	智诚 7 期	19.82	1.78	0.124	50	飞天 4 号	13.35	2.47	0.018*
12	仙童 1 期	19.54	1.67	0.070	51	投资精英（朱雀 A）	13.09	2.29	0.016*
13	凯顺 2012	19.50	2.91	0.030*	52	金狮 155 号	12.99	2.20	0.072
14	执耳医药	19.44	2.96	0.018*	53	双赢 7 期	12.85	2.78	0.002*
15	奕金安 1 期	18.75	2.80	0.008*	54	朱雀 20 期	12.78	2.10	0.032*
16	璟恒 1 期	18.63	2.53	0.026*	55	民森 E 号	12.64	2.02	0.050
17	景林丰收	18.55	2.70	0.020*	56	金中和 1 期（中信）	12.60	1.96	0.098
18	长金 9 号	18.49	1.72	0.066	57	投资精英（星石 A）	12.31	2.94	0.000*
19	久富 1 期	18.01	2.52	0.024*	58	淡水泉成长 1 期	11.83	2.67	0.002*
20	瑞僖稳健收益	17.86	2.70	0.004*	59	朱雀中欧教育	11.76	1.79	0.046*
21	新思哲 1 期	17.75	1.64	0.060	60	双赢 10 期	11.46	2.54	0.022*
22	智德持续增长	17.73	2.57	0.024*	61	朱雀 5 期	11.30	1.75	0.070
23	万利富达	17.54	2.16	0.034*	62	朱雀 10 期	11.11	2.09	0.012*
24	智德 1 期	17.36	2.84	0.030*	63	大朴进取 1 期	10.71	1.64	0.160
25	景林稳健	16.86	3.02	0.004*	64	悟空同创量化 1 期	10.71	2.26	0.038*
26	黄金优选 7 期 1 号（汇利）	16.67	2.52	0.060	65	德丰利 1 期	10.53	1.83	0.050
27	朱雀 4 期	16.44	2.68	0.002*	66	星石 9 期	10.50	2.35	0.008*
28	乐晟精选	16.20	1.81	0.040*	67	中国龙平衡	9.74	3.01	0.000*
29	黄金优选 1 期 1 号（淡水泉）	16.11	3.46	0.000*	68	长江稳健	9.70	2.23	0.082
30	汇利 3 期	15.88	2.03	0.156	69	理成风景 1 号	9.32	1.97	0.030*
31	黄金优选 4 期 1 号（朱雀）	15.72	2.77	0.002*	70	星石目标回报 1 期	9.15	1.64	0.036*
32	源乐晟策略创新 1 期	15.59	2.19	0.048*	71	思晔动态对冲旗舰产品	7.80	1.67	0.094
33	景林稳健 2 号	15.57	2.16	0.048*	72	远策 1 期	7.49	1.82	0.072
34	尚雅 12 期	15.46	1.80	0.164	73	润晖稳健增值	7.22	2.03	0.094
35	朱雀 13 期	15.44	2.38	0.002*	74	念空跨境套利	6.72	2.73	0.014*
36	投资精英（星石 B）	15.37	3.56	0.000*	75	光大基金宝-均衡价值	6.62	2.32	0.028*
37	明达	15.33	2.40	0.014*	76	金鹏 1 期	6.43	2.52	0.000*
38	投资精英之景林（A 类）	15.08	2.06	0.044*	77	金锝 6 号	5.54	1.80	0.076
39	金狮 152 号	14.93	1.96	0.034*	—				

注：*表示自助法的 P 值小于 5%，即基金经理的选股能力不是源于运气和统计误差。

第三章 私募基金经理是否具有选股能力与择时能力

同样，我们也对基金经理的择时能力进行了自助法检验，仍采用5%的显著性水平。我们要回答的问题是：在那些择时能力系数（γ）具有正显著性的基金中，哪些基金经理是因为运气好而显示出择时能力？哪些基金经理是真正具有择时能力，而不是依靠运气？根据之前Treynor-Mazuy模型的估计结果，在348只基金中，有57只（占比16%）基金的基金经理具有显著的择时能力，我们对这些基金的择时能力进行自助法检验。图3-13展示了部分基金经理（10位）通过自助法估计出

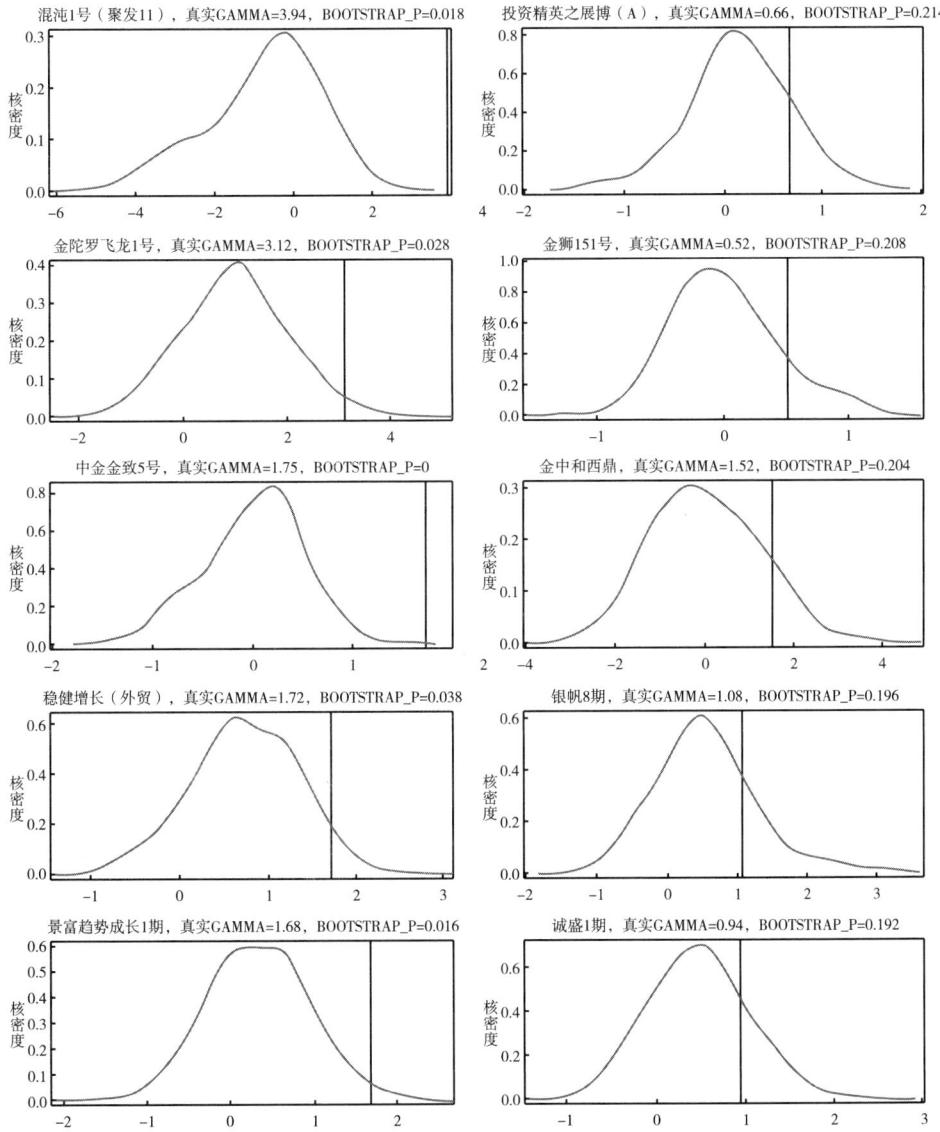

图3-13 自助法估计的股票型基金择时能力 γ 的分布（部分）：2014～2018年

注：曲线代表通过自助法获得的择时能力 γ 的分布；垂直线表示运用改进后Treynor-Mazuy模型估计出来的实际择时能力 γ。

来的择时能力 γ 的分布和实际 γ 的对比。图 3-13 中的曲线为通过自助法获得的择时能力 γ 的结果；垂直线为运用 Treynor-Mazuy 模型估计出来的实际择时能力 γ 的结果。例如，"金陀罗飞龙 1 号"基金通过 Treynor-Mazuy 四因子模型估计出的择时能力为 3.12，通过自助法估计的 1 000 个择时能力 γ 的统计值中，有 28 个大于 3.12，即自助法的 P 值为 0.028（P＝2.8%），从统计检验的角度讲，我们有 95% 的信心确信该基金经理的择时能力并不是由于运气所带来的，而是来自基金经理自身的投资才能；而对于"投资精英之展博（A）"基金而言，其通过 Treynor-Mazuy 模型估计出来的真实的 γ 为 0.66，但通过自助法产生的 1 000 个 γ 的统计值中，有 214 个大于 0.66，即自助法的 P 值为 0.214（P＝21.4%），从统计检验的角度讲，表明我们有 95% 的信心确信该基金经理的择时能力是来自运气。

表 3-15 展示了通过 Treynor-Mazuy 四因子模型估计出来的 57 只具有正确择时能力的股票型基金的自助法检验结果。根据表 3-15 中数据，从统计学假设检验的角度讲，我们有 95% 的把握得出：在这 57 只基金中，有 18 只基金的自助法 P 值小于 5%，这些基金在表中已用"＊"标出，说明这 18 只基金（占 348 只基金的 5%）的基金经理的投资才能并不是来自运气，而是来自他们能够预测大盘涨跌从而及时调整仓位的择时能力，如"兆信 1 期"基金、"中金金致 5 号"基金和"冰剑 1 号"基金等；有 39 只基金的自助法 P 值大于 5%，说明这些基金经理的择时能力源于运气和统计误差，如"清水源 1 号、"新同方"基金和"仙童 1 期"基金等。可见，真正具有择时能力的基金经理实属凤毛麟角，绝大部分股票型私募基金经理不具有择时能力。

表 3-15　具有择时能力的股票型基金的自助法检验结果：2014~2018 年

编号	基金名称	γ	t(γ)	自助法 P 值	编号	基金名称	γ	t(γ)	自助法 P 值
1	兆信 1 期	1.10	4.27	0.000*	11	稳健增长（外贸）	1.72	3.16	0.038*
2	中金金致 5 号	1.75	4.13	0.000*	12	金狮 154 号	0.83	2.85	0.062
3	冰剑 1 号	1.35	3.68	0.002*	13	朴石 1 期	1.39	2.74	0.040*
4	混沌 1 号（聚发 11）	3.94	3.66	0.018*	14	新同方	1.03	2.74	0.054
5	鑫安 1 期	1.54	3.47	0.018*	15	惠正成长（外贸）	1.55	2.60	0.070
6	明河价值 1 期	1.45	3.45	0.008*	16	道谊稳健	0.91	2.60	0.03*
7	思晔市场中性旗舰产品	0.50	3.38	0.002*	17	森瑞独立景气	2.17	2.51	0.062
8	金陀罗飞龙 1 号	3.12	3.32	0.028*	18	金蕴 12 期（泽升）	1.58	2.49	0.014*
9	景富趋势成长 1 期	1.68	3.25	0.016*	19	银帆 7 期	1.11	2.43	0.098
10	丰岭稳健成长 1 期	1.37	3.25	0.030*	20	仙童 1 期	1.66	2.41	0.098

续表

编号	基金名称	γ	$t(\gamma)$	自助法P值	编号	基金名称	γ	$t(\gamma)$	自助法P值
21	汇信惠正1号	1.92	2.40	0.100	40	银帆6期	0.69	2.01	0.130
22	朴石3期	1.06	2.38	0.042*	41	金狮155号	0.68	1.96	0.116
23	瑞天价值成长	0.88	2.36	0.056	42	瑞天5期	0.82	1.93	0.142
24	慧安12号	1.01	2.33	0.068	43	世诚扬子2号	0.53	1.93	0.176
25	少数派5号	1.37	2.30	0.094	44	金蕴38期(上善若水4期)	0.64	1.88	0.050
26	中金金致1号	0.96	2.27	0.092	45	普邦恒升华金1期	0.63	1.85	0.084
27	尊岳进取2号	0.37	2.23	0.048*	46	天勤1号	0.87	1.84	0.190
28	惠正成长	1.76	2.19	0.092	47	展博2期	1.01	1.83	0.146
29	鑫兰瑞	1.12	2.16	0.132	48	龙腾3期	1.05	1.81	0.134
30	东方港湾1期	1.02	2.14	0.048*	49	归富长乐1号	0.55	1.78	0.164
31	清水源1号	1.64	2.12	0.092	50	汇信信诚1号	0.79	1.77	0.170
32	慧安1号	1.04	2.07	0.128	51	银帆8期	1.08	1.76	0.196
33	名禹稳健增长	0.81	2.07	0.064	52	向量ETF创新1期	1.61	1.73	0.166
34	源乐晟策略创新1期	0.86	2.06	0.074	53	金中和西鼎	1.52	1.73	0.204
35	保证金交易1号	0.29	2.06	0.028*	54	思晔动态对冲旗舰产品	0.47	1.71	0.138
36	共青城金泉动量	1.66	2.05	0.138	55	金狮151号	0.52	1.66	0.208
37	尊嘉ALPHA	0.49	2.04	0.116	56	金石3期	1.24	1.65	0.148
38	新思哲1期	1.28	2.01	0.118	57	投资精英之展博(A)	0.66	1.64	0.214
39	诚盛1期	0.94	2.01	0.192		—			

注：*表示自助法的P值小于5%，即基金经理的择时能力不是源于运气和统计误差。

六、小结

私募基金的投资者往往面临如何在众多的基金中选择较好的基金或基金经理的难题。优秀的基金经理是如何持续创造超额收益的？本章从三个方面研究私募基金经理如何获得超额收益：首先，是他们的选股能力和择时能力；其次，我们分析了所用样本的时间范围是否会影响选股能力和择时能力的分析结论；最后，我们进一步研究那些有能力的基金经理的业绩是源于他们自身的能力还是偶然的运气。

我们着重对五年样本（2014~2018年）中股票型私募基金经理的投资才能进行讨论。研究结果显示，在348只样本基金中，只有77只基金（占比22%）的基金经理具有显著的选股能力，有57只基金（占比16%）的基金经理具有显著的择时能力。经自助法检验后发现，在使用回归方法发现的77位具有选股能力的基金经理中，有58位基金经理（占348只基金的17%）的选股能力源于基金经理自身的投资能力；而在使用回归方法发现的57位具有择时能力的基金经理中，只有18位基金的基金经理（占348只基金的5%）的择时能力源于基金经理的能力。总体来看，2014~2018年，在主动管理的股票型私募基金中，只有17%的股票型基金经理具有真正的选股能力，几乎没有基金经理具有真正的择时能力。

私募基金业绩的持续性

随着居民财富的不断增长,我国高净值人群日益壮大,以合格投资者为主要服务对象的私募证券投资基金逐渐步入更多投资者的视野。每年年底,财经媒体、第三方财富管理公司等机构会通过私募基金业绩的评选对过去一段时期内表现优异的私募基金进行表彰,"中国私募金牛奖""中国私募基金风云榜""金阳光私募基金"等私募基金评选的榜单及奖项都已持续了数年,吸引了众多投资者的注意。在这些评选中,基金的收益率是最为常见的评价指标,这主要是因为相较具体的投资策略、持仓股票等信息,收益率是最直观也是最容易获取的业绩指标。但是,私募基金的业绩表现是否呈现"强者恒强,弱者恒弱"的现象?优秀的基金是否只是昙花一现?换言之,私募基金的业绩是否具有持续性?过去表现优异的私募基金,未来是否能够持续获得较好的业绩?

与追求相对收益的公募基金相比,私募基金追求的是绝对收益,即无论大盘指数是涨是跌,私募基金均以赚取正收益为目标。由于私募基金在产品结构的设计上存在高水位法的业绩计提机制,使基金经理更有动力从获得的绝对收益中赚取业绩提成。除此之外,在市场行情不好的情况下,以指数为业绩比较基准的公募基金通常不会过度调仓、减仓,一是因为持仓率的要求,二是怕减仓之后错过后续回调带来的收益;对于私募基金,内部的止损机制、仓位控制和趋势判断都极其重要,所持股票的连续下跌会给其带来跌破预警线、平仓线的风险,使基金经理的操作空间缩小、投资难度增大。因此,私募基金追求绝对正收益的动力更大,对风险的控制要求也更高,能够长期持续在市场上赚取正收益的基金经理十分可贵。

对于机构投资者和高净值投资者来说,他们购买私募基金时并没有太多可供参考的信息,而基金的历史业绩,特别是基金的收益率,是一个非常直观并且相对容易获得的信息。这就造成了投资者往往通过这些信息来判断基金的好坏,从而进行相应的投资。他们会寄希望于那些过往业绩优秀的私募基金在未来可以持续获得优秀的业绩。但是,私募基金业绩排名除了对基金过往的表现给出一个评价之外,对投资者是否具有参考价值?这是我们研究私募基金业绩持续性的一个重要原因。基金业绩的持续性这一话题不仅仅是业界在研究基金时所关注的问题，学术界围绕基金的业绩能否持续也进行了广泛的研究。Malkiel（1995）、Brown 和 Goetzmann（1995）、Carhart（1997）以及 Agarwal 和 Naik（2000）等人的研究发现，过往业绩较好的基金一般不具有业绩持续性，而过往业绩较差的基金在未来的业绩持续较差的现象则更为普遍。这些研究虽然不能帮助投资者发掘在未来能够给投资者带来良好收益的基金，但从一定程度上可以避开那些未来收益可能较差的基金。

本章中，我们将万得数据私募基金二级分类中的普通股票型、股票多空型、相对价值型和事件驱动型基金定义为股票型私募基金，并以此作为研究对象，通过分析基金业绩排名的稳定性，判断基金的历史业绩是否可以作为投资者投资决策的依据。我们将研究期间划分为排序期（formation period）和检验期（holding period），分别选择一年和三年这两个时间段作为排序期对基金的业绩进行排序，并选择一年作为检验期（排序期之后的一年），跟踪基金业绩在排序期和检验期的排名变化，来分析基金的业绩是否具有持续性。具体而言，当排序期为一年时，检验过去一年基金业绩的排名在下一年排名的变化；当排序期为三年时，检验过去三年基金业绩的排名在下一年排名的变化。此外，我们还要求基金在排序期和检验期都有完整的复权净值数据。

我们分别通过四种方法来验证股票型私募基金业绩是否具有持续性：第一部分，采用绩效二分法对股票型私募基金收益率的持续性进行检验；第二部分，利用 Spearman 相关性检验对股票型私募基金收益率排名的相关性做出分析；第三部分，将股票型私募基金的收益率按高低分为四组，通过描述统计的方法对股票型私募基金收益率的持续性进行检验；第四部分，我们以考虑风险调整后收益的指标，即夏普比率作为业绩衡量指标，再次以描述统计检验的方法进行基金业绩持续性的检验。

一、收益率持续性的绩效二分法检验

1995 年，美国著名学者，来自纽约大学和耶鲁大学的 Brown 教授和 Goetzmann 教授提出了一种检验基金业绩持续性的方法，称作绩效二分法，又称为双向表法，其原理是通过考察基金业绩在排序期和检验期的排名变动情况来检验基金整体业绩的持续性。本节采用绩效二分法分析我国股票型私募基金收益率在检验期是否可以持续。根据绩效二分法，我们在排序期和检验期将样本基金按照收益率从高到低排序，排名前 50% 的基金定义为赢组（winner），排名后 50% 的基金定义为输组（loser）。若基金在排序期和检验期均位于赢组，记为赢赢组（WW）。以此类推，根据基金在排序期和检验期的排名表现，可以把基金分成赢赢组（WW）、赢输组

（WL）、输赢组（LW）和输输组（LL）四个组，具体的分组方式如表4-1所示。

表4-1　　　　　　　　　绩效二分法检验中的基金分组

排序期 \ 检验期	赢组（winner）	输组（loser）
赢组（winner）	WW	WL
输组（loser）	LW	LL

在对基金进行分组后，我们采用交叉积比率（Cross-Product Ratio，CPR）指标，来检验股票型私募基金收益率的持续性。若基金收益率存在持续性，则基金在排序期和检验期的排名是相对稳定的，此时四组基金在样本中的占比应该是不均匀的。具体来说，排序期属于赢组的基金，在检验期有很大概率仍然属于赢组；排序期属于输组的基金，在检验期继续留在输组的概率也较高。反之，若基金收益率不存在持续性，在检验期的排序是随机的，那么排序期属于赢组和输组的基金在下一年位于赢组和输组的概率是均等的，即上述四种情况在全部样本基金中的比例应为25%。由此，我们可以通过构建CPR指标来检验基金业绩的持续性。随机变量CPR指标计算方法如下：

$$\widetilde{CPR} = \frac{N_{WW} \times N_{LL}}{N_{WL} \times N_{LW}} \tag{4.1}$$

其中，N_{WW}、N_{LL}、N_{WL}、N_{LW}分别代表属于每组基金的样本数量。当基金的业绩不存在持续性时，CPR的值应该为1，即$\ln(\widetilde{CPR})=0$。我们利用假设检验的方法来判断基金业绩是否具有持续性。假设检验的原假设为：基金业绩不具有持续性，即$\ln(\widetilde{CPR})=0$。我们通过构造Z统计量来检验$\ln(\widetilde{CPR})$是否等于0。当观测值相互独立时，Z统计量服从标准正态分布，即：

$$\widetilde{Z} = \frac{\ln(\widetilde{CPR})}{\sigma_{\ln(\widetilde{CPR})}} \to \text{Norm}(0,1) \tag{4.2}$$

其中，$\sigma_{\ln(\widetilde{CPR})}$为$\ln(\widetilde{CPR})$的标准差，当$\ln(\widetilde{CPR})$服从正态分布时，标准差为：

$$\sigma_{\ln(\widetilde{CPR})} = \sqrt{1/N_{WW} + 1/N_{WL} + 1/N_{LW} + 1/N_{LL}} \tag{4.3}$$

如果Z统计量显著大于0，则对应的CPR指标显著大于1，表明基金的收益率具有持续性；反之，如果Z统计量显著小于0，则对应的CPR指标显著小于1，表明基金的收益率排名在检验期出现了反转；若Z统计量和0相差不大，那么对应的CPR指标接近于1，此时可以推断，检验期中四组基金数量大致相等，也就是说，这段时期基金收益率排名是随机的，和排序期的排名没有显著的联系，业绩不具有持续性。通过上述方法，我们能够对私募基金的业绩持续性做出判断。

图 4-1 和表 4-2 展示了排序期为一年、检验期也为一年的绩效二分法检验结果。在这里，我们关心的问题是：过去一年收益率排名在前 50% 的基金，下一年能否继续获得较高的收益？过去一年收益率排名在后 50% 的基金，下一年的收益率是否仍旧较低？如果这两个问题的答案是肯定的，那么，我们认为基金在过去一年的业绩对于投资者来说具有参考价值；如果答案是否定的，则意味着私募基金的收益率没有持续性。由于本章讨论的重点是基金的业绩是否具有持续性，因此，我们关注基金在排序期和检验期组别的延续性，即属于 WW 组和 LL 组基金的比例是否明显高于 25%，并以此为依据进行判断。如果一只基金在检验期的业绩没有规律，那么它属于四个组别的任意一组的概率为 25%。

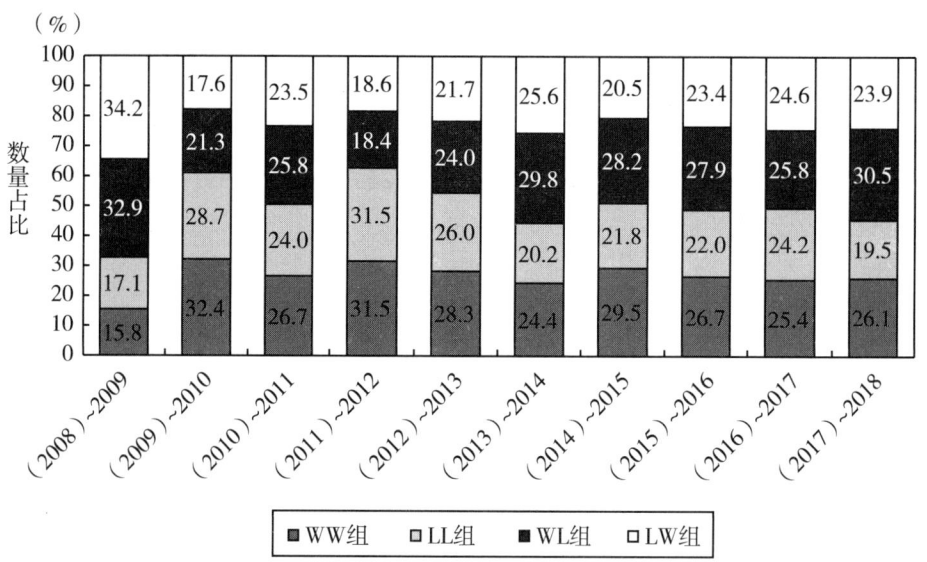

图 4-1　股票型基金业绩持续性的绩效二分法检验各组比例（排序期为一年）：2008~2018 年

注：横坐标括号内的年份表示排序期，括号外的年份表示检验期。

图 4-1 展示了每组检验中属于赢赢组（WW）、赢输组（WL）、输赢组（LW）和输输组（LL）四组基金的比例分布。我们发现，在大多数时间里，属于 WW 组和 LL 组的基金数量占比与 25% 区别不大，这表示大多数年间在排序期属于赢组或输组的基金，在检验期的组别分布是随机的，即以一年为排序期和检验期时，私募基金的业绩不具有持续性。此外，我们还观察到，排序期为 2011 年、检验期为 2012 年 [（2011）~2012 年] 时基金在 WW 组和 LL 组的数量占比明显高于 25%；排序期为 2008 年，检验期为 2009 年 [（2008）~2009 年] 时基金在 WW 组和 LL 组

的基金数量占比明显低于25%，其他年份中基金在排序期和检验期的分布较为随机。为了检验这些比例是否显著高于或低于随机分布下的25%，我们对不同时间区间内私募基金所属组别分布的显著性进行了检验。

表4-2展示了私募基金在排序期和检验期的组别分布，以及CPR等统计指标的具体信息。在10个样本期中，只有3次检验的CPR指标是显著大于1的，表明在大多数样本期中，私募基金的业绩并没有表现出明显的持续性。具体来看，(2011)~2012年间，Z检验P值小于0.001，CPR指标为2.90，在5%的显著性水平下显著大于1，属于WW组和LL组的基金比例均为31.5%。也就是说，在2011年属于赢组的基金，有31.5%的基金在2012年还属于赢组；在2011年属于输组的基金，有31.5%的基金在2012年仍属于输组。这种业绩的持续性在(2009)~2010年和(2012)~2013年也能够发现。此外，我们还注意到，(2008)~2009年间Z检验P值为0.004，小于0.05；CPR指标为0.24，显著小于1。这一结果表明私募基金的收益率在2008~2009年出现了反转，即2008年收益率较高的私募基金在2009年的收益率反而较低，而2008年收益率偏低的基金在2009年的收益率排名有所提升。类似地，(2013)~2014年和最近一期(2017)~2018年基金业绩同样呈现出反转的现象。综合图4-1和表4-2结果，我们认为当排序期为一年、检验期为一年时，私募基金的收益率不具有持续性，即过去一年优秀基金的收益表现不能作为投资者选择私募基金时的参考依据。

表4-2　　股票型基金业绩持续性的绩效二分法检验
（排序期为一年）：2008~2018年

（排序期）~检验期	CPR	Z统计量	P值	WW组比例(%)	LL组比例(%)	WL组比例(%)	LW组比例(%)
(2008)~2009	0.24	-2.92	0.004	15.8	17.1	32.9	34.2
(2009)~2010	2.47*	2.56	0.011	32.4	28.7	21.3	17.6
(2010)~2011	1.06	0.20	0.841	26.7	24.0	25.8	23.5
(2011)~2012	2.90*	5.01	<0.001	31.5	31.5	18.4	18.6
(2012)~2013	1.42*	2.01	0.045	28.3	26.0	24.0	21.7
(2013)~2014	0.64	-2.50	0.012	24.4	20.2	29.8	25.6
(2014)~2015	1.11	0.61	0.544	29.5	21.8	28.2	20.5
(2015)~2016	0.90	-0.75	0.453	26.7	22.0	27.9	23.4
(2016)~2017	0.97	-0.41	0.684	25.4	24.2	25.8	24.6
(2017)~2018	0.69	-4.72	<0.001	26.1	19.5	30.5	23.9

注：*表示在排序期和检验期，基金的业绩在5%的显著性水平下具有持续性。

当排序期为一年时,基金的收益率可能存在一定的不稳定性。接下来,我们将排序期延长为三年、检验期仍为一年,继续对股票型私募基金业绩的持续性进行检验,结果如图4-2和表4-3所示。从图4-2可见,在大多数样本期内,属于WW组和LL组基金数量占比接近随机分布下的25%;8个样本期中,在排序期为2008～2010年、检验期为2011年[(2008～2010)～2011年],排序期为2010～2012年、检验期为2013年[(2010～2012)～2013年],排序期为2012～2014年、检验期为2015年[(2012～2014)～2015年]和排序期为2014～2016年、检验期为2017年[(2014～2016)～2017年]时,WW组和LL组基金数量占比略高于25%,但高出随机分布下对应的25%的幅度不大。

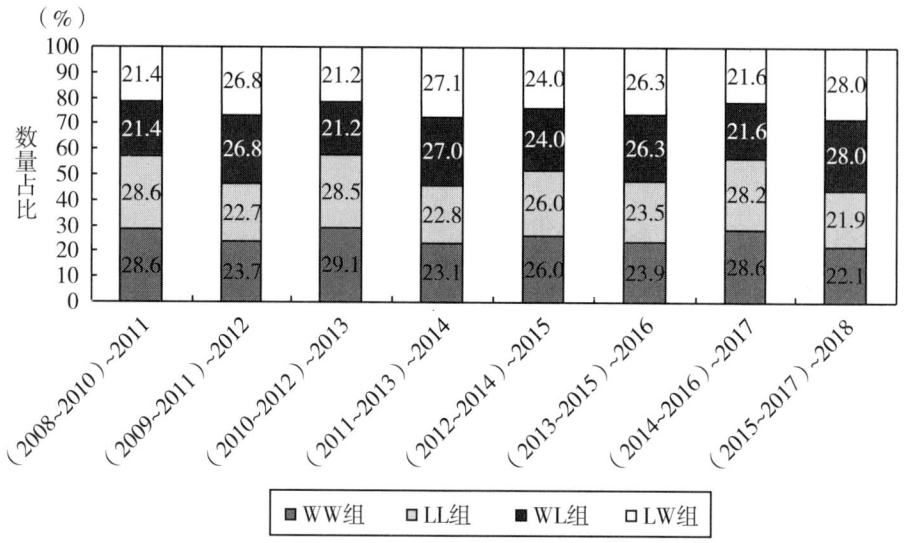

图4-2 股票型基金业绩持续性的绩效二分法检验各组比例
(排序期为三年):2008～2018年

注:横坐标所示时间周期中括号内的年份表示排序期,括号外的年份表示检验期。

在表4-3中,我们进一步检验了各组基金的占比是否显著高于或低于25%,并展示了CPR等统计指标的具体数值。尽管根据图4-2展示的基金组别的分布,有4个样本期中基金属于WW组和LL组的比例要高于25%,但是,通过绩效二分法检验,只有1个样本期的CPR指标显著大于1,表明多数时间段内,过去三年私募基金的收益率表现不能作为其下一年收益的判断依据。具体来看,在(2014～2016)～2017年期间,P值为0.022,小于0.05,CPR指标为1.73,大于1,说明在此期间私募基金的收益率具有持续性。而在最新一个样本期(2015～2017)～2018年,P值为0.014,小于0.05,但CPR指标为0.62,小于1,意味着这段时间内私募基金的收益率出现了反转,即2015～2017年收益率属于赢组的基金在

2018年被列入了输组。其他时间段内，T检验P值均大于0.05。综合图4-2和表4-3，我们可以得出结论：当排序期为三年、检验期为一年时，股票型私募基金的收益率并不具有持续性。

表4-3　　　　股票型基金业绩持续性的绩效二分法检验

（排序期为三年）：2008~2018年

（排序期）~检验期	CPR	Z统计量	P值	WW组比例(%)	LL组比例(%)	WL组比例(%)	LW组比例(%)
(2008~2010)~2011	1.78	1.19	0.234	28.6	28.6	21.4	21.4
(2009~2011)~2012	0.75	-0.71	0.477	23.7	22.7	26.8	26.8
(2010~2012)~2013	1.85	1.86	0.062	29.1	28.5	21.2	21.2
(2011~2013)~2014	0.72	-1.37	0.171	23.1	22.8	27.0	27.1
(2012~2014)~2015	1.17	0.68	0.497	26.0	26.0	24.0	24.0
(2013~2015)~2016	0.82	-0.81	0.416	23.9	23.5	26.3	26.3
(2014~2016)~2017	1.73*	2.29	0.022	28.6	28.2	21.6	21.6
(2015~2017)~2018	0.62	-2.47	0.014	22.1	21.9	28.0	28.0

注：*表示在排序期和检验期，基金的业绩在5%的显著性水平下具有持续性。

在上述检验中，我们采用绩效二分法，分别将排序期设置为一年和三年，检验基金在下一年的组别分布。结果显示，基金在过去一年和三年的收益率对基金在下一年的业绩表现并不具有参考意义，因此，股票型私募基金的收益率不具有持续性。换言之，投资者选择过去收益率较高的私募基金进行投资，并不意味着在未来同样可以获得较高的收益。

二、收益率持续性的Spearman相关性检验

上述检验中，我们采用绩效二分法，根据排序期私募基金收益率的高低，将基金划分为两组，观察其在检验期所属组别的变化情况以验证私募基金的业绩是否能够持续。但是，绩效二分法在一定程度上忽略了排序时处于中部的基金的组别变化情况。接下来，我们将采用更为细致的Spearman相关系数检验方法，继续围绕股票型私募基金收益率是否具有持续性进行讨论。

Spearman相关系数检验是最早用于检验基金业绩表现持续性的方法之一。在检验中，Spearman相关系数对原始变量的分布不做要求，是衡量两个变量的相互关联性的非参数指标，它利用单调方程评价两个统计变量的相关性。当样本的分布

不服从正态分布、总体分布类型未知或为有序数据时，使用 Spearman 相关系数较为有效。Spearman 相关系数的绝对值越大，说明两个变量间的相关性越强。当两个变量完全相关时，Spearman 相关系数的数值则为 1 或 -1。Spearman 相关系数的取值在 -1~1 之间。

Spearman 相关性检验的步骤为：

第一步：定义排序期为一年或三年，计算排序期内样本基金的收益率排名。

第二步：定义检验期为排序期的下一年，追踪检验期内样本基金的收益率排名。

第三步：计算基金在排序期的排名与检验期的排名之间的 Spearman 相关系数。以排序期和检验期都为一年为例，Spearman 相关性检验统计量为：

$$\rho_t = 1 - \frac{6\sum_{i=1}^{n_t} d_{i,t}^2}{n_t(n_t^2-1)} \quad (4.4)$$

其中，$d_{i,t}=r_{i,t-1}-r_{i,t}$，$r_{i,t-1}$ 和 $r_{i,t}$ 分别为基金 i 在第 $t-1$ 年和第 t 年的收益率排序；n_t 为第 t 年中基金的数量。由于我们观察的是私募基金收益率的变化情况，因此，只有当基金在排序期和检验期都有完整的复权净值时才纳入样本。如果 Spearman 相关系数显著大于 0，表明基金的排名具有持续性；如果相关系数显著小于 0，表明基金的排名具有反转性；如果相关系数接近于 0，则表明基金收益率的排名在排序期和检验期并没有显著的相关性。

第四步：逐年滚动检验基金排序期与检验期收益率排名的 Spearman 相关系数。

当排序期和检验期都为一年时，2008~2018 年股票型私募基金业绩持续性的 Spearman 相关系数检验结果如表 4-4 所示。在 5% 的显著性水平下，10 次检验中，只有 3 个样本期中的 Spearman 相关系数为正且显著，所以就整体而言，私募基金的收益率没有持续性。这 3 个私募基金业绩具有持续性的样本期分别为（2009）~2010 年、（2011）~2012 年和（2016）~2017 年。2011 年，沪深 300 指数下挫 19%，不少机构投资者和个人投资者在惨淡的行情下损失惨重。进入 2012 年，我国股票市场一路震荡，一年来上涨和下跌的行情此起彼伏。相比较而言，2012 年地产、金融板块表现抢眼，而家用电器、医药生物等消费板块则相对低迷。检验结果显示，2011 年收益率较高的私募基金在 2012 年收益率也仍然较高，这可能是因为 2010 年股指期货和融资融券推出后，采用对冲策略的私募基金能够通过对冲工具减小股票市场的波动，以持续性地获得正收益；2011 年收益率偏低的私募基金在 2012 年业绩仍然不佳，原因可能在于 A 股市场在 2011 年表现疲软，且在 2012 年间也存在阴跌行情，如果没能把握好股票买卖的时机则会造成净值接连下跌。

表 4-4 股票型基金业绩持续性的 Spearman 相关性检验
（排序期为一年）：2008~2018 年

（排序期）~检验期	Spearman 相关系数	T 检验 P 值
（2008）~2009	-0.424	<0.001
（2009）~2010	0.243*	0.004
（2010）~2011	-0.061	0.375
（2011）~2012	0.277*	<0.001
（2012）~2013	0.084	0.055
（2013）~2014	-0.126	0.004
（2014）~2015	-0.016	0.708
（2015）~2016	-0.018	0.605
（2016）~2017	0.059*	0.006
（2017）~2018	-0.036	0.056

注：* 表示在排序期和检验期，基金的业绩在 5% 的显著性水平下具有持续性。

我们还发现，（2008）~2009 年和（2013）~2014 年，Spearman 相关系数均为负显著，这表示过去一年收益率较低的私募基金在下一年的收益率反而较高，基金的业绩出现了反转。2008 年，受全球金融危机影响，我国股票市场全线下跌，沪深 300 指数由年初的 5 338 点一度跌落至 1 607 点。直至 2008 年的 11 月，"四万亿"经济刺激计划的推出才使得股票市场有所回暖。2009 年，沪深 300 指数在小幅震荡中持续上涨，回归至 3 576 点。受市场行情影响，私募基金在 2008 年很难取得良好的收益，但 2009 年的上涨行情则给了很多机构赚取收益的机会，所以，2008 年收益不佳的基金可以在 2009 年获得较好的表现，也就是说，私募基金的业绩在 2008 年和 2009 年发生了反转。在最新一个样本期（2017）~2018 年，T 检验 P 值为 0.056，大于 0.05，在 5% 的显著性水平下不显著，表明私募基金的业绩并没有出现明显的持续或反转特征。综合 10 个样本期的检验结果，在 2008~2018 年，我们发现股票型私募基金的一年收益率排名并不具有持续性。这个结论和通过绩效二分法所得出的结论基本一致。

为避免基金一年收益率存在的不稳定问题，接下来，我们将排序期延长至三年、检验期仍为一年，考察股票型私募基金前三年的收益率排名是否与下一年的收益率排名正相关，检验结果展示在表 4-5 中。在 8 次检验中，只有 1 次检验的 Spearman 相关系数为正且在 5% 的显著性水平下是显著的，在其他 7 次检验中，T 检验 P 值都大于 0.05。因此，当排序期为三年时，私募基金在下一年的收益率同样不具有持续性。具体看来，私募基金业绩出现持续性的样本期为（2008~2010）~2011 年，在最新一个样本期（2015~2017）~2018 年，T 检验 P 值为 0.325，大于

0.05，Spearman 相关系数不显著，表明 2015~2017 年私募基金的收益率在 2018 年没有持续。结合 8 次检验结果，我们可以得出结论：以三年为排序期、一年为检验期时，大多数情况下我国股票型私募基金的收益率不具有持续性。

表 4-5　　　　　股票型基金业绩持续性的 Spearman 相关性检验
（排序期为三年）：2008~2018 年

（排序期）~检验期	Spearman 相关系数	T 检验 P 值
（2008~2010）~2011	0.240*	0.046
（2009~2011）~2012	-0.029	0.779
（2010~2012）~2013	0.060	0.461
（2011~2013）~2014	-0.095	0.113
（2012~2014）~2015	0.090	0.114
（2013~2015）~2016	-0.118	0.060
（2014~2016）~2017	0.088	0.138
（2015~2017）~2018	-0.048	0.325

注：*表示在排序期和检验期，基金的业绩在 5% 的显著性水平下具有持续性。

上述检验显示，无论排序期是一年还是三年，都无法表明股票型私募基金的收益率在下一年具有确定的持续性。虽然在个别的年份中基金的业绩表现出持续的特征，但持续性的相关系数都较低。这意味着私募基金过去的收益不能帮助我们预测基金在下一年的业绩。投资者如果投资于过去一年或三年内收益排名较高的基金，并不能保证在下一年里会继续获得较高的收益。

三、收益率持续性的描述统计检验

至此，我们分别采用了绩效二分法和 Spearman 相关系数两种方法对股票型私募基金收益率的持续性进行了检验。接下来，我们将采用更加直观的描述统计的方法，分别从收益率和夏普比率两个方面分析私募基金的业绩可否持续。描述统计检验同样选取一年和三年为排序期、排序期之后的一年为检验期进行判断。

收益率持续性的描述统计检验原理如下：首先，我们把基金按照其在排序期（一年或三年）的收益率从高到低等分为 4 组。其中，第 1 组为收益率排名在前 25% 的基金（收益率最高的组），以此类推，第 4 组为收益率排名在后 25% 的基金（收益率最低的组）。其次，我们分别观察每个组别中的基金在检验期的收益率排名情况。由于本章讨论的重点是私募基金的收益率是否具有持续性，在这里我们主要关注基金在排序期和检验期所属组别的延续情况如何。如果基金收益率不具有持续性，那么不论该基金收益率在排序期的排名情况如何，其在检验期的收益率排名应该是随机的，即各组基金的比例应在25%左右。反之，若是基金的收益率具有持续性，那么在排序期属于收益率最高的第1组的基金，在检验期应有很大的概率仍属于第1组；在排序期属于收益率最低的第4组的基金，在检验期应该也有很高的概率属于第4组。

在2008~2018年期间，当排序期为一年时，通过滚动计算，我们得出10个在排序期收益率属于第1组的基金在检验期也属于第1组的比例，再计算这10个比例的平均值，可以获得2008~2018年收益率在排序期和检验期均属于第1组比例的均值。图4-3是2008~2018年分别属于第1组、第2组、第3组和第4组的基金在下一年检验期所属各组的比例。从图4-3中可见，排序期属于收益率最高的第1组的基金在检验期有30%的基金仍属于第1组，略高于随机分布下的25%；排序期属于收益率最低的第4组的基金在检验期中有25.1%的基金仍属于第4组，与25%几乎没有差异。接下来，我们采用T检验，进一步检查了这两个比例是否在统计上显著区别于25%。

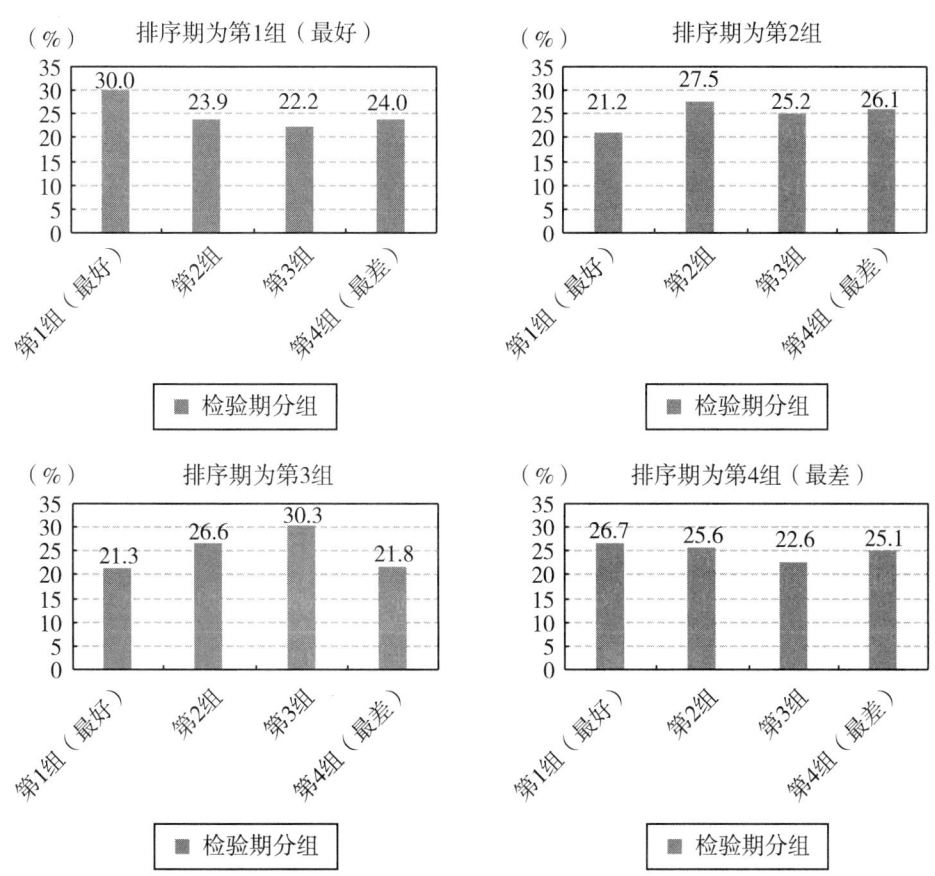

图4-3 股票型基金业绩在检验期组别变化的分布（排序期为一年）：2008~2018年

表 4-6 展示了排序期为一年、检验期为一年时,股票型私募基金收益率在检验期组别变化的 T 检验结果。我们发现,在 5% 的显著性水平下,只有排序期处于第 3 组的基金,在检验期仍处于第 3 组的占比结果通过了 T 检验,P 值为 0.008。而我们特别关注的排序期和检验期都处于收益率最高的第 1 组或是收益率最低的第 4 组的基金占比,其 T 检验的 P 值分别为 0.129 和 0.982,均大于 0.05,说明尽管在排序期属于最好的第 1 组的基金或是属于最差的第 4 组的基金,它们在下一年仍然属于最好的第 1 组或是最差的第 4 组的基金的概率与随机分布下对应的概率(25%)没有显著区别。通过分析我们认为,虽然排序期和检验期收益率属于第 3 组的基金业绩表现出一定的持续性,但就整体而言,私募基金在排序期的组别分布与其在检验期的组别分布并没有直接的联系,私募基金在检验期中基本上随机分布于 4 个组别,即私募基金的收益不具有持续性。

表 4-6 股票型基金业绩在检验期组别变化的 T 检验
(排序期为一年):2008~2018 年

排序期组别	检验期组别	平均百分比(%)	t 值	T 检验 P 值
1 (最好基金组)	1	30.0	1.67	0.129
	2	23.9	−0.24	0.819
	3	22.2	−0.71	0.494
	4	24.0	−0.25	0.809
2	1	21.2	−2.36	0.043
	2	27.5	1.37	0.204
	3	25.2	0.13	0.903
	4	26.1	0.43	0.678
3	1	21.3	−1.78	0.109
	2	26.6	1.50	0.169
	3	30.3	3.39	0.008
	4	21.8	−2.20	0.055
4 (最差基金组)	1	26.7	0.81	0.440
	2	25.6	0.27	0.796
	3	22.6	−1.38	0.202
	4	25.1	0.02	0.982

通过上述检验,我们发现收益率排名在前 25% 与后 25% 的股票型私募基金

不具有持续性，那么，当这两个比例缩小至5%时，这个结论是否仍旧成立？表4-7展示了在排序期属于前5%的基金在检验期仍排名前5%的基金数量及占比统计。平均来看，有10.3%的基金能够在排序期和检验期均取得前5%的排名，占比不高。在10个样本期中，只有（2013）~2014年检验期和排序期都排名前5%的基金占比超过了20%，其他时间段内只有很少比例的私募基金能够在检验期持续性获取较好的收益。同时，（2008）~2009年以及（2009）~2010年，没有一只基金在排序期和检验期都排在前5%。在最新一个样本期（2017）~2018年中，排序期中137只排名前5%的基金，在检验期只有6只仍然排名前5%，占比4%。由此可见，2008~2018年每年最优秀的股票型私募基金的收益率不具有持续性，对投资者而言没有参考价值。在附录三中，我们具体展示了排序期和检验期都为一年时，2014~2018年在排序期排名在前5%的基金在检验期的排名及对应的收益率指标，并用★标记出检验期中仍处在前5%的基金。此外，在附录五中我们展示了当排序期为一年时，在排序期和检验期分别排名前5%的基金名单及收益率，同样用★标注出排序期和检验期都位于前5%的基金，以便读者参考。

表4-7　　　　　收益率前5%的股票型基金在检验期仍属于
前5%的数量占比（排序期为一年）：2008~2018年

排序期	检验期	排序期中前5%的基金数量（只）	检验期中仍处于前5%的基金数量（只）	检验期中仍处于前5%的基金占比（%）
2008	2009	3	0	0.0
2009	2010	6	0	0.0
2010	2011	10	1	10.0
2011	2012	19	3	15.8
2012	2013	26	2	7.7
2013	2014	26	6	23.1
2014	2015	27	5	18.5
2015	2016	39	6	15.4
2016	2017	109	9	8.3
2017	2018	137	6	4.4
平均值		—	—	10.3

类似地，我们对排序期收益率排名在后5%的私募基金是否在检验期还排名后

5%进行了检验,结果如表4-8所示。整体来看,在10个样本期中,平均有14.1%的基金在排序期和检验期的收益率均属于后5%的位置,占比不高,可以说收益率排名在后5%的私募基金业绩并不能持续下去。其中,6个样本期内检验期仍属于后5%的基金占比小于10%,且在(2009)~2010年和(2010)~2011年,没有一只排序期收益率排在后5%的基金在检验期还排名在后5%。此外,我们还观察到(2008)~2009年和(2011)~2012年,分别有33.3%和31.6%的基金在排序期和检验期收益率均排名在后5%,占比在几个样本期内相对较高。综合多个样本期中的基金占比,我们认为,当检验基金所属范围的比例缩小至5%后,收益率垫底的私募基金的业绩并没有展现出持续性。因此,通过找到过往业绩不好的基金来规避未来业绩不好的基金是不可靠的。

表4-8　　　　收益率后5%的股票型基金在检验期仍属于后5%的数量占比(排序期为一年):2008~2018年

排序期	检验期	排序期中后10%的基金数量(只)	检验期中仍处于后10%的基金数量(只)	检验期中仍处于后10%的基金占比(%)
2008	2009	3	1	33.3
2009	2010	6	0	0.0
2010	2011	10	0	0.0
2011	2012	19	6	31.6
2012	2013	26	2	7.7
2013	2014	26	2	7.7
2014	2015	27	2	7.4
2015	2016	39	2	5.1
2016	2017	109	26	23.9
2017	2018	137	33	24.1
平均值		—	—	14.1

由于私募基金一年的收益率有很大的不确定性,在接下来的分析中,我们将排序期延长至三年、检验期仍为一年,继续对股票型私募基金业绩的持续性进行检验。通过滚动计算,我们能够得出8个在排序期属于第1组的基金在检验期也属于第1组的比例,再计算这8个比例的平均值,可以获得2008~2018年排序期和检验期内基金收益率都属于第1组比例的均值。图4-4为2008~2018年,排序期中属于第1组、第2组、第3组和第4组的基金在下一年所属各组的比例。其中,排

序期属于第 1 组的基金中, 有 29.4% 的基金在检验期仍然属于第 1 组, 略高于随机分布下对应的 25%; 而排序期属于第 4 组的基金只有 21.5% 的基金在检验期中仍然属于第 4 组, 低于随机分布下对应的 25%。

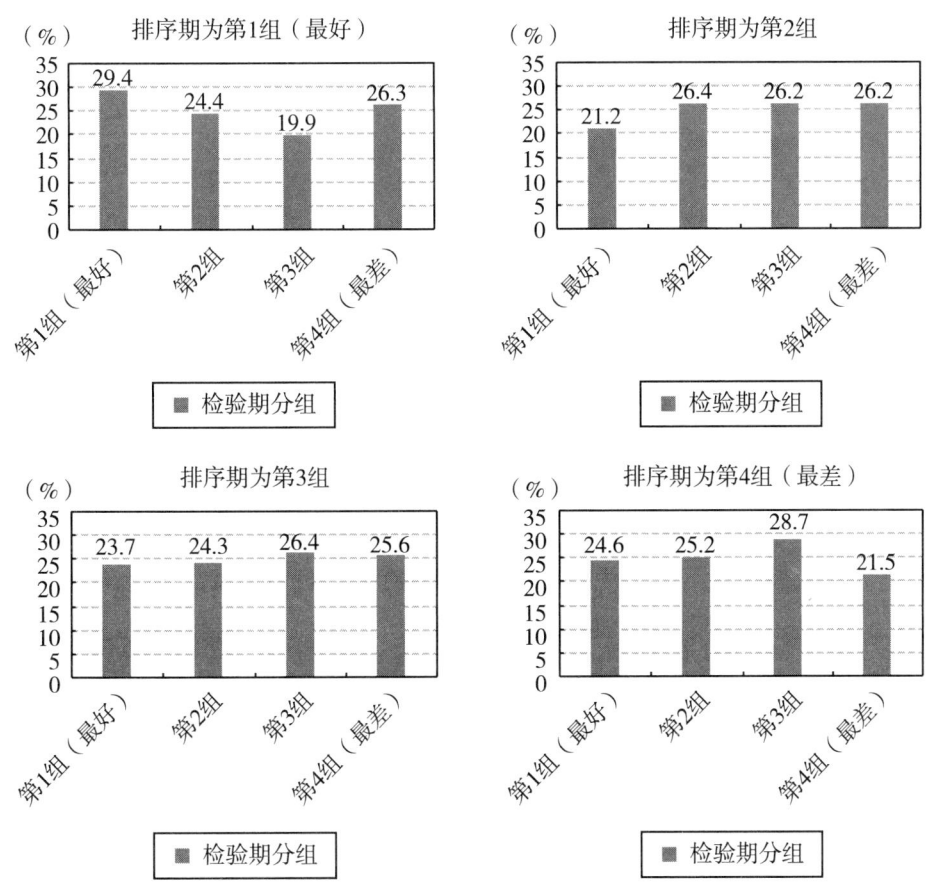

图 4-4 股票型基金业绩在检验期组别变化的分布
(排序期为三年): 2008~2018 年

为了检验基金分布的占比是否在统计意义上显著不等于 25%, 我们同样对 2008~2018 年私募基金收益率在检验期组别的变化情况进行了 T 检验, 结果在表 4-9 中给出。表 4-9 结果显示, 没有一组基金在检验期延续了其在排序期的组别, 排序期和检验期都属于第 1 组、第 2 组、第 3 组和第 4 组中基金占比的 T 检验 P 值均大于 0.05, 在 95% 的置信条件下, 这几个比例并不显著区别于 25%。因此我们可以得出结论, 排序期为三年时, 私募基金的收益仍然没有显著的持续性, 表明投资者无法根据基金过去三年的收益排名来判断其在未来一年收益的高低。

表 4-9　　股票型基金业绩在检验期组别变化的 T 检验
（排序期为三年）：2008~2018 年

排序期组别	检验期组别	平均百分比（%）	t 值	T 检验 P 值
1 （最好基金组）	1	29.4	1.20	0.268
	2	24.4	-0.37	0.723
	3	19.9	-6.40	0.000
	4	26.3	0.36	0.729
2	1	21.2	-1.66	0.140
	2	26.4	0.60	0.569
	3	26.2	0.47	0.651
	4	26.2	0.40	0.704
3	1	23.7	-0.43	0.682
	2	24.3	-0.28	0.790
	3	26.4	0.84	0.430
	4	25.6	0.24	0.814
4 （最差基金组）	1	24.6	-0.33	0.754
	2	25.2	0.08	0.939
	3	28.7	1.96	0.092
	4	21.5	-2.15	0.069

在上述检验中，我们以 25% 为划分区间将基金分为四组，观察基金在检验期组别的变化情况。当选取的区间范围缩小到收益率排名前 5% 与后 5% 的基金，所得出的结论是否与上述结论一样？接下来，我们对排序期为三年时，2008~2018 年收益率排名领先和垫底的基金在排序期和检验期的排名进行了对比，结果如表 4-10 和表 4-11 所示。从表 4-10 中我们发现，过去三年平均收益率排名前 5% 的基金在下一年仍属于前 5% 的基金占比为 13.9%，整体占比不高。而在 (2009~2011)~2012 年、(2010~2012)~2013 年、(2014~2016)~2017 年以及最新一个样本期（2015~2017）~2018 年，没有一只过去三年排名靠前的基金在下一年延续了其优秀的业绩。其他的样本期中，检验期仍排名前 5% 的基金占比整体不高，随机性较强。从 2008~2018 年的检验结果来看，我们认为收益率排名前 5% 的私募基金的业绩不具有明显的持续性。投资者难以通过买入过去三年最优秀的股票型私募基金，来确保在接下来的年份中获得较高的收益率。

附录四和附录六具体展示了 2013~2018 年期间以三年为排序期时，排序期排名前5%的基金在检验期的排名，以及排序期和检验期分别位于前5%的基金对比，并用★标记出在两个期间内都处于前5%位置的基金，供读者参考。

表4-10　　　　收益率前5%的股票型基金在检验期仍属于
前5%的数量占比（排序期为三年）：2008~2018年

排序期	检验期	排序期中前5%的基金数量（只）	检验期中仍处于前5%的基金数量（只）	检验期中仍处于前5%的基金占比（%）
2008~2010	2011	3	1	33.3
2009~2011	2012	4	0	0.0
2010~2012	2013	7	0	0.0
2011~2013	2014	14	3	21.4
2012~2014	2015	15	6	40.0
2013~2015	2016	12	2	16.7
2014~2016	2017	14	0	0.0
2015~2017	2018	21	0	0.0
平均值		—	—	13.9

表4-11展示了收益率在排序期排名后5%的私募基金在检验期仍处于后5%的基金占比，平均有10.0%的基金在排序期和检验期都排在后5%。具体来看，(2009~2011)~2012年、(2010~2012)~2013年和(2012~2014)~2015年没有一只基金在检验期继续处于末位，此外，大多数样本期内检验期中仍处于后5%的基金占比不超过15%。最新一个样本期(2015~2017)~2018年，21只基金中，有2只在检验期继续排名垫底。整体上，当检验范围缩小至5%后，收益率排名靠后的私募基金业绩持续性同样不强，基本不具有持续性。

表4-11　　　　收益率后5%的股票型基金在检验期仍属于
后5%的数量占比（排序期为三年）：2008~2018年

排序期	检验期	排序期中后5%的基金数量（只）	检验期中仍处于后5%的基金数量（只）	检验期中仍处于后5%的基金占比（%）
2008~2010	2011	3	1	33.3
2009~2011	2012	4	0	0.0
2010~2012	2013	7	0	0.0
2011~2013	2014	14	2	14.3
2012~2014	2015	15	0	0.0

续表

排序期	检验期	排序期中后5%的基金数量（只）	检验期中仍处于后5%的基金数量（只）	检验期中仍处于后5%的基金占比（%）
2013~2015	2016	12	1	8.3
2014~2016	2017	14	2	14.3
2015~2017	2018	21	2	9.5
平均值		—	—	10.0

综合上述检验结果，我们认为，不论排序期是一年还是三年，且不论是以25%还是5%为区间对基金的排名进行划分，私募基金在过去一段时间的收益均没有在未来表现出持续性。换言之，投资者无法根据基金过去的收益来判断未来业绩的好坏，单纯以基金过往收益为依据进行的排名及评选，对投资者不具有参考意义。

四、夏普比率持续性的描述统计检验

由于收益率是反映基金历史业绩最为直观的指标，在前文中，我们分别采用了绩效二分法、Spearman 相关性检验以及描述统计检验的方法，对股票型私募基金的收益率是否具有持续性进行了检验。但是，投资者在进行基金投资时，除了关注基金能够赚取的收益，投资基金所承担的风险也十分重要。接下来，我们选取基金的夏普比率这一反映基金风险调整后收益的指标作为基金业绩持续性的衡量指标，采用描述统计检验的方法对其是否具有持续性进行检验。

本节我们同样选取一年（或三年）作为排序期，以及排序期之后的一年作为检验期。当排序期为一年时，可以计算得出10个在排序期夏普比率属于第1组的基金在检验期也属于第1组的比例，再计算这10个比例的平均值，可以获得2008~2018年在排序期和检验期夏普比率均属于第1组比例的均值。这里我们重点关注的是基金在检验期能否延续其在排序期的组别。表4-12展示了排序期夏普比率属于第1组、第2组、第3组和第4组的基金在检验期所属各组的比例及T检验P值。

我们发现，排序期夏普比率属于第1组的基金在检验期有28.8%的基金继续留在第1组，但在5%的显著性水平下，这一比例并不显著大于随机分布下对应的25%。此外，排序期夏普比率属于第4组的基金在检验期有31.6%的基金继续留在了第4组，其T检验P值为0.005，小于0.05，显著大于25%，说明过去一年夏普比率排在后25%的基金在未来一年有很大概率仍然排名靠后。其他组别的P值均大于0.05，并不显著区别于25%。因此，我们可以得出结论：尽管过去一年夏普比率排名靠前的基金不一定在下一年可以继续获得较高的夏普比率，但在过去一年夏普比率排名靠后的私募基金在下一年其夏普比率有很大概率仍然较低，投资者能够以此为依据避免选择前一年夏普比率表现不尽如人意的基金。

表 4-12　　　　股票型基金夏普比率在检验期组别变化的 T 检验
（排序期为一年）：2008~2018 年

排序期组别	检验期组别	平均百分比（%）	t 值	T 检验 P 值
1 （最好基金组）	1	28.8	2.06	0.070
	2	27.7	1.50	0.168
	3	23.4	−1.07	0.314
	4	20.1	−1.68	0.132
2	1	25.7	0.36	0.724
	2	24.2	−0.40	0.701
	3	26.8	1.27	0.236
	4	23.3	−0.93	0.377
3	1	25.1	0.05	0.963
	2	24.2	−0.77	0.461
	3	25.4	0.33	0.752
	4	25.4	0.25	0.809
4 （最差基金组）	1	20.1	−2.12	0.063
	2	24.2	−0.44	0.671
	3	24.2	−0.53	0.612
	4	31.6*	3.65	0.005

表 4-13 是排序期为一年时，夏普比率排名前 5% 的基金在下一年仍然排名前 5% 的基金数量和占比。10 个样本期，平均有 11.4% 在排序期夏普比率排名前 5% 的基金，能够在检验期继续排到前 5% 的位置。不同的样本区间内，夏普比率持续处于前 5% 的比率各不相同，其中，（2008）~2009 年、（2009）~2010 年和（2010）~2011 年间，没有一只基金的夏普比率能够在检验期继续保留在前 5% 的位置。其他 7 个样本期内，也只有 2 个样本期的基金占比超过了 20%。总体而言，过去一年夏普比率排名前 5% 的私募基金在检验期仍属于前 5% 的基金数量占比不高，所以夏普比率排名领先的私募基金不一定能在下一年持续稳定获得高夏普比率。在附录七中，我们具体展示了 2014~2018 年间，以一年为排序期时私募基金夏普比率排名前 5% 的基金在检验期的排名及其对应的夏普比率，并用★标记出检验期中仍处在前 5% 的基金。

表 4-13　　　　夏普比率前 5% 的股票型基金在检验期仍属于
前 5% 的数量占比（排序期为三年）：2008~2018 年

排序期	检验期	排序期中前 5% 的基金数量（只）	检验期中仍处于前 5% 的基金数量（只）	检验期中仍处于前 5% 的基金占比（%）
2008	2009	3	0	0.0
2009	2010	6	0	0.0
2010	2011	11	0	0.0
2011	2012	19	3	15.8
2012	2013	26	1	3.8
2013	2014	26	7	26.9
2014	2015	27	6	22.2
2015	2016	40	7	17.5
2016	2017	110	19	17.3
2017	2018	138	14	10.1
平均值		—	—	**11.4**

类似地，我们对 2008~2018 年夏普比率排在最后 5% 的基金的业绩持续性进行了检验，结果如表 4-14 所示。整体来看，在排序期夏普比率排名后 5% 的基金中，有 16.6% 比例的基金在检验期仍然排名后 5%，这一比例并不高。所以，夏普比率垫底的基金业绩并没有显示出持续性。在上述检验中我们发现，当以 25% 为区间对私募基金的夏普比率进行划分时，夏普比率属于最低的第 4 组的基金展现出了业绩的持续性。但是，结合表 4-14 的结果，当对基金划分区间的范围缩小至后 5% 的，这一持续性并不明显。

表 4-14　　　　夏普比率后 5% 的股票型基金在检验期仍属于
后 5% 的数量占比（排序期为一年）：2008~2018 年

排序期	检验期	排序期中后 5% 的基金数量（只）	检验期中仍处于后 5% 的基金数量（只）	检验期中仍处于后 5% 的基金占比（%）
2008	2009	3	1	33.3
2009	2010	6	1	16.7
2010	2011	10	0	0.0
2011	2012	19	5	26.3
2012	2013	26	6	23.1
2013	2014	26	4	15.4
2014	2015	27	3	11.1
2015	2016	40	4	10.0
2016	2017	109	16	14.7
2017	2018	138	21	15.2
平均值		—	—	**16.6**

接下来，我们将排序期延长为三年、检验期仍为排序期之后的一年，继续对 2008~2018 年股票型私募基金夏普比率的持续性进行考察，这里我们同样重点关注基金排序期组别在检验期的延续情况。从表 4-15 的检验结果可见，排序期属于夏普比率最高的第 1 组的基金，在检验期有 32.6% 的比例仍然属于第 1 组，T 检验 P 值为 0.012，在 5% 的显著性水平下显著高于随机分布下的 25%；观察排序期和检验期夏普比率都属于第 4 组的基金，平均有 28.1% 的基金在检验期还属于第 4 组，但其 T 检验 P 值为 0.287，大于 5%，未能通过显著性检验。这一结果表明，过去三年夏普比率排名靠前的私募基金，在未来一年继续获得高夏普比率业绩的可能性较高；而过去三年夏普比率较低的基金未来一年的夏普比率不一定仍然偏低。排序期为三年时所得出的结论与排序期为一年时有所差别。

表 4-15   股票型基金夏普比率在检验期组别变化的 T 检验

（排序期为三年）：2008~2018 年

排序期组别	检验期组别	平均百分比（%）	t 值	T 检验 P 值
1 （最好基金组）	1	32.6*	3.38	0.012
	2	23.7	-0.67	0.523
	3	23.4	-1.38	0.210
	4	20.3	-2.30	0.055
2	1	26.4	1.16	0.283
	2	26.6	1.03	0.337
	3	24.4	-0.31	0.762
	4	22.6	-1.04	0.333
3	1	20.6	-2.83	0.025
	2	22.7	-1.38	0.198
	3	28.5	2.41	0.047
	4	28.2	1.59	0.155
4 （最差基金组）	1	19.9	-2.65	0.033
	2	27.4	1.10	0.307
	3	24.6	-0.16	0.878
	4	28.1	1.15	0.287

当排序期为三年时，夏普比率排名前 25% 的基金业绩具有一定的持续性，那么，夏普比率排名前 5% 的基金的业绩是否也能够持续呢？表 4-16 展示了排序期

夏普比率排名前5%的基金在检验期仍排名前5%的基金数量和占比。可以看到，8个样本期中有4个样本期没有一只基金能够在检验期继续留在前5%的位置，分别是（2008~2010）~2011年、（2009~2011）~2012年、（2010~2012）~2013年以及（2014~2016）~2017年。最新一个样本期（2015~2017）~2018年，有19.0%的基金延续了其排序期优秀的业绩表现。尽管在部分样本期，有一部分基金持续了其过去优秀的夏普比率业绩，但总体来看，基金在排序期的夏普比率排名分布相对随机，并没有呈现出显著的持续性。附录八具体展示了排序期为三年时，2013~2018年排序期夏普比率排名前5%的私募基金及其在检验期的排名，并用★标记出检验期中仍处在前5%的基金，供读者参阅。

表4-16　　　　夏普比率前5%的股票型基金在检验期仍属于
前5%的数量占比（排序期为三年）：2008~2018年

排序期	检验期	排序期中前5%的基金数量（只）	检验期中仍处于前5%的基金数量（只）	检验期中仍处于前5%的基金占比（%）
2008~2010	2011	3	0	0.0
2009~2011	2012	4	0	0.0
2010~2012	2013	7	0	0.0
2011~2013	2014	14	4	28.6
2012~2014	2015	15	7	46.7
2013~2015	2016	12	3	25.0
2014~2016	2017	14	0	0.0
2015~2017	2018	21	4	19.0
平均值		—	—	**14.9**

表4-17是以三年为排序期时，夏普比例排名后5%的私募基金在检验期的持续性情况。从表4-17中可见，平均有25.5%的基金在排序期和检验期的夏普比率都处于末尾位置，其中，在（2008~2010）~2011年、（2013~2015）~2016年和（2014~2016）~2017年，分别有66.7%、41.7%和28.6%的基金在检验期的夏普比率继续处于后5%的位置，占比相对较高。最近一个样本期中，在2015~2017年夏普比率排名后5%的基金，有14.3%仍然在2018年排名后5%。相较夏普比率排名前5%的基金，夏普比率排名后5%的基金的业绩持续性有所提升，但整体来看，基金占比仍然偏低。因此，我们认为过去三年夏普比率排名垫底的私募基金不具有确定的持续性。

表 4-17　　　　夏普比率后 5% 的股票型基金在检验期仍属于
　　　　　　　后 5% 的数量占比（排序期为三年）：2008~2018 年

排序期	检验期	排序期中后 5% 的基金数量（只）	检验期中仍处于后 5% 的基金数量（只）	检验期中仍处于后 5% 的基金占比（%）
2008~2010	2011	3	2	66.7
2009~2011	2012	4	1	25.0
2010~2012	2013	7	1	14.3
2011~2013	2014	14	1	7.1
2012~2014	2015	15	1	6.7
2013~2015	2016	12	5	41.7
2014~2016	2017	14	4	28.6
2015~2017	2018	21	3	14.3
平均值		—	—	25.5

五、小结

每年年底，财经媒体、第三方财富管理公司等机构会通过私募基金业绩的评选定期发布私募基金的业绩排名，而不少投资者也会以此为参照进行投资，寄希望于过去业绩较好的基金在未来继续获得良好的业绩。本章从这个现象出发，围绕私募基金的过往业绩对投资者是否具有参考价值这一话题进行讨论。在检验过程中，我们以一年（或三年）作为排序期、以未来一年作为检验期，分别采用了绩效二分法检验、Spearman 相关性检验、基金收益率的描述统计检验法和基金夏普比率的描述统计检验法共四种方法，研究私募基金过往业绩与未来业绩的关系。

在绩效二分法检验、Spearman 相关性检验和基金收益率的描述统计检验法中，我们均是以基金的收益率作为业绩持续性的参考指标，观察基金收益率在排序期和检验期的关系。这三种方法所得出的结论基本一致，不论排序期是一年还是三年，在 2008~2018 年期间股票型私募基金的业绩只在部分年份中表现出一定的持续性，且在部分年间出现了反转的现象。总体而言，私募基金的过往收益不具有持续性，不能帮助投资者预测基金未来的业绩。

在基金夏普比率的描述统计检验法中，我们加入了对基金风险的考量，选取风险调整后的收益指标——夏普比率，作为衡量基金业绩的指标。结果显示，当排序期为一年时，过去一年夏普比率排名靠后（属于夏普比率排名最低的第 4 组）的基金在未来一年有较大概率仍然排名靠后；当排序期为三年时，过去三年夏普比率排名靠前（属于夏普比率排名最高的第 1 组）的基金在未来一年有较大概率仍然排名靠前。也就是说，过去一年夏普比率排名靠后和过去三年夏普比率排名靠前的基金具有显著的持续性，投资者在选取基金时，可以以此为依据选取或规避特定的私募基金。此外，我们还对夏普比率排名位于前 5% 和后 5% 的基金业绩持续性进行了检验，结果显示排序期夏普比率属于前 5% 和后 5% 的基金不一定在未来仍然取得优秀或不佳的业绩。

综合上述结果，我们认为私募基金过往的收益能够给投资者提供的参考信息相对有限，不能作为投资者选取基金时重点关注的指标。但是，基金过去一段时间（一年或三年）的夏普比率，则对投资者具有重要的参考价值。除了夏普比率外，哪些基金业绩的衡量指标能够帮助投资者找到在未来获得较好业绩的基金，是我们在接下来的工作中需要持续研究的问题。

道口私募基金指数

近年来,我国私募基金行业迅速发展,但国内目前还缺少一种相对比较完善的私募基金指数以反映私募基金整体的业绩。私募基金净值披露的要求和公募基金不一样,我们能获得的市场上私募基金的信息相对有限。2016年2月出台的《私募投资基金信息披露管理办法》要求,私募基金管理公司在每季度结束之日起10个工作日以内,向投资者披露基金净值等信息。如果单只基金管理规模金额达到5 000万元以上的,则要求基金管理公司在每月结束之日起5个工作日以内向投资者披露基金净值信息。这意味着只有投资者有权要求私募基金公司披露净值信息,而投资者之外的诸如其他私募基金管理者、政府监管机构等对此无从知晓。这个问题在美国等金融市场发达的国家也同样存在。因此,有必要建立、编制出不同策略的、具有代表性的私募基金指数,选择出真正代表市场的产品,这对投资者、私募基金管理者以及政府监管机构等不同人群有着非常重大的意义。投资者可以根据不同策略的私募基金指数来安排自己的资产组合;私募基金管理者可以把相应的私募基金指数作为自己管理的私募基金的业绩比较基准;政府监管机构可以根据私募基金的收益和风险状况,来评估私募基金行业未来整体的发展情况,并对可能出现的问题提前采取相应的监管措施。

道口私募基金系列指数,旨在反映投资于中国私募证券投资基金的整体发展状况,以私募基金投资策略为区分,包括普通股票型私募基金指数、股票多空型私募基金指数、相对价值型私募基金指数、事件驱动型私募基金指数、债券型私募基金指数和CTA型私募基金指数,分别反映投资于股票、债券和期货等资产的私募基金的整体收益和风险情况。我们希望通过建立这一系列指数,为投资者、私募基金管理者和政府监管机构提供有效信息和决策借鉴。

一、道口私募基金指数编制方法

(一)样本空间

入选道口私募证券投资基金系列指数的基金需要同时满足三个条件。

第一，私募基金成立时间超过 6 个月。这是为了剔除那些因属于建仓期而不能反映真实的收益和风险情况的私募基金。

第二，非分级基金（也称非结构化基金）。这是因为分级私募基金在汇报基金净值的时候可能存在口径不统一的现象（如只汇报母基金或子基金的情况）。

第三，非 FOF、TOT、MOM 等组合基金。这是为了避免基金净值被重复纳入指数中，因为组合基金是投资于私募基金的基金，其净值反映的是其他私募基金的情况。

（二）指数类别

编制时我们以基金策略为分类依据，来建立相应的私募基金指数。分类依据为万得数据中私募证券投资基金策略分类。相应地，我们选取普通股票型基金建立普通股票型私募基金指数；选取股票多空型基金建立股票多空型私募基金指数；选取相对价值型基金建立相对价值型私募基金指数；选取事件驱动型基金建立事件驱动型私募基金指数；选取债券型基金建立债券型私募基金指数；选取商品型基金和宏观对冲型基金中的以商品期货为主要标的的私募基金建立 CTA 型私募基金指数。

（三）样本选入

我们定义基金的成立日为万得数据中基金存在第一个净值的时间，该成立日 6 个月之后的第 1 个月末点开始将基金纳入指数中。也就是说，在私募基金成立后的第 7 个月，才能被纳入道口私募证券投资基金系列指数中。时隔 6 个月的原因是考虑到私募基金成立时需要一定时间的建仓期。

（四）样本退出

在基金产品或基金公司有特殊事件发生时，我们需要对样本基金做必要的调整，这些事件包括但不限于以下几种。

基金清盘：当样本基金发生清盘时，则在其清盘日之后将其从相应的指数中剔除。

基金暂停公布净值：若样本基金因故暂停公布净值，则在其暂停公布净值期间将该基金从相应指数中剔除，当其正常公布净值后，再纳入指数。

合同的变更：当样本基金合同发生变更时，将该基金从相应的指数中剔除，并将变更后的基金视为一只新发行的基金，当满足相应条件时，再纳入相应的指数。

基金公司发生重大违规违法事件：对存在违规违法事件的基金公司所管理的私

募基金，我们给予一定的考察期。在考察期内，相应基金从指数中剔除。当相关部门调查并处分之后，如果基金公司在一定时间内正常运营，则相应基金重新纳入指数。

（五）道口私募基金指数计算准则

1. 指数的基点与基日

道口私募证券投资基金系列指数以"点"为单位，精确到小数点后3位。

道口私募证券投资基金系列指数的基点统一设为1 000点，基日如表5-1所示。

表5-1　　　　　　　　不同策略类型的私募基金指数的基日

指数分类	基日
普通股票型	2005-12-31
相对价值型	2010-12-31
股票多空型	2008-12-31
事件驱动型	2011-12-31
债券型	2010-12-31
CTA型	2012-12-31

2. 指数计算公式

道口私募证券投资基金系列指数的计算方法为等权平均法，具体计算方法如下：

$$AVGRET_t = \frac{1}{N_t} \sum_{i=1}^{N_t} \left(\frac{ADJNAV_{i,t}}{ADJNAV_{i,t-1}} - 1 \right) \tag{5.1}$$

$$INDEX_t = (1 + AVGRET_t) \times INDEX_{t-1} \tag{5.2}$$

其中，$INDEX_t$ 代表第 t 个月的私募基金指数；$AVGRET_t$ 代表第 t 个月私募基金的平均收益率；$ADJNAV_{i,t}$ 代表私募基金 i 在第 t 个月的复权净值；N_t 代表第 t 个月私募基金的样本数量。我们使用等权平均法，是因为在万得数据中没私募基金的资产管理规模信息。

3. 所选基金净值

道口私募证券投资基金系列指数所采用的基金净值的数据为复权净值。基金复权净值是在考虑了基金的分红或拆分等因素对基金的影响后，对基金的单位净值进行了复权计算。复权净值将基金的分红加回单位净值，并作为再投资进行复利计算。同时，基金的复权净值为剔除相关管理费用后的净值。

4. 指数修正

我们每三个月会通过公开信息重新计算私募证券投资基金系列指数，来修正由于万得数据修正历史数据而带来的累计净值信息的变化。若基金修改过历史净值信息，修正后的指数点位将重新发布。若指数大幅变动，我们会通过公告进行披露并予以特别的说明。①

二、道口私募基金指数覆盖的基金数量

表 5-2 展示了不同私募基金指数中所包括的基金数目占同策略私募基金总数的比例。据表 5-2 可知，除 CTA 型私募基金外，私募基金指数中所包含的基金占市场中同类基金的比例都在 80% 以上，其中，股票多空型基金的比例最高（97%），其次为相对价值型基金（95%）和事件驱动型基金（88%）。一般来说，基金未被纳入指数主要是因为其处于成立不足 6 个月的建仓期内。从表 5-2 中还可以看出，CTA 型私募基金的数量为 332 只，仅占 CTA 基金总数的 29%，这是因为绝大部分的 CTA 型私募基金缺乏清晰的策略描述，因此，我们只选择明确为 CTA 型策略的基金纳入指数中。

表 5-2　　　　　私募基金指数样本的分布情况：2004~2018 年

指数分类	私募基金指数中包含的基金数量（只）	有净值的基金总数（只）	数量占比（%）
普通股票型	16 841	20 755	81
债券型	853	1 051	81
相对价值型	650	683	95
股票多空型	637	658	97
CTA 型	332	1 162	29
事件驱动型	172	195	88

下面我们对不同策略私募基金指数的样本情况作具体分析。图 5-1 展示了普

---

① 具体信息详见道口私募指数网站：http://index.pbcsf.tsinghua.edu.cn/indexweb/web/index.html。

通股票型私募基金指数所覆盖的基金数量。图 5-2 是将其早期样本情况进行局部展示。据图 5-1 和图 5-2 可知，普通股票型私募基金指数中的基金数量从 2007 年 1 月开始超过 20 只，并在 2008 年 2 月超过 100 只。整体来看，2008~2015 年，普通股票型私募基金指数的样本数量保持着逐年稳步增长的态势，并于 2015 年 3 月开始，样本数量超过 2 000 只，自此开始呈现较大幅度的增长。自 2018 年 6 月起，样本数量出现小幅下降，截至 2018 年 12 月底，基金数量为 7 061 只。

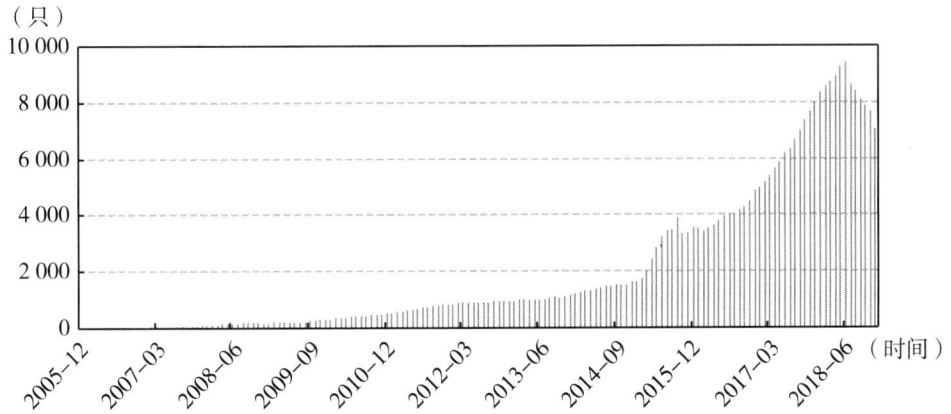

图 5-1　普通股票型私募基金指数中所包含的样本数量：2005~2018 年

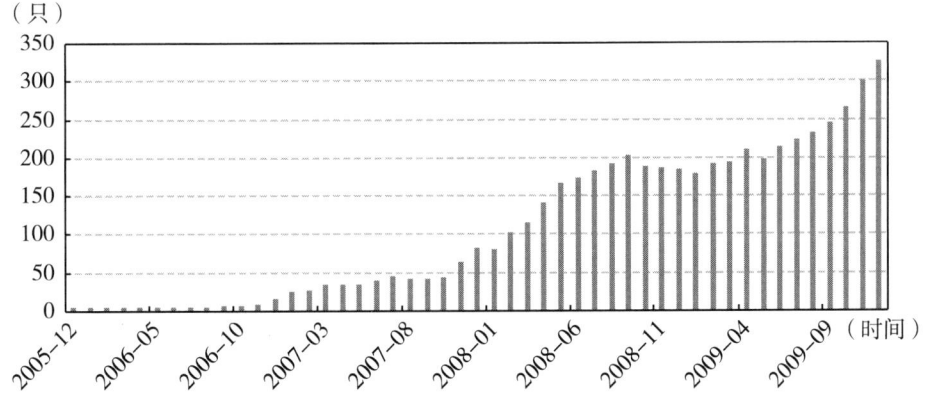

图 5-2　普通股票型私募基金指数中所包含的样本数量：2005~2009 年

表 5-3 展示的是普通股票型私募基金指数中每年年底包含的样本数量情况。从表 5-3 可知，每年都会有新的基金进入指数，同样也会有基金从指数中退出。尤其是 2015~2017 年，每年新进入或退出指数的基金数量陡然增加，每年均有超过 2 000 只基金进入指数，而每年亦有超过 400 只基金退出指数。2018 年，从普通股票型私募基金指数退出的基金数量激增至 4 000 多只，这可能与 2018 年市场较为低迷有关。

表 5-3　　　　普通股票型私募基金指数中每年年底包含的
　　　　　　　样本数量统计：2005~2018 年　　　　　　　单位：只

年份	新进入指数的基金数	从指数中退出的基金数	指数中的基金数
2005	2	0	6
2006	12	1	17
2007	86	21	82
2008	193	78	197
2009	183	52	328
2010	262	61	529
2011	415	78	866
2012	275	173	968
2013	442	200	1 210
2014	907	450	1 667
2015	4 534	2 651	3 550
2016	2 241	824	4 967
2017	3 627	431	8 163
2018	3 657	4 759	7 061

图 5-3 展现的是相对价值型私募基金指数覆盖的基金数量的情况，可以发现，相对价值型私募基金指数中包含的基金数量一直保持稳步上升的趋势，自 2017 年数量保持稳定，直到 2018 年 4 月开始下降。

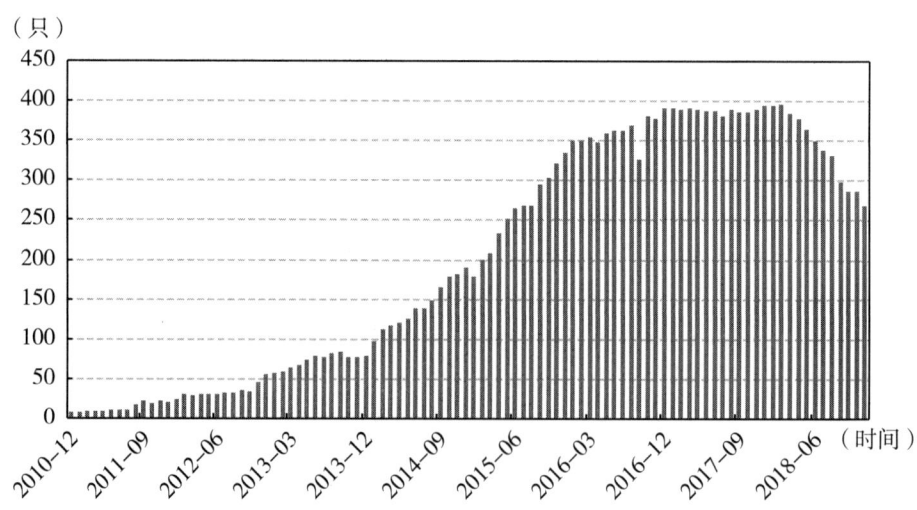

图 5-3　相对价值型私募基金指数中所包含的样本数量：2010~2018 年

表 5-4 展示的是相对价值型私募基金指数中每年年底包含的样本数量情况。据表 5-4 可知,自 2014 年开始,进入相对价值型私募基金指数的基金数量开始增加,这与当时股指期货交易活跃相关。观察表 5-4 中数据,可以发现,截至 2018 年 12 月底,2018 年新进入该指数的基金共计 47 只,从指数中退出的私募基金却高达 181 只,同时相对价值型私募基金指数中包含的基金数量达 267 只,相较 2017 年年底同比下降 33%。

表 5-4　　相对价值型私募基金指数中每年年底包含的样本数量统计：2010~2018 年　　单位：只

年份	新进入指数的基金数	从指数中退出的基金数	指数中的基金数
2010	3	1	7
2011	14	0	21
2012	38	5	54
2013	52	27	79
2014	139	27	191
2015	202	59	334
2016	106	46	394
2017	38	31	401
2018	47	181	267

图 5-4 是股票多空型私募基金指数所覆盖的基金数量情况。据图 5-4 可知,股票多空型私募基金指数从 2009 年开始稳步发展,到 2012 年底纳入基金近 100 只,并从 2014 年起基金数量迅速增长,直至 2016 年 1 月样本数量达到最高点,此时覆盖基金 398 只,自此指数所包含的样本数量开始有所回落。

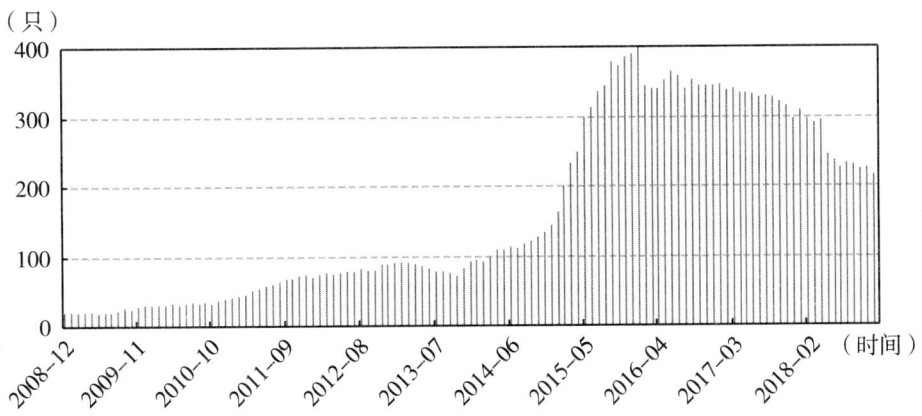

图 5-4　股票多空型私募基金指数中所包含的样本数量：2008~2018 年

表 5-5 展示了股票多空型私募基金指数中每年年底包含的样本数量情况。据表 5-5 可知，股票多空型私募基金指数在 2008 年底新纳入 19 只基金。随着市场的快速发展，2015 年底指数中包含的基金数目增长至 390 只。2016~2018 年，股票多空型私募基金指数中包含的基金数量有所减少，截至 2018 年 12 月底，该指数共包含 217 只基金。

表 5-5　　　　　股票多空型私募基金指数中每年年底包含的
　　　　　　　样本数量统计：2008~2018 年　　　　　单位：只

年份	新进入指数的基金数	从指数中退出的基金数	指数中的基金数
2008	19	0	20
2009	13	2	31
2010	11	2	40
2011	37	1	76
2012	21	6	91
2013	43	40	94
2014	85	31	148
2015	314	72	390
2016	78	120	348
2017	5	38	315
2018	10	108	217

图 5-5 展现的是事件驱动型私募基金指数包含的基金数量情况。从图 5-5 中可以看出，事件驱动型私募基金指数包含的样本基金数量从 2012 年开始迅速增长，直至 2013 年 11 月指数包含样本基金达到最高（65 只），自此样本数量开始出现回落。

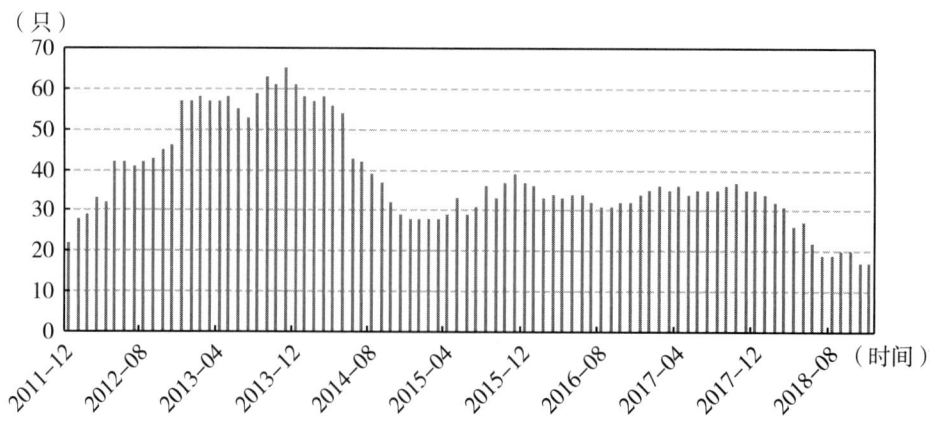

图 5-5　事件驱动型私募基金指数中所包含的样本数量：2011~2018 年

表5-6展示的是事件驱动型私募基金指数中每年年底包含的样本数量情况。从表5-6中可以看出,2012年新进入指数的事件驱动型私募基金数量最多(44只),同年有8只基金从指数中退出,当年指数中共计包含样本基金58只;2014~2017年,事件驱动型私募基金指数覆盖的基金数量总体变动不大,数量维持在30只左右;截至2018年12月底,指数中包含的样本数量为17只。

表5-6　　　　事件驱动型私募基金指数中每年年底包含的
样本数量统计:2011~2018年　　　　　　　　　单位:只

年份	新进入指数的基金数	从指数中退出的基金数	指数中的基金数
2011	19	2	22
2012	44	8	58
2013	27	24	61
2014	17	50	28
2015	36	27	37
2016	16	19	34
2017	4	3	35
2018	1	19	17

图5-6展现的是债券型私募基金指数覆盖的基金数量情况。从图5-6中可以发现,自2010年12月指数成立以来,样本基金的数量一直稳中有升,直至2018年4月达到最多,为482只,此后指数中的样本数量开始回落。

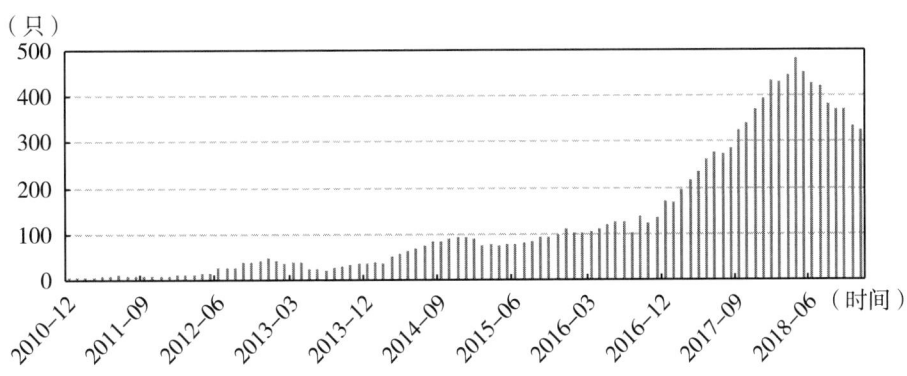

图5-6　债券型私募基金指数中所包含的样本数量:2010~2018年

表5-7展示的是债券型私募基金指数中每年年底包含的样本数量情况。据表5-7可知,最近三年(2016~2018年)每年都有超过110只基金被纳入指数

中，但从指数中退出的基金数量在 2018 年达到最高值，为 289 只。总体而言，除 2018 年外，每年进入指数的基金数量要高于退出指数的基金数量，该指数覆盖的基金数量稳步增长。

表 5-7　　债券型私募基金指数中每年年底包含的样本数量统计：2010~2018 年　　单位：只

年份	新进入指数的基金数	从指数中退出的基金数	指数中的基金数
2010	6	3	6
2011	6	2	10
2012	51	13	48
2013	40	51	37
2014	89	30	96
2015	76	56	116
2016	118	56	178
2017	255	26	407
2018	206	289	324

图 5-7 展现的是 CTA 型私募基金指数覆盖的基金数量情况。据图 5-7 可知，自 2012 年 12 月起，指数包含的样本数量一直保持稳步增长，直至 2018 年 6 月，样本数量达到最高值（185 只）后开始下降，主要是因为 2018 年金融去杠杆、流动性不足导致新产品发行下降，CTA 型私募基金的迅猛发展遇到"瓶颈"。目前，CTA 型私募基金指数覆盖的基金数量为 128 只。

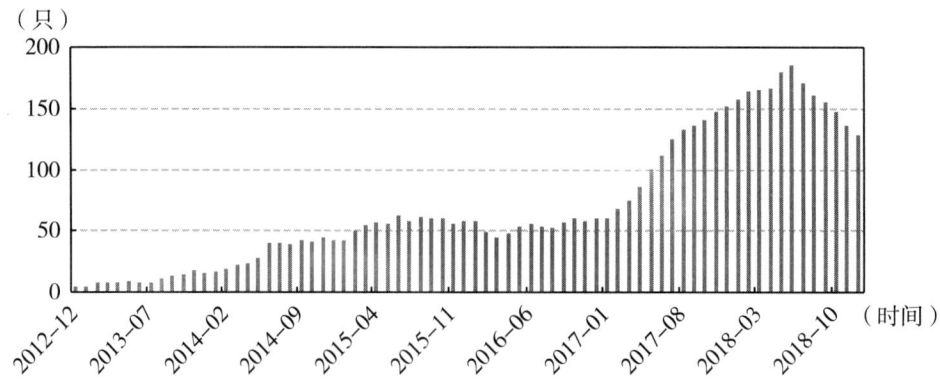

图 5-7　CTA 型私募基金指数中所包含的样本数量：2012~2018 年

表 5-8 展示的是 CTA 型私募基金指数中每年年底包含的样本数量情况。从表 5-8 中可见，2012 年有 3 只 CTA 型私募基金被纳入指数；2013 年、2014 年和 2015 年新进入该指数的基金数量分别为 15 只、42 只和 74 只。总体来看，除了 2018 年外，新进入该指数的基金数量一直多于退出的基金数量。截至 2018 年 12 月底，新进入指数的基金数为 64 只，从指数中退出的基金数量为 92 只，指数包含的样本总数为 128 只。

表 5-8　　　　CTA 型私募基金指数中每年年底包含的
样本数量统计：2012~2018 年　　　　　　单位：只

年份	新进入指数的基金数	从指数中退出的基金数	指数中的基金数
2012	3	0	5
2013	15	4	16
2014	42	14	44
2015	74	56	62
2016	29	28	63
2017	103	10	156
2018	64	92	128

三、道口私募基金指数与市场指数的对比

本节我们将对比不同私募基金指数与相应市场指数间的差异。首先，我们统一私募基金指数与相应市场指数的起始时间点，假定同时投资于私募基金指数和市场指数各 1 000 元。然后，我们对比之后每个月各投资组合的收益和风险情况。我们将普通股票型、相对价值型、股票多空型和事件驱动型私募基金指数分别与沪深 300 指数进行对比；将债券型私募基金指数与中债综合全价（总值）指数进行对比；将 CTA 型私募基金指数与申万商品期货指数进行对比。

图 5-8 展示的是普通股票型私募基金指数与沪深 300 指数的比较。表 5-9 展示的是相应的描述统计分析。普通股票型私募基金指数在 2005 年 12 月至 2018 年 12 月期间，实现累计收益率 367%，年化收益率 13%，年化波动率 15%，年化夏普比率 0.71，最大回撤 26%，收益—最大回撤比率 0.48。通过普通股票型私募基金指数与同期沪深 300 指数年化波动率、最大回撤、年化夏普比率等维度的对比，可以发现，该指数对风险的控制明显优于沪深 300 指数，该指数的收益高于市场指

数，风险要低于市场指数。尤其是2015年和2018年，在大盘下行时，普通股票型私募基金指数的跌幅远小于同期市场指数，波动更小，可见该指数的抗跌性和稳健性之强。

图5-8　普通股票型私募基金指数的累计净值：2005~2018年

表5-9　　　　　普通股票型私募基金指数描述统计：2005~2018年

统计指标	普通股票型私募基金	沪深300指数
累计收益率（%）	367	226
年化收益率（%）	13	10
年化波动率（%）	15	31
年化夏普比率	0.71	0.37
最大回撤（%）	26	71
年化收益率/最大回撤	0.48	0.13

图5-9为股票多空型私募基金指数和沪深300指数的对比。表5-10为相应的描述统计分析。从图5-9和表5-10可以看出，从2008年12月到2018年12月，股票多空型私募基金指数的累计收益率为114%，年化收益率为8%；同期沪深300指数累计收益率为66%，年化收益率为5%；股票多空型私募基金指数的收益高于市场指数。该指数的年化波动率为12%，最大回撤为29%；市场指数的年化波动率为26%，最大回撤为43%。此外，该指数的夏普比率要高于市场指数，两者分别为0.50和0.23。综上，股票多空型私募基金指数的风险要低于市场指数。尤其在2015年和2018年大盘下行时，股票多空型私募基金指数仍运行在市场指数之上，业绩更加平稳。

图5-9　股票多空型私募基金指数的累计净值：2008~2018年

表5-10　　　　　　股票多空型私募基金指数描述统计：2008~2018年

统计指标	股票多空型私募基金	沪深300指数
累计收益率（%）	114	66
年化收益率（%）	8	5
年化波动率（%）	12	26
年化夏普比率	0.50	0.23
最大回撤（%）	29	43
年化收益率/最大回撤	0.27	0.12

图5-10为相对价值型私募基金指数和沪深300指数的对比。表5-11为相应的描述统计分析。结合图5-10和表5-11可知，自2010年12月到2018年12月，相对价值型私募基金指数的累计收益率为46%，年化收益率为5%；同期沪深300指数的累计收益为-4%，年化收益率为-0.48%；相对价值型私募基金指数的收益高于市场指数。同时，相对价值型私募基金指数的风险要低于市场指数，其年化波动率为6%；而市场指数的年化波动率为24%。此外，通过与普通股票型私募基金指数的收益（见图5-8）相对比，我们看到相对价值型私募基金指数的收益更加稳定、整体波动较小。这是由于该策略私募基金多空仓位都有，风险比其他投资策略的风险大为降低，过去所取得的收益也相对稳定。据表5-11可知，相对价值型私募基金指数的夏普比率也高于市场指数，两者分别为0.41和-0.005。并且，相对价值型私募基金指数的最大回撤相对较低，为8%；而市场指数的最大回撤为41%。可见，相对价值型基金所承受的市场风险相对

较低，特别是 2015 年股灾期间，追求相对收益的相对价值型基金拥有较好的抗跌能力。

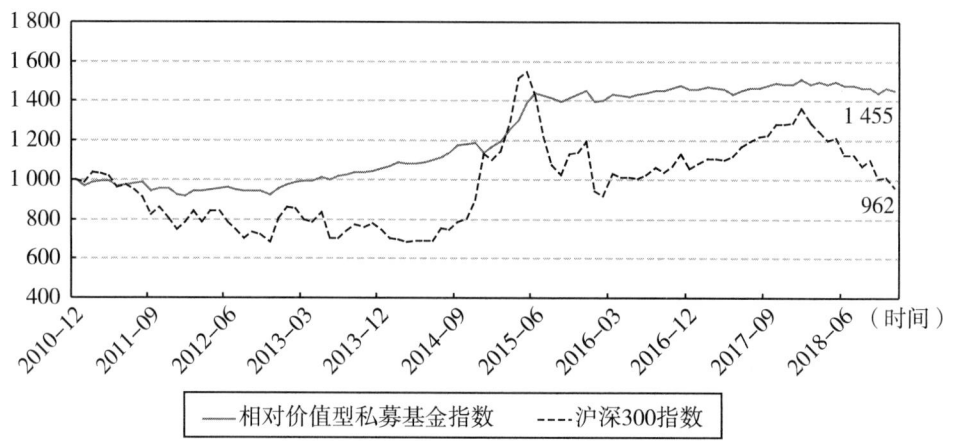

图 5-10　相对价值型私募基金指数的累计净值：2010~2018 年

表 5-11　　　　　相对价值型私募基金指数描述统计：2010~2018 年

统计指标	相对价值型私募基金	沪深 300 指数
累计收益率（%）	46	-4
年化收益率（%）	5	-0.48
年化波动率（%）	6	24
年化夏普比率	0.41	-0.005
最大回撤（%）	8	41
年化收益率/最大回撤	0.57	-0.01

图 5-11 为事件驱动型私募基金指数和沪深 300 指数的对比。表 5-12 为相应的描述统计分析。结合图 5-11 和表 5-12 可以看出，从 2011 年 12 月至 2018 年 12 月，事件驱动型私募基金指数的累计收益率为 193%，年化收益率为 17%；同期沪深 300 指数的累计收益率为 28%，年化收益率为 4%；事件驱动型私募基金指数的收益率显著高于市场指数。另外，该指数的年化波动率（20%）低于市场指数的年化波动率（24%）；该指数的年化夏普比率也高于市场指数，两者分别为 0.75 和 0.17；并且，该指数的最大回撤（22%）低于市场指数的最大回撤（41%）。特别在 2015 年股灾期间，事件驱动型私募基金的回撤没有市场指数剧烈。因此，事件驱动型私募基金在后期体现出收益高、风险低的特点。

图 5-11　事件驱动型私募基金指数的累计净值：2011~2018 年

表 5-12　　　　　事件驱动型私募基金指数描述统计：2011~2018 年

统计指标	事件驱动型私募基金	沪深 300 指数
累计收益率（%）	193	28
年化收益率（%）	17	4
年化波动率（%）	20	24
年化夏普比率	0.75	0.17
最大回撤（%）	22	41
年化收益率/最大回撤	0.76	0.09

图 5-12 为债券型私募基金指数和中债综合全价（总值）指数的对比。表 5-13 为相应的描述统计分析。结合图 5-12 和表 5-13 可以看出，债券型私募基金指数在 2010 年 12 月至 2018 年 12 月期间，8 年累计收益率为 51%，年化收益率为 5%，年化波动率为 2%，年化夏普比率为 1.21，最大回撤为 2%，收益—最大回撤比率为 2.28。同期，中债综合全价（总值）指数累计收益率为 9%，年化收益率为 1%，债券型私募基金指数的收益率高于市场指数。通过与同期中债综合全价（总值）指数的各项指标进行对比，可以发现，债券型私募基金指数的风险与市场指数的风险持平，年化波动率均为 2%；该指数的年化夏普比率（1.21）高于市场指数（-0.54）；该指数的最大回撤（2%）低于市场指数的最大回撤（6%）。我们还发现，在各指数中，债券型私募基金指数的年化波动率最小，并且最大回撤也较低，充分体现出债券型基金低风险、收益稳健的特点。通过观察图 5-12 可以发现，在历年的熊市中，债券型私募基金指数较其他指数都有更好的表现。

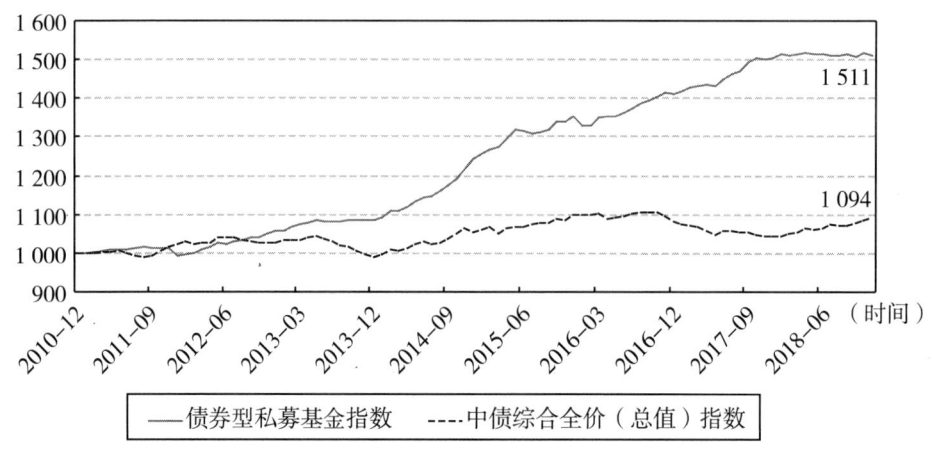

图 5-12 债券型私募基金指数的累计净值：2010~2018 年

表 5-13 债券型私募基金指数描述统计：2010~2018 年

统计指标	债券型私募基金	中债综合全价指数
累计收益率（%）	51	9
年化收益率（%）	5	1
年化波动率（%）	2	2
年化夏普比率	1.21	−0.54
最大回撤（%）	2	6
年化收益率/最大回撤	2.28	0.19

图 5-13 为 CTA 型私募基金指数和申万商品期货指数的对比。表 5-14 为相应的描述统计分析。由于 CTA 策略投资于期货市场，独立于股市，和市场上大多数基础资产的相关性比较低，因此，我们选取"申万商品期货指数"作为比较对象。从图 5-13 和表 5-14 可以看出，CTA 型私募基金指数在 2012 年 12 月至 2018 年 12 月期间，6 年累计收益率 148%，年化收益率 16%，年化波动率 10%，年化夏普比率 1.34，最大回撤 8%，收益—最大回撤比率 2.1。通过与同期申万商品期货指数各项指标进行对比，可以发现，CTA 型私募基金指数的收益远高于同期商品期货指数，最大回撤也更小，这是因为我国 CTA 型私募基金市场发展并不成熟，使得 CTA 型基金的趋势跟踪策略运用也更为高效。另外，由于 CTA 型基金使用较多的是趋势交易策略，即使用大量的策略模型寻找当前的市场趋势，判断多空，尤其是在市场低迷、后市不确定时，优势非常大。从图 5-13 中可以看出，在 2015 年股灾之时，申万商品期货指数的累计收益呈明显的下跌态势；而 CTA 型私募基金指数

却逆势上涨，远超同期指数的收益。可见，CTA 型基金的收益和投资标的的涨跌无关，和投资标的的涨幅或者跌幅有关，即在波动率很大的行情中更容易获利。最后，2018 年股票市场出现较大幅度的下跌趋势行情，使 CTA 型基金获得大丰收，最终使该指数获得 148% 的累计收益。

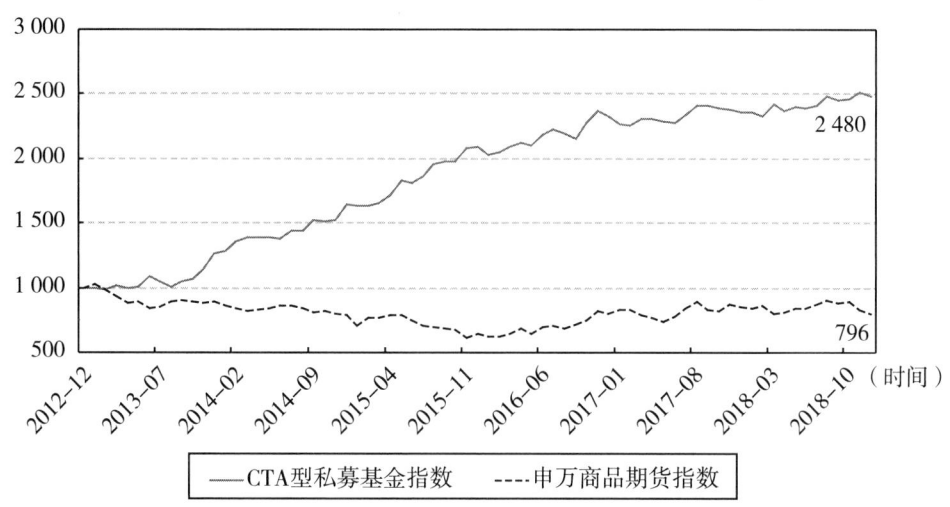

图 5-13　CTA 型私募基金指数的累计净值：2012~2018 年

表 5-14　　　　　　CTA 型私募基金指数描述统计：2012~2018 年

统计指标	CTA 型私募基金	申万商品期货指数
累计收益率（%）	148	-20
年化收益率（%）	16	-4
年化波动率（%）	10	15
年化夏普比率	1.34	-0.32
最大回撤（%）	8	40
年化收益率/最大回撤	2.1	-0.1

下面，我们对私募基金指数进行横向对比。出于统一起始日期的需要，我们选取四类主要投资于股票市场的私募基金指数，即普通股票型、相对价值型、股票多空型和事件驱动型私募基金指数。我们选取 2011 年 12 月为四类指数的开始日期，截至 2018 年 12 月。图 5-14 反映四类股票型私募基金和大盘指数的年化收益对比。表 5-15 为相应的描述统计。结合图 5-14 和表 5-15 可知，事件驱动型私募基金指数的年化收益率最高，为 17%；其次相继为普通股票型私募基金指数和相对价值型私募基金指数，二者的年化收益率皆为 7%；最后为股票多空型私募基金指数

（6%）。同时，四类私募基金指数的累计收益也都高于沪深 300 指数的累计收益。当我们比较四类私募基金指数和大盘指数的风险时，我们发现，相对价值型私募基金指数的风险最低，年化波动率为 6%，最大回撤为 4%；其次为股票多空型私募基金指数，年化波动率为 10%，最大回撤为 15%；沪深 300 指数的风险最高，年化波动率和最大回撤分别为 24% 和 41%。可见，四类股票型私募基金指数的风险都低于市场大盘指数。当我们对比年化夏普比率这一反映调整风险后的收益指标时，我们发现相对价值型私募基金指数的夏普比率最高，为 0.76；其次为事件驱动型私募基金指数，为 0.75；而沪深 300 指数的夏普比率最低，仅为 0.17。

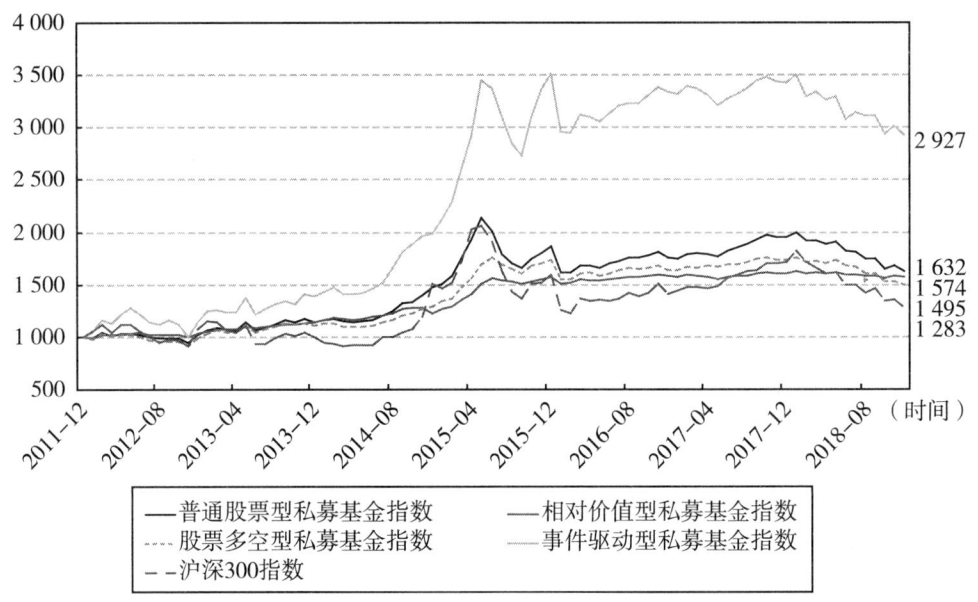

图 5-14 四类股票型私募基金指数的累计净值对比：2011~2018 年

表 5-15　　　　四类股票型私募基金指数描述统计：2011~2018 年

统计指标	普通股票型	相对价值型	股票多空型	事件驱动型	沪深 300 指数
累计收益率（%）	63	57	50	193	28
年化收益率（%）	7	7	6	17	4
年化波动率（%）	14	6	10	20	24
年化夏普比率	0.41	0.76	0.39	0.75	0.17
最大回撤（%）	25	4	15	22	41
年化收益率/最大回撤	0.29	1.52	0.40	0.76	0.09

综上可见，四类股票型私募基金指数的风险和调整风险后的收益都要优于市场

指数。在四类私募基金指数的对比中,我们发现,虽然相对价值型私募基金指数的绝对收益不是很高,但其风险较低、调整风险后的收益较高。

四、小结

本章构建了不同策略的私募基金指数,为深入了解中国私募基金的发展状况和不同策略私募基金的业绩以及风险程度提供了依据。这些根据不同的私募基金投资策略编制的私募基金指数,包括普通股票型私募基金指数、股票多空型私募基金指数、相对价值型私募基金指数、事件驱动型私募基金指数、债券型私募基金指数和CTA型私募基金指数,分别反映投资于股票、债券和期货等资产的私募基金的整体收益和风险情况。我们期待通过这一工作,能为投资者选择资产配置方案、私募基金管理者比较私募基金业绩、政府监管机构评估私募基金行业发展及监管潜在问题,提供些许帮助。

中国私募基金的业绩归因分析

在本书的第五章,通过对私募基金指数的分析,投资者能够了解各类策略的私募基金的投资风险和收益情况,我们发现,不同策略的私募基金在收益和风险上呈现出显著的差异。那么,这些私募基金的收益是由什么因素决定的?本章我们将构建私募基金风险因子,对私募基金的业绩进行归因分析,以挖掘不同策略私募基金的收益来源。一般来说,基金业绩的归因主要分为基于收益的时间序列回归法和基于持仓数据的横截面回归法。相比公募基金,对私募基金进行业绩归因更加困难,主要原因包括以下两方面:首先,私募基金只对合格投资者开放募集,信息相对不透明,只对投资人有披露净值的要求,且不会披露基金的持仓信息;而公募基金是向不特定投资者公开发行,信息披露要求更高,除了在每个交易日公布净值外,还会定期披露基金持仓等资产配置信息。因此,尽管基于持仓数据进行的归因分析精准度较高,但对于难以获得持仓信息的外部投资者来说却很难实现。本章中私募基金的归因分析是基于收益时间序列数据进行的。其次,我国私募基金的历史业绩往往较短,这对于评估私募基金长期业绩来说会比较困难。

基金风险因子的相关研究一直是基金研究领域的热点问题。在美国,私募基金有较长的发展历史,众多学者通过构建不同的模型来评估私募基金的风险暴露。其中,Fung 和 Hsieh(2004)使用私募基金七因子模型来解释美国私募基金的收益,根据不同的风格,这七个因子可以分成三大类:第一类为反映股票市场风险的因子,这类因子主要覆盖股票市场的风险,他们选择市场指数的收益率、小盘股和大盘股收益率之差两个因子;第二类为反映债券市场风险的因子,这类因子主要覆盖债券市场的风险,他们使用十年期国债的收益变化以及国债与公司债利差的变化来描述;第三类为趋势交易的因子,这类因子主要反映在债券、货币和期货市场中趋势交易的风险,他们选择债券、货币和商品回望期权的收益率来解释。研究发现,该模型可以解释美国私募基金超额收益的90%。这七个因子具体为:

股票市场因子(Equity Market Factor):股票市场指数的超额收益率,即 $R_m - R_f$;

规模因子（The Size Spread Factor）：小盘股收益率与大盘股收益率之差，即 SMB；

债券市场因子（The Bond Market Factor）：十年期固定利率国债到期收益率的变化；

信用风险因子（The Credit Spread Factor）：穆迪 Baa 级债券收益率与十年期固定利率国债到期收益率的差的变化；

债券趋势因子（Bond Trend-Following Factor）：PTFS 回望跨式债券期权的收益率；

货币趋势因子（Currency Trend-Following Factor）：PTFS 回望跨式货币期权的收益率；

商品趋势因子（Commodity Trend-Following Factor）：PTFS 回望跨式商品期权的收益率。

本章参考 Fung 和 Hsieh（2004）的七因子模型，结合中国私募基金自身的特点，构建中国私募基金的风险因子，分析私募基金的风险暴露。

一、风险因子的构建

基于我国私募基金的收益和风险特征，本章构建了八个风险因子来描述私募基金的收益和风险，这八个因子分别为：股票市场风险因子（MKT）、规模因子（SMB）、价值因子（HML）、动量因子（MOM）、债券因子（BOND10）、信用风险因子（CBMB10）、债券市场综合因子（BOND_RET）和商品市场风险因子（FUTURES）。各个因子的定义和计算方式如下：

1. 股票市场风险因子（MKT）

我们选择股票市场大盘指数的超额收益率来代表股票市场风险因子，所用的指数为学术界和业界经常使用的沪深 300 指数，无风险利率选取一年期定期存款利率（整存整取）。

$$MKT_t = RET\_HS300_t - RF_t \qquad (6.1)$$

其中，RET_HS300_t 为第 t 个月的沪深 300 指数的月度收益率；RF_t 为第 t 个月的一年期定期存款利率的月利率。

2. 规模因子（SMB）

规模因子（SMB）反映的是小盘股和大盘股之间收益率的差异。我们参考

Fama-French 三因子模型中 SMB 因子的计算方法来计算规模因子。具体计算方法如图 6-1 所示。在每年 6 月末，根据 6 月底的 A 股流动市值（ME）把股票等分为 2 组：小盘组（Small Group）和大盘组（Big Group）；再根据上一年年报中的账面价值（Book Value）和上一年 12 月底 A 股流通市值计算出账面市值比（Book value of equity to Market value of equity，BE/ME），把股票分为 3 组：成长组（Growth Group）、平衡组（Neutral Group）和价值组（Value Group），其比例分别为 30%、40%、30%；两次分组的股票再进行交叉分组，这样一共可以构建出 6 组投资组合（见表 6-1），这 6 组投资组合分别为：小盘价值组（Small Value Group）、小盘平衡组（Small Neutral Group）、小盘成长组（Small Growth Group）、大盘价值组（Big Value Group）、大盘平衡组（Big Neutral Group）和大盘成长组（Big Growth Group）。

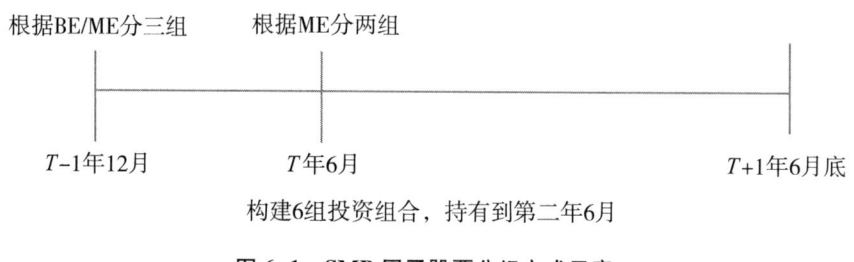

图 6-1　SMB 因子股票分组方式示意

表 6-1　　　　　SMB 因子构建中的 6 组股票的资产组合分组示意

		账面市值比（BE/ME）		
		成长组（30%）	平衡组（40%）	价值组（30%）
股票市值（ME）	小盘组（50%）	小盘成长组（Small Growth Group）	小盘平衡组（Small Neutral Group）	小盘价值组（Small Value Group）
	大盘组（50%）	大盘成长组（Big Growth Group）	大盘平衡组（Big Neutral Group）	大盘价值组（Big Value Group）

这种构建组合的方式在每年 6 月底都进行一次，所构建的 6 组投资组合持有到第二年的 6 月底。每个投资组合的收益率根据本组合包含股票的 A 股流通市值进行加权计算，可以得到每个投资组合在每个月的收益率。如果一只股票不在上一年 6 月的数据中（如停牌的股票），那么这只股票就不包括在上一年 6 月构建的投资组合中。无论这只股票是否在未来（如在上一年 7 月）复牌交易。

SMB 因子为 3 组低市值投资组合的平均收益率减去 3 组高市值投资组合的平均收益率。这个因子在学术界被广泛应用，其中一个原因是，这个因子对应的投资组合可以通过买入一些股票和做空一些股票构建出来。其计算公式为：

$$SMB_t = \frac{(Small\ Value_t + Small\ Neutral_t + Small\ Growth_t)}{3} \\ - \frac{(Big\ Value_t + Big\ Neutral_t + Big\ Growth_t)}{3} \quad (6.2)$$

其中，$Small\ Value_t$、$Small\ Neutral_t$、$Small\ Growth_t$、$Big\ Value_t$、$Big\ Neutral_t$ 和 $Big\ Growth_t$ 分别为不同组合在第 t 个月的月收益率。Fama-French 三因子模型使用上述方式计算 SMB 因子，是为了在计算小盘股相对于大盘股的超额收益时，有效控制股票的账面市值比（BE/ME）。

3. 价值因子（HML）

价值因子（HML）反映的是高账面市值比的股票和低账面市值比的股票之间的收益率之差。我们参考 Fama-French 三因子模型中 HML 因子的计算方式来计算价值因子。其计算方法和 SMB 因子的构建方式相同，同样构建出 6 个投资组合。

HML 因子为两组高账面市值比的投资组合的平均收益减去两组低账面市值比的投资组合的平均收益。其计算公式为：

$$HML_t = \frac{(Small\ Value_t + Big\ Value_t)}{2} - \frac{(Small\ Growth_t + Big\ Growth_t)}{2} \quad (6.3)$$

其中，$Small\ Value_t$、$Big\ Value_t$、$Small\ Growth_t$ 和 $Big\ Growth_t$ 分别为不同组合在第 t 个月的月收益率。Fama-French 三因子模型使用上述方式计算 HML 因子，是为了在计算高账面市值比的股票相对于低账面市值比的股票的超额收益时，有效控制股票的市值（SIZE）。

4. 动量因子（MOM）

动量因子（MOM）反映的是过去收益率较高的股票和收益率较低的股票在未来收益率之差，计算方式如图 6-2 所示。具体而言，在每月末（如图 6-2 中 2015-01），根据当月底的 A 股流通市值（ME）把股票等分为 2 组：小盘组（Small Group）和大盘组（Big Group）；再根据过去 1~11 个月的累计收益率把股票分为 3 组：低价组（Down Group）、中价组（Median Group）和高价组（Up Group），其比例分别为 30%、40%、30%。两次分组的股票进行交叉分组，这样一共可以构建 6 组投资组合（见表 6-2），这 6 组投资组合分别为：小盘高价组（Small Up Group）、小盘中价组（Small Median Group）、小盘低价组（Small Down Group）、大盘高价组（Big Up Group）、大盘中价组（Big Median Group）和大盘低价组（Big Down Group）。

这种构建组合的方式在每月底都进行一次，所构建的 6 组投资组合持有到下月底。每个投资组合的收益率根据股票的 A 股流通市值进行加权计算，从而得到每个投资组合在每个月的收益率。

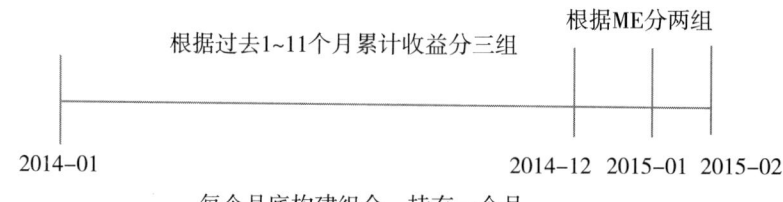

图 6-2　MOM 因子股票分组方式示意

表 6-2　　　　　　　　　动量因子组股票的资产组合分组示意

		过去 1~11 个月的累计收益率		
		低价组（30%）	中价组（40%）	高价组（30%）
股票市值（ME）	小盘组（50%）	小盘低价组（Small Down Group）	小盘中价组（Small Median Group）	小盘高价组（Small Up Group）
	大盘组（50%）	大盘低价组（Big Down Group）	大盘中价组（Big Median Group）	大盘高价组（Big Up Group）

动量因子（MOM）为两组过去累计收益率较高投资组合的平均收益率减去两组过去累计收益率较低的投资组合的平均收益率。

$$MOM_t = \frac{(Small\ Up_t + Big\ Up_t)}{2} - \frac{(Small\ Down_t + Big\ Down_t)}{2} \quad (6.4)$$

其中，$Small\ Up_t$、$Big\ Up_t$、$Small\ Down_t$ 和 $Big\ Down_t$ 分别为不同组合在第 t 个月的月度收益率。

5. 债券因子（BOND10）

我们选择十年期固定利率国债到期收益率的月度变化作为债券因子（BOND10），其计算方式为：

$$BOND10_t = \left(\frac{十年期固定利率国债到期收益率_t}{十年期固定利率国债到期收益率_{t-1}}\right) - 1 \quad (6.5)$$

其中，十年期固定利率国债到期收益率$_t$ 为第 t 个月的十年期固定利率国债的到期收益率。

6. 信用风险因子（CBMB10）

我们选择十年期企业债（AA-级）到期收益率与十年期固定利率国债到期收益率差值的月度变化作为信用风险因子（$CBMB10$），其计算方式为：

$$CBMB10_t = \frac{(\text{十年企业债到期收益率}_t - \text{十年期固定利率国债到期收益率}_t)}{(\text{十年企业债到期收益率}_{t-1} - \text{十年期固定利率国债到期收益率}_{t-1})} - 1 \quad (6.6)$$

其中，十年期企业债到期收益率$_t$为第t个月十年期企业债（AA-级）的到期收益率；十年期固定利率国债到期收益率$_t$为第t个月十年期固定利率国债的到期收益率。

7. 债券市场综合因子（BOND_RET）

在 Fung 和 Hsieh（2004）的七因子中，并没有一个因子可以综合反映债券市场的情况。根据我国私募基金市场的发展情况，我们在私募基金风险因子中加入了债券市场综合因子。我们使用中债综合全价（总值）指数的月度收益率作为债券市场综合因子。中债综合全价（总值）指数的成分包含除资产支持证券、美元债券、可转债外，在境内债券市场公开发行的债，主要包括国债、政策性银行债券、商业银行债券、中期票据、短期融资券、企业债、公司债等。中债综合全价（总值）指数是一个反映境内人民币债券市场价格走势情况的宽基指数，是债券指数应用最广泛的指数之一。债券市场综合因子的计算方式为：

$$BOND\_RET_t = \frac{BOND\_INDEX_t}{BOND\_INDEX_{t-1}} - 1 \quad (6.7)$$

其中，$BOND\_INDEX_t$为第t个月的中债综合全价（总值）指数的数值。

8. 商品市场风险因子（FUTURES）

我们选取申万商品期货指数的月收益率作为商品市场风险因子。申万商品期货指数覆盖大连商品期货交易所、郑州商品期货交易所和上海商品期货交易所上市交易的16个品种的商品期货。商品市场风险因子的计算方式为：

$$FUTURES_t = \frac{Futures\_Index_t}{Futures\_Index_{t-1}} - 1 \quad (6.8)$$

其中，$Futures\_Index_t$为第t个月申万商品期货指数的数值。

二、风险因子的描述统计

我们从 2000 年 1 月开始构建私募基金的风险因子,由于不同因子在构建中所需数据的起始日期不同,因此,每个因子从不同时间开始。其中,MKT 因子从 2002 年开始;SMB、HML 和 MOM 因子从 2000 年开始;BOND10 因子和 BOND_RET 因子从 2002 年开始;CMBM10 因子从 2008 年开始;FUTURES 因子从 2005 年开始。

表 6-3 为八个私募基金风险因子的描述统计结果。从表 6-3 中可见,八个因子中有七个因子的均值大于 0,分别是股票市场风险因子(MKT)、规模因子(SMB)、价值因子(HML)、债券因子(BOND10)、信用风险因子(CBMB10)、债券综合因子(BOND_RET)和商品市场风险因子(FUTURES),说明这些因子能够带来正收益。而动量因子(MOM)的均值小于 0,表明如果我们按照在美国市场有效的趋势投资方法做趋势投资,在中国 A 股市场是无效的。此外,我们还发现,市场风险因子(MKT)的标准差相对较高,为 8.41%,体现出我国股票市场具有较高的波动性;而债券综合因子(BOND_RET)的标准差相对较低,仅为 0.68%,体现出债券市场风险较低的特征。

表 6-3　　　　　私募基金风险因子描述统计:2000~2018 年

因子	样本数	均值(%)	最小值(%)	Q1(%)	中位数(%)	Q3(%)	最大值(%)	标准差(%)
MKT	203	0.60	−26.15	−4.86	0.51	4.85	27.70	8.41
SMB	228	0.86	−21.44	−1.76	0.80	3.42	19.80	4.56
HML	228	0.44	−10.86	−1.52	0.32	2.40	17.45	3.57
MOM	228	−0.87	−11.74	−2.70	−0.92	1.19	8.71	3.19
BOND10	203	0.16	−17.24	−3.18	−0.29	2.79	18.34	5.63
CBMB10	131	0.71	−10.84	−2.29	0.27	2.79	20.23	5.34
BOND_RET	203	0.08	−1.67	−0.35	0.11	0.51	2.67	0.68
FUTURES	228	0.48	−34.82	−3.31	0.39	4.12	24.01	5.98

不同风险因子的收益表现各不相同。图 6-3 展示的是股票市场风险因子(MKT)的月度收益率和累计净值,该因子收益数据从 2002 年开始。从图 6-3 中可见,MKT 因子的累计净值从 2002 年的 1 元开始,增长到 2018 年 12 月的 1.63

元，累积收益率为63%，年化收益率为2.9%。此外，MKT因子的月度收益率整体起伏较大，在-26%~28%的区间内波动。2018年，我国股票市场表现惨淡，A股总市值减少了14.59万亿元，沪深300指数一路从4 030点跌落至3 010点，这使衡量股票市场风险的MKT因子一路走低，累计净值在2018年呈现持续下跌的趋势。

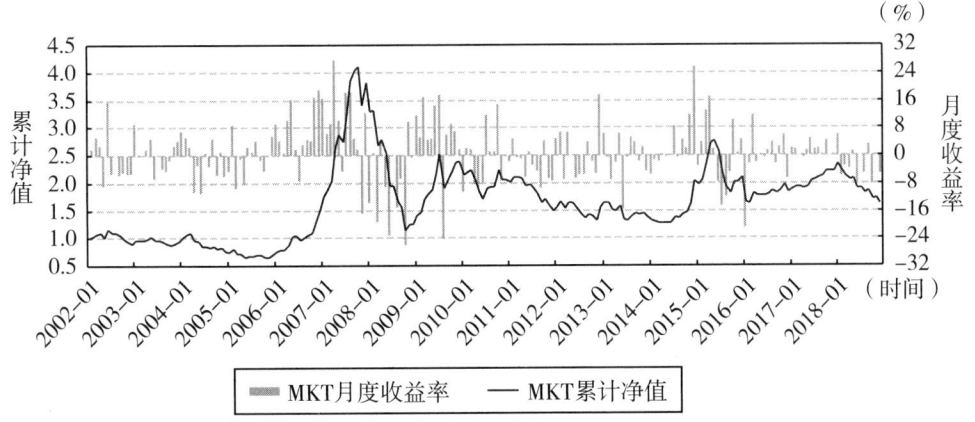

图6-3　MKT因子的月度收益率和累计净值

图6-4展示的是规模因子（SMB）的月度收益率和累计净值，该因子收益数据从2000年开始。从图6-4中可见，SMB因子的累计净值较高，到2018年底，累计净值达到5.70，年化收益率为9.6%，表明长期来看投资小盘股能够带来更高的回报。此外我们发现，SMB因子的累计净值在2016年12月达到最高点，自此开始波动下降。SMB因子代表小盘股收益率与大盘股收益率之差，如果差值为正，说明小盘股的收益要高于大盘股的收益；反之，说明大盘股的收益高于小盘股的收益。2017年和2018年，分别有2个月和4个月的SMB因子收益为正，其他月份的SMB因子收益均为负，表明在这段时间，相较小盘股，大盘股有更好的业绩表现。纵观2017年的股票市场，沪深300指数下跌21.78%；而中小板指数和创业板指数分别上涨16.73%和下跌10.67%；白马股与蓝筹股在2017年的表现引人瞩目，如贵州茅台上涨113%、中国平安年内上涨104%；小盘股的业绩明显不及大盘股。进入2018年，股票市场持续走熊，沪深300、中小板指、创业板指全年分别下跌25.31%、37.75%和28.65%，中小创股票的估值下杀，与大盘股相比，小盘股的跌幅更大。2017年和2018年的市场行情造成SMB因子的累计净值在2016年12月后持续下跌。

图6-5展示的是价值因子（HML）的月度收益率和累计净值，该因子收益率数据从2000年开始。到2018年底，HML因子的累计净值为2.56，累计收益率为156%，年化收益率为5.1%。HML因子代表价值股和成长股收益率之差，如果HML因子的收益率为正，说明价值股有更好的表现；反之，则代表成长股有更好的业

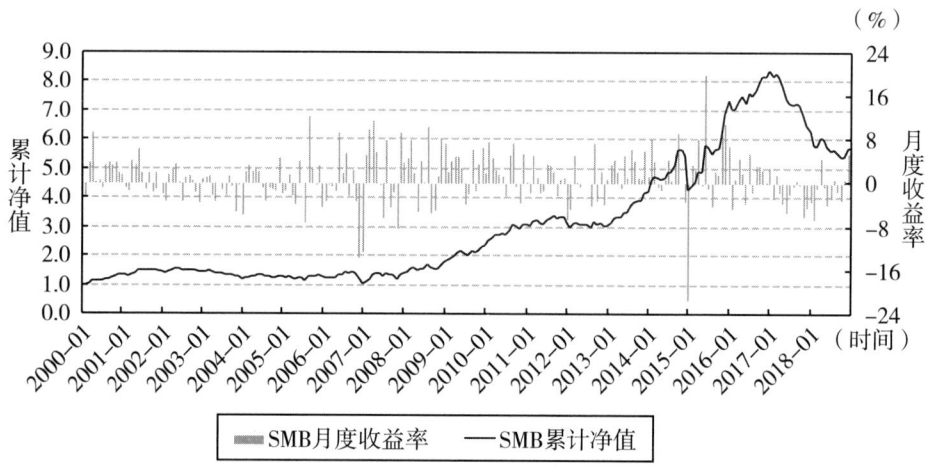

图 6-4　SMB 因子的月度收益率和累计净值

绩。从图 6-5 中可见，2000~2008 年，HML 因子的累计净值呈波动上升态势，但 2008~2016 年，HML 因子的累计净值处于一个下降趋势，直至 2017 年，该因子开始反弹上升且在 2018 年呈现较大的波动。这说明在 2017 年后，高账面市值比企业的股票有较高的收益。

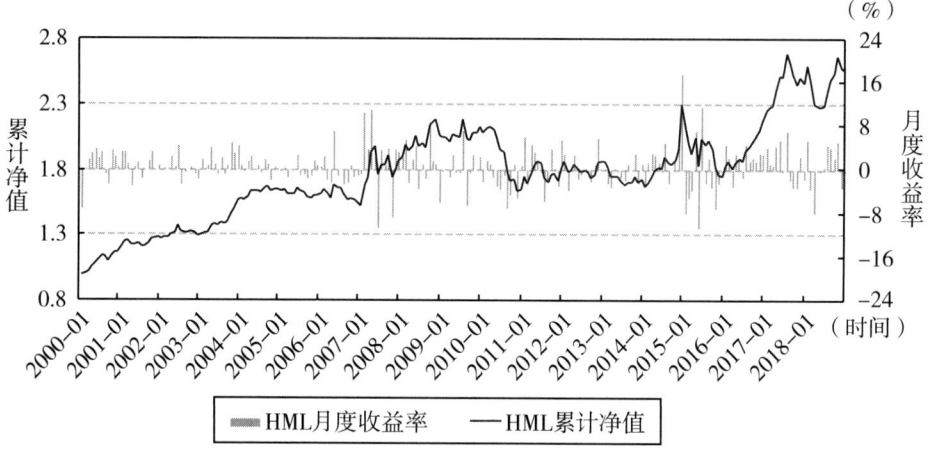

图 6-5　HML 因子的月度收益率和累计净值

图 6-6 展示了动量因子（MOM）的月度收益率和累计净值，该因子从 2000 年开始。自 1993 年 Jegadeesh 和 Titman 提出动量效应以来，在股票、债券等市场被广泛发现，为投资者挖掘超额收益提供了新的思路。图 6-6 中结果显示，如果我们按照在美国市场有效的动量因子的构造方法去构建中国市场的动量因子，那么我国 A 股市场的动量效应并不显著，MOM 因子的累计净值持续下跌，到 2018 年底，该

因子的净值为0.11，累计收益率为-89%。这说明持有过去一段时间内收益率高的股票，在下个月不能够获得较高的收益率。我国股票市场行情转换较快、波动性高，受国家政策影响较大，且投资非理性程度较高，可能是造成动量因子出现负收益的原因。

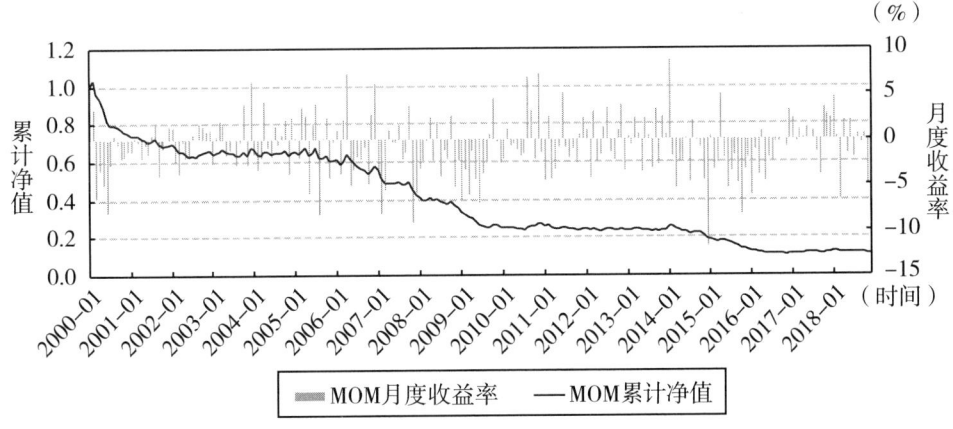

图 6-6　MOM 因子的月度收益率和累计净值

图 6-7 给出债券因子（BOND10）的月度收益率和累计净值，该因子从 2002 年开始。从图 6-7 中可见，BOND10 因子的累计净值呈现波动的态势。到 2017 年 12 月，BOND10 因子的累计净值为 1。

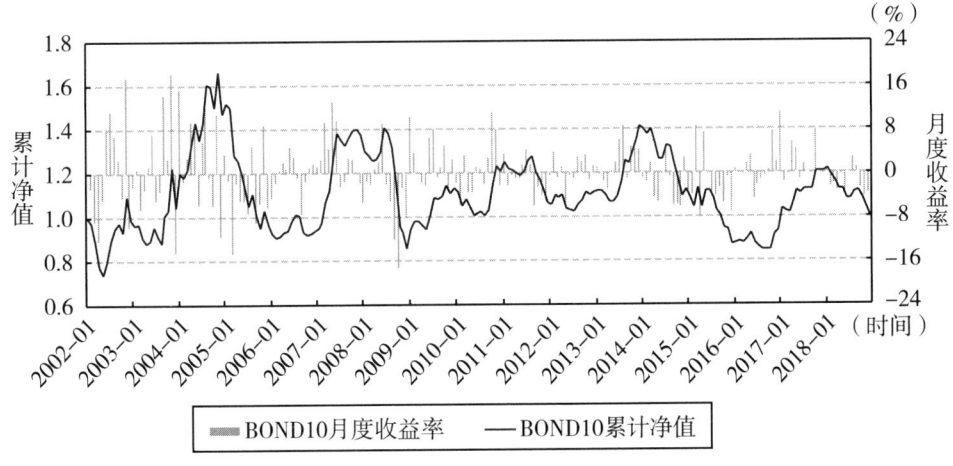

图 6-7　BOND10 因子的月度收益率和累计净值

图 6-8 展示的是信用风险因子（CBMB10）的月度收益率和累计净值，因受十年期企业债到期收益率数据的影响，该因子自 2008 年开始。从图 6-8 中可见，从 2008 年开始，CBMB10 因子的累计净值多数时间大于 1，累计收益基本为正。到

2018年底，CBMB10因子累计净值为2.11，累计收益率达111%，年化收益率为7.0%。

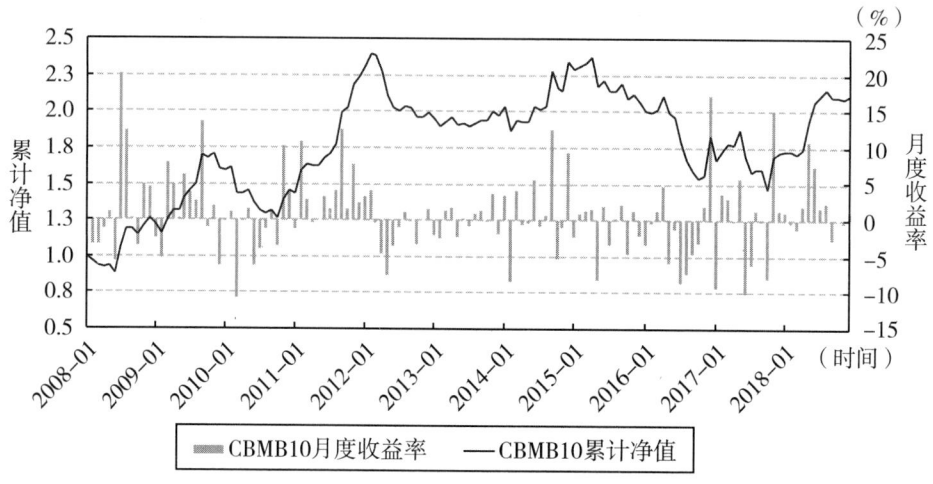

图6-8 CBMB10因子的月度收益率和累计净值

图6-9给出债券市场综合因子（BOND_RET）的月度收益率和累计净值，该因子从2002年开始。据图6-9可知，自2002年起，BOND_RET因子的累计收益率基本为正，且波动率较低。到2018年12月，该因子累计净值为1.18，累计收益率为17.9%。2017年，债券市场面临资金紧平衡，债券收益率持续上行，债券价格指数大幅下跌，多数月份中BOND_RET因子的收益率均为负数。进入2018年，受经济下行压力和保持宽松的货币政策的影响，债券收益率整体呈现下行趋势，BOND_RET因子的累计净值有所回升。

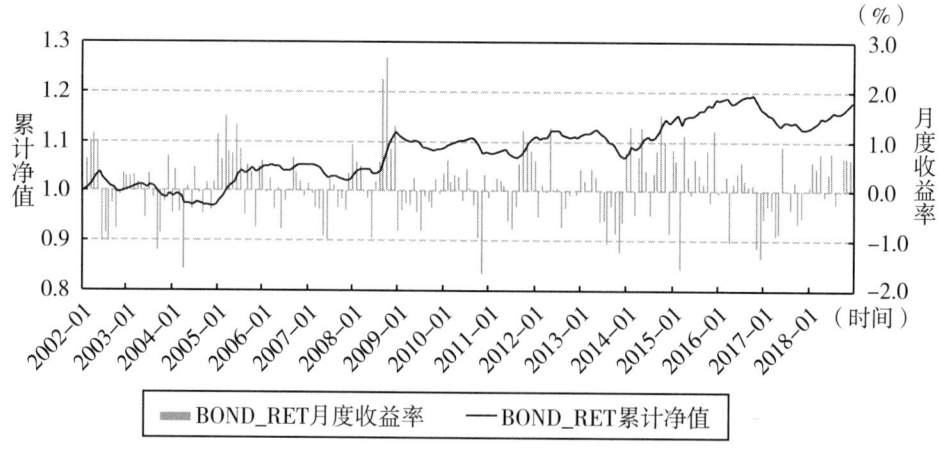

图6-9 BOND_RET因子的月度收益率和累计净值

图 6-10 为商品市场风险因子（FUTURES）的月度收益率和累计净值，该因子从 2005 年开始。我们发现，FUTURES 因子的收益率整体波动较大，自 2011 年开始，FUTURES 因子的累计净值开始持续波动下降，直至 2015 年底才有所回转；2016 年，在供给侧改革的大背景下，黑色系期货大涨，其他板块也相继出现涨停，商品期货市场交易量创历史新高；2017 年期货新品种恢复上市，商品市场呈波动上涨；2018 年，我国期货市场对外开放步伐进一步加快，交易额继前两年来首次回暖，但在业绩表现上，各商品板块全线收跌，到 2018 年 12 月，FUTURES 因子的累计净值为 1.68，累计收益率为 67.59%。

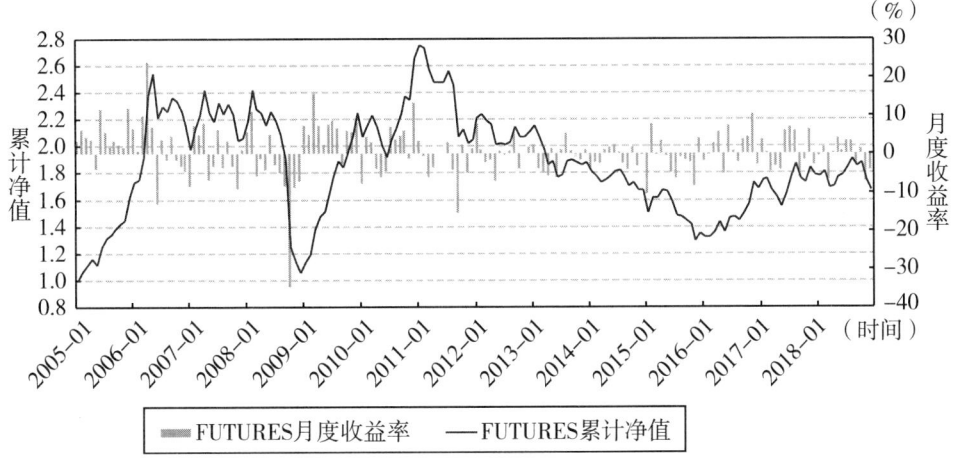

图 6-10 FUTURES 因子的月度收益率和累计净值

三、私募基金的风险因子归因分析

（一）样本选取

接下来，我们采用八个风险因子，分别对每只私募基金的业绩进行归因。私募基金样本的选取条件为截至 2018 年 12 月，有 24 个月及以上净值数据的基金。由于结构化基金的净值不能完全反映基金的收益情况，因此，我们在样本中剔除了结构化基金。此外，我们还删除了基金净值重复率大于 10% 的基金，以提高样本数据的准确性。本章所用的私募基金数据来源于万得数据。图 6-11 展示了私募基金样本的选取流程和每个筛选步骤后剩余的基金数量。截至 2018 年底，从万得数据下载的有净值数据的私募基金数量为 40 405 只，最后满足样本条件的基金有 8 530 只。

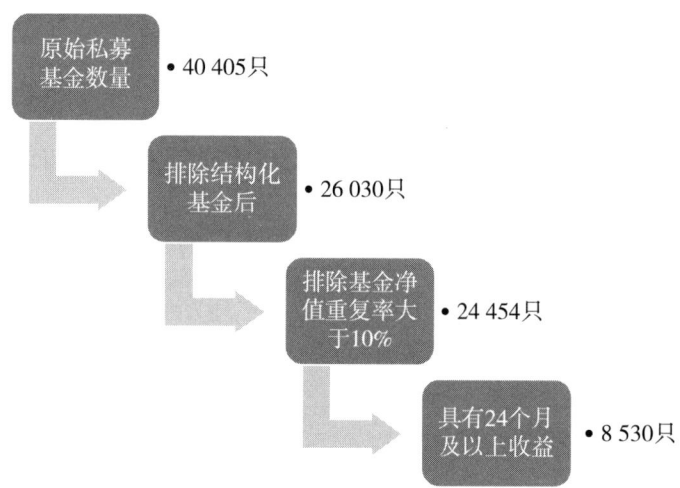

图 6-11　私募基金样本的选取步骤

表 6-4 为不同策略私募基金数量的占比情况，样本基金囊括了普通股票型、相对价值型、股票多空型、债券型、事件驱动型、CTA 型和其他策略的私募基金。在 8 530 只基金中，普通股票策略的基金数量占比最高，为 76.2%；其次为相对价值型基金（5.3%）和股票多空型基金（5.2%）；其他策略的基金数量相对较少。

表 6-4　　　　　　　　　私募基金样本的基金策略分布情况

基金策略分类	基金个数	数量占比（%）
普通股票型	6 496	76.2
相对价值型	454	5.3
股票多空型	447	5.2
债券型	260	3.0
事件驱动型	67	0.8
CTA 型	108	1.3
其他	698	8.2
总计	8 530	100.0

由于数据可得性的问题，不同因子的起始日期不同，此外，不同私募基金策略在我国开始出现、发展的时间有所不一，表 6-5 展示了不同策略私募基金和不同风险因子净值的起始日期。我们发现，私募基金样本的起始日期最早为 2003 年，而在风险因子中，信用风险因子（CBMB10）和商品市场风险因子（FUTURES）的起始日期分别为 2008 年和 2005 年，晚于 2003 年。对于这种情况，我们将这两个因子从 2003 年到其起始日期之间的数据填充为 0，以避免损失私募基金的数据。

表 6-5　　　　　　　　　私募基金和风险因子净值的起始日期

基金策略分类	起始日期	因子	起始日期
普通股票型	2003-08-29	MKT	2002-01-31
股票多空型	2007-06-29	SMB	2000-01-31
相对价值型	2004-12-31	HML	2000-01-31
事件驱动型	2008-03-31	MOM	2000-01-31
债券型	2008-04-30	BOND10	2002-01-31
CTA型	2012-05-31	CBMB10	2008-01-31
—		BOND_RET	2002-01-31
—		FUTURES	2005-01-31

（二）私募基金风险归因模型

基于上述八个风险因子，我们构建出八因子模型对每只私募基金进行回归分析，具体的模型为：

$$R_{i,t} = \alpha_i + \beta_{1,i} MKT_t + \beta_{2,i} SMB_t + \beta_{3,i} HML_t + \beta_{4,i} MOM_t + \beta_{5,i} BOND10_t \\ + \beta_{6,i} CBMB10_t + \beta_{7,i} BOND\_RET_t + \beta_{8,i} FUTURES_t + \varepsilon_{i,t} \quad (6.9)$$

其中，$R_{i,t}$ 为第 t 月私募基金 i 的超额收益率，我们采用考虑私募基金分红再投资的复权净值来计算基金的收益率，一年期定期存款利率作为无风险利率；α_i 为基金经理基于自身能力给投资者带来的超额收益；MKT_t、SMB_t、HML_t、MOM_t、$BOND10_t$、$CBMB10_t$、$BOND\_RET_t$ 和 $FUTURES_t$ 分别为第 t 月的股票市场风险因子、规模因子、价值因子、动量因子、债券因子、信用风险因子、债券市场综合因子和商品市场因子的风险溢价，回归后的估计值 $\beta_1 \sim \beta_8$ 反映了私募基金在各风险因子上的暴露程度。

（三）归因分析结果

不同策略私募基金因子的回归结果如表 6-6 所示。从模型的拟合程度来看，事件驱动型私募基金的调整后 R^2 最高，平均为 43.7%，其次为普通股票型私募基金，调整后 R^2 为 41.2%，即这些因子可以解释私募基金超额收益率的 40%~50%。而债券型私募基金和 CTA 型私募基金的调整后 R^2 相对较低，分别为 15.1% 和 10.2%。对比不同策略基金的平均年化 α 可以发现，CTA 型私募基金年化 α 的平均值为 7.8%，在所有类型的私募基金中最高，其次是事件驱动型基金，年化 α 的平均值为 6.6%，表明这些基金的收益更多是来自基金经理的投资能力，而不是承担风险所带来的风险溢价。

除此之外,不同策略的基金在不同风险因子上的暴露也不相同,β 为正且数值越接近于 1 时,说明私募基金在该因子上的暴露程度越大。举例来看,事件驱动型基金在 MKT 因子、SMB 因子和 BOND_RET 因子上的暴露程度较高,当这三个因子上涨时,该策略的基金净值也会随之上涨。普通股票策略的基金对大盘指数对应的 MKT 因子的风险暴露较大,均值为 0.53,说明该策略基金与股票市场大盘指数风险的相关性较高,符合股票型基金的特征;而 β_{BOND_RET} 的均值为 -0.63,这意味着普通股票型基金的收益与债券市场的收益呈负相关。相对价值策略的私募基金又可以细分为市场中性策略和套利策略,其中,市场中性策略基金在构建仓位时主要关注相关联证券之间的价差变化,同时持有空头头寸和多头头寸,因此,该策略基金和股票市场收益的相关性较低。从表 6-6 中可见,相对价值型基金在四个与股票市场相关的因子上的风险暴露程度整体不高。

表 6-6　　　　　　　私募基金因子回归结果(FUND BY FUND)

投资策略	基金个数	因子	均值	最小值	Q1	中位数	Q3	最大值	标准差
普通股票型	6 496	α	3.3%	-104.7%	-3.5%	3.3%	9.8%	302.6%	16.4%
		β_{MKT}	0.53	-2.04	0.29	0.51	0.73	3.88	0.39
		β_{SMB}	0.18	-14.82	-0.05	0.16	0.39	6.25	0.53
		β_{HML}	-0.11	-5.40	-0.30	-0.10	0.08	3.90	0.41
		β_{MOM}	0.04	-19.97	-0.16	0.06	0.29	9.92	0.60
		β_{BOND10}	-0.10	-15.80	-0.33	-0.08	0.16	7.65	0.66
		β_{CBMB10}	-0.05	-5.41	-0.16	-0.04	0.06	3.78	0.29
		β_{BOND_RET}	-0.63	-123.89	-1.94	-0.43	0.96	38.44	4.07
		$\beta_{FUTURES}$	-0.02	-3.28	-0.12	-0.03	0.07	6.74	0.26
		调整后 R^2	41.2%	-46.3%	21.9%	43.5%	61.9%	92.9%	26.4%
相对价值型	454	α	2.1%	-50.0%	-1.1%	1.9%	4.7%	90.5%	9.2%
		β_{MKT}	0.15	-1.27	0.00	0.04	0.23	1.58	0.27
		β_{SMB}	0.18	-1.43	0.02	0.17	0.32	1.41	0.26
		β_{HML}	0.01	-2.91	-0.04	0.04	0.10	1.00	0.27
		β_{MOM}	0.04	-1.78	-0.07	0.05	0.18	1.52	0.27
		β_{BOND10}	0.04	-1.59	-0.07	0.06	0.15	2.72	0.35
		β_{CBMB10}	-0.01	-2.13	-0.06	0.00	0.04	1.77	0.20
		β_{BOND_RET}	0.45	-11.25	-0.12	0.41	1.02	18.04	2.23
		$\beta_{FUTURES}$	-0.03	-0.84	-0.09	-0.04	0.00	2.25	0.17
		调整后 R^2	30.5%	-44.4%	8.9%	34.6%	49.6%	91.6%	26.0%

续表

投资策略	基金个数	因子	均值	最小值	Q1	中位数	Q3	最大值	标准差
股票多空型	447	α	0.7%	-108.7%	-5.0%	0.9%	8.2%	50.1%	13.1%
		β_{MKT}	0.33	-0.30	0.04	0.29	0.57	3.01	0.35
		β_{SMB}	0.22	-0.62	-0.01	0.17	0.35	2.38	0.34
		β_{HML}	0.01	-1.95	-0.11	-0.01	0.12	4.67	0.43
		β_{MOM}	0.04	-2.13	-0.09	0.07	0.21	1.41	0.35
		β_{BOND10}	0.00	-1.90	-0.18	-0.03	0.09	4.93	0.48
		β_{CBMB10}	-0.03	-1.28	-0.12	-0.04	0.04	1.18	0.19
		β_{BOND_RET}	-0.06	-16.53	-1.29	-0.22	0.84	28.21	3.11
		$\beta_{FUTURES}$	-0.06	-1.29	-0.16	-0.04	0.04	1.54	0.21
		调整后 R^2	30.5%	-22.8%	12.5%	25.2%	49.7%	86.1%	23.0%
事件驱动型	67	α	6.6%	-30.8%	-4.1%	3.1%	14.5%	51.3%	17.3%
		β_{MKT}	0.58	-0.44	0.35	0.58	0.90	2.39	0.47
		β_{SMB}	0.40	-0.98	-0.01	0.44	0.92	3.03	0.77
		β_{HML}	-0.23	-1.86	-0.33	-0.11	0.12	2.18	0.72
		β_{MOM}	-0.04	-2.33	-0.47	-0.07	0.31	1.66	0.58
		β_{BOND10}	-0.06	-2.14	-0.40	-0.06	0.52	2.37	0.77
		β_{CBMB10}	-0.01	-4.02	-0.17	0.05	0.27	1.03	0.64
		β_{BOND_RET}	0.57	-6.72	-1.29	0.07	2.28	15.29	3.90
		$\beta_{FUTURES}$	-0.04	-1.14	-0.13	-0.04	0.09	0.54	0.29
		调整后 R^2	43.7%	-19.6%	26.9%	51.0%	65.1%	89.7%	26.7%
债券型	260	α	4.0%	-53.7%	0.3%	4.1%	6.7%	41.3%	8.7%
		β_{MKT}	0.06	-0.63	-0.01	0.01	0.08	1.95	0.23
		β_{SMB}	0.02	-1.01	-0.03	0.01	0.07	1.09	0.22
		β_{HML}	-0.01	-2.16	-0.04	0.00	0.04	1.02	0.23
		β_{MOM}	-0.02	-1.24	-0.06	0.00	0.08	1.17	0.28
		β_{BOND10}	-0.04	-2.82	-0.09	0.00	0.05	0.96	0.37
		β_{CBMB10}	-0.02	-0.89	-0.05	0.00	0.02	0.57	0.14
		β_{BOND_RET}	-0.12	-20.14	-0.39	0.00	0.51	8.53	2.35
		$\beta_{FUTURES}$	-0.01	-2.14	-0.04	0.00	0.03	0.85	0.19
		调整后 R^2	15.1%	-44.1%	-6.0%	10.2%	35.6%	80.9%	27.5%
CTA 型	108	α	7.8%	-32.3%	-0.4%	5.8%	10.2%	148.2%	19.8%
		β_{MKT}	0.08	-0.35	-0.07	0.01	0.16	1.49	0.28
		β_{SMB}	0.23	-1.03	-0.11	0.09	0.35	6.33	0.80
		β_{HML}	0.14	-0.94	-0.06	0.05	0.19	2.32	0.45
		β_{MOM}	-0.31	-3.36	-0.44	-0.26	-0.03	1.14	0.59
		β_{BOND10}	0.02	-4.40	-0.16	0.00	0.19	4.94	0.87
		β_{CBMB10}	0.00	-0.87	-0.06	-0.01	0.12	0.67	0.24
		β_{BOND_RET}	-0.59	-25.22	-1.76	-0.16	0.93	11.64	4.10
		$\beta_{FUTURES}$	0.08	-1.02	-0.03	0.07	0.20	1.08	0.29
		调整后 R^2	10.2%	-34.4%	-4.9%	6.5%	22.8%	64.7%	20.0%

表 6-7 展示了不同策略私募基金回归在各因子上的显著程度。对于基金经理的投资能力 α，大多数策略的基金中，有 25% 左右基金的 α 是正显著的；而债券型基金中，超过半数基金的 α 呈正显著，说明债券型基金中具有投资能力的基金数量相对较多。在四类股票型的私募基金里，除了相对价值型私募基金以外，其他三种类型的私募基金在股票市场风险因子 MKT 上具有正显著的比例都比较高。例如，普通股票型私募基金中有 83% 的基金在 MKT 因子上为正显著；事件驱动型基金中有 75% 的基金在 MKT 因子上呈正显著；而相对价值型基金中有 43% 的基金在 MKT 因子上为正显著。如前文所述，相对价值策略中的市场中性策略基金会在持有股票多头头寸的同时做空股指期货，对冲掉了股票市场的风险，因此，与其他主要投资股票的基金相比，在 MKT 因子上暴露显著的基金较少。

对于主要投资债券的债券型基金和主要投资期货的 CTA 型基金，我们发现，债券型基金在债券类因子（BOND10、CBMB10、BOND_RET）上的正显著比例要低于其在 MKT 因子上的正显著比例，表明一定比例的债券型基金策略上可能存在漂移，将资金投向了股票市场。CTA 型基金中，有 26% 的基金回归 FUTURES 因子时是正显著的。

表 6-7　　　　　　　私募基金归因分析结果显著性比例统计　　　　　　单位：%

投资策略	样本数	显著性	α	β_{MKT}	β_{SMB}	β_{HML}	β_{MOM}	β_{BOND10}	β_{CBMB10}	β_{BOND_RET}	$\beta_{FUTURES}$
普通股票型	6 496	正显著	26.3	83.3	38.6	10.3	23.6	8.3	7.3	7.9	9.7
		不显著	63.3	15.9	52.6	58.7	65.5	74.7	74.7	76.3	75.8
		负显著	10.4	0.8	8.8	31.0	10.9	17.0	18.0	15.8	14.5
相对价值型	454	正显著	22.0	42.5	52.9	19.4	32.8	24.4	9.7	25.6	3.7
		不显著	73.3	51.3	42.1	69.8	56.2	67.6	80.0	67.4	83.9
		负显著	4.7	6.2	5.0	10.8	11.0	8.0	10.3	7.0	12.4
股票多空型	447	正显著	20.8	69.8	45.2	18.6	18.8	8.9	4.0	8.1	7.8
		不显著	61.3	25.1	51.0	63.1	70.0	81.9	79.9	84.1	72.3
		负显著	17.9	5.1	3.8	18.3	11.2	9.2	16.1	7.8	19.9
事件驱动型	67	正显著	22.4	74.6	47.8	11.9	7.5	7.5	19.4	14.9	6.0
		不显著	73.1	25.4	37.3	70.1	67.2	82.1	68.7	77.6	76.1
		负显著	4.5	0.0	14.9	18.0	25.3	10.4	11.9	7.5	17.9
债券型	260	正显著	52.3	27.7	15.0	14.2	12.3	7.3	9.6	13.1	12.3
		不显著	41.2	65.8	75.4	72.3	74.2	81.2	70.4	79.6	77.3
		负显著	6.5	6.5	9.6	13.5	13.5	11.5	20.0	7.3	10.4
CTA 型	108	正显著	28.7	19.4	26.9	18.5	3.7	11.1	4.6	9.3	25.9
		不显著	65.7	71.3	63.9	76.9	63.0	81.5	88.0	81.5	70.4
		负显著	5.6	9.3	9.2	4.6	33.3	7.4	7.4	9.2	3.7

注：显著性水平为 10%，$t=1.282$；表中数字为处于各个显著水平基金的比例。

四、私募基金指数的风险因子归因分析

前面我们以基金为单位,将每只基金的收益回归到八因子模型进行分析。接下来,我们以本书第五章所构建的私募基金指数为研究对象,对指数的收益率进行回归,分析不同策略基金指数在八个风险因子上的风险暴露。

(一)私募基金指数风险归因模型

基于八个风险因子,我们构建八因子模型对不同策略的私募基金指数进行回归分析,具体模型为:

$$INDEX\_R_{i,t} = \alpha_i + \beta_{1,i}MKT_t + \beta_{2,i}SMB_t + \beta_{3,i}HML_t + \beta_{4,i}MOM_t + \beta_{5,i}BOND10_t \\ + \beta_{6,i}CBMB10_t + \beta_{7,i}BOND\_RET_t + \beta_{8,i}FUTURES_t + \varepsilon_{i,t} \quad (6.10)$$

其中,$INDEX\_R_{i,t}$ 为第 t 个月私募基金指数 i 的超额收益率;其他变量的含义与式(6.9)相同。

(二)归因结果分析

表6-8为对不同策略的私募基金指数进行风险因子回归的结果。从模型的拟合程度来看,普通股票型私募基金指数调整后的 R^2 最高,为 72.6%;股票多空型和事件驱动型私募基金指数的模型拟合程度也较好,调整后 R^2 分别为 60.4% 和 59.3%。调整后 R^2 最低的私募基金指数是 CTA 型基金,主要原因在于 CTA 策略的基金采用多空双向交易的方式灵活切换持仓,使基金能够在市场上涨和下跌的环境下均赚取收益,且不同的 CTA 基金所采取的具体策略有所不同,FUTURES 因子作为纯多头的因子无法对许多 CTA 基金的收益进行很好的解释,其调整后 R^2 为 3.6%。

观察私募基金指数在不同风险因子上的暴露程度后我们发现,在 10% 的显著性水平下,四类股票型私募基金指数都与股票市场风险呈显著正相关,其中相对价值型私募基金的策略特征造成了其对 MKT 因子的暴露程度要低于其他三类股票型基金指数。此外,在 SMB、HML 和 MOM 这三个衡量股票市场风险的因子中,事件驱动型基金指数在 SMB 因子的暴露程度最高,表明该策略基金获得了来自投资小盘股的风险溢价;普通股票型和相对价值型基金指数对于 HML 因子的相关性为负显著,意味着这两类基金更偏向投资成长股;对于 MOM 因子,只有普通股票型私募基金指数与其相关性为正且显著,但 β 值为 0.11,暴露程度不大。此外,相对价值型和事件驱动型私募基金指数在 BOND10 因子上有一定的暴露，但整体不高。对于债券型私募基金指数而言，可以发现其在 BOND_RET 因子上的风险暴露是显著的，且 β 系数为 0.56，与债券市场综合业绩相关性较高。

表6-8　　　　　　　不同策略的私募基金指数的风险因子回归结果

投资策略	普通股票型	相对价值型	股票多空型	事件驱动型	债券型	CTA型
起始日期	2005-12	2010-12	2008-12	2011-12	2010-12	2012-12
α	7.1%	3.4%	2.8%	3.1%	3.5%	12.1%
(t值)	(3.19)	(0.79)	(0.82)	(0.62)	(2.01)	(2.25)
β_{MKT}	0.43	0.18	0.39	0.54	0.03	0.14
(t值)	(19.59)	(4.20)	(11.94)	(9.67)	(1.51)	(2.19)
β_{SMB}	0.13	0.02	0.25	0.48	0.02	0.03
(t值)	(3.46)	(0.35)	(4.07)	(4.88)	(0.83)	(0.25)
β_{HML}	-0.26	-0.17	-0.06	-0.09	0.00	0.01
(t值)	(-5.35)	(-1.87)	(-0.87)	(-0.74)	(-0.09)	(-0.10)
β_{MOM}	0.11	0.13	0.06	0.10	-0.05	-0.13
(t值)	(2.08)	(1.21)	(0.82)	(0.82)	(-1.20)	(-0.98)
β_{BOND10}	-0.09	0.21	-0.09	0.25	-0.06	0.07
(t值)	(-1.58)	(1.38)	(-0.71)	(1.29)	(-1.09)	(-0.31)
β_{CBMB10}	-0.06	0.01	-0.07	-0.08	-0.02	-0.04
(t值)	(-1.48)	(0.08)	(-1.32)	(-0.95)	(-0.79)	(-0.39)
β_{BOND_RET}	-0.33	1.02	-0.73	0.54	0.56	-0.60
(t值)	(-0.77)	(0.97)	(-0.94)	(0.46)	(1.52)	(0.46)
$\beta_{FUTURES}$	0.02	-0.02	-0.01	-0.11	-0.01	-0.02
(t值)	(0.64)	(-0.39)	(-0.17)	(-1.57)	(-0.53)	(-0.17)
调整后 R^2	72.6%	11.3%	60.4%	59.3%	12.8%	3.6%

（三）稳健性检验

通过上述分析可以发现，一些因子在解释某些策略的私募基金收益时并不显著。例如，三个债券市场的因子和商品市场的因子在大多数股票型私募基金指数中不显著。因此，我们去掉了一些和私募基金策略相关性不高的因子，对私募基金指数的回归分析进行稳健性检验。在普通股票型、相对价值型、股票多空型和事件驱动型私募基金指数的分析中，我们保留了与股票市场相关的 MKT、SMB、HML 和 MOM 四个风险因子；在债券型基金指数的分析中保留了债券市场的 BOND10、CMCB10 和 BOND_RET 三个风险因子；在 CTA 型基金指数的分析中，保留了商品市场风险因子 FUTURES。

对模型中变量进行调整后，不同策略的私募基金指数在各因子上的回归结果如表 6-9 所示。其中，普通股票型、相对价值型、股票多空型和事件驱动型私募基金指数在去掉了三个债券市场因子和一个商品市场因子之后，模型的拟合程度几乎没有变化，且对应因子的显著性也没有发生改变。债券型私募基金指数在去掉了四个股票市场因子和一个商品市场因子后，模型拟合程度和相关因子的显著性水平同样没有太大改变，表明回归结果是稳健的。但是，对于 CTA 型私募基金指数，当对风险因子进行调整后，调整后 R^2 由原来的 3.6% 进一步降低至 -0.4%，这意味着该模型不能解释 CTA 型私募基金指数的风险来源。在前文中我们提到，CTA 型基金可以进行做多和做空的双向交易，策略包括趋势追踪、跨期套利、波动率套利等多种方式，且交易中包括商品、股指、利率等多种期货品种，仅通过单一做多的商品市场风险因子 FUTURES 对其风险暴露程度进行衡量并不准确，进而造成模型拟合程度低，FUTURES 因子的回归结果不显著。

表 6-9　不同策略私募基金指数的风险因子回归结果（稳健性检验）

投资策略	普通股票型	相对价值型	股票多空型	事件驱动型	债券型	CTA 型
起始日期	2005-12	2010-12	2008-12	2011-12	2010-12	2012-12
α	6.5%	4.1%	1.4%	2.5%	4.5%	13.1%
(t 值)	(3.05)	(1.00)	(0.45)	(0.52)	(2.67)	(2.72)
β_{MKT}	0.43	0.18	0.39	0.53		
(t 值)	(21.39)	(4.92)	(13.56)	(11.11)		
β_{SMB}	0.13	0.03	0.24	0.48		
(t 值)	(3.43)	(0.37)	(4.07)	(4.81)		
β_{HML}	-0.26	-0.18	-0.07	-0.11		
(t 值)	(-5.39)	(-2.00)	(-0.96)	(-0.91)		
β_{MOM}	0.12	0.10	0.06	0.07		
(t 值)	(2.23)	(1.03)	(0.80)	(0.58)		
β_{BOND10}					-0.04	
(t 值)					(-0.71)	
β_{CBMB10}					-0.02	
(t 值)					(-0.69)	
β_{BOND_RET}					0.69	
(t 值)					(1.89)	
$\beta_{FUTURES}$						0.07
(t 值)						(0.79)
调整后 R^2	72.4%	12.1%	61.0%	58.1%	12.6%	-0.4%

综合来看，本章所构造的八个风险因子对普通股票型、股票多空型和事件驱动型私募基金指数的风险来源能够进行较好的解释。但是，对于相对价值型、债券型，特别是 CTA 型私募基金指数，模型的拟合程度相对较低，还需要进一步挖掘能够对这三类策略进行有效解释的风险因子。

五、小结

我们的研究结果显示，不同策略的私募基金在收益和风险上呈现出显著的差异，在本章中，为了分析私募基金在不同风险上的暴露程度，我们构建出八个中国私募基金风险因子。其中，与股票市场风险相关的因子包括：股票市场风险因子（MKT）、规模因子（SMB）、价值因子（HML）和动量因子（MOM）；与债券市场风险相关的因子包括：债券因子（BOND10）、信用风险因子（CBMB10）和债券市场综合因子（BOND_RET）；与商品市场风险相关的因子包括商品市场风险因子（FUTURES）。

我们分别以单只基金和私募基金指数为对象，对普通股票型、相对价值型、股票多空型、事件驱动型、债券型和 CTA 型基金进行了回归分析。研究结果显示，当以单只基金进行回归时，四类股票型基金的拟合程度较好，均与 MKT 因子和 SMB 因子呈正相关，与 MOM 因子的相关性较低，与 HML 因子的相关性不一。此外，债券型基金和 CTA 型基金回归到八因子模型时调整后 R^2 偏低。当以私募基金指数进行回归时，普通股票型、股票多空型和事件驱动型私募基金指数的模型拟合程度较高，其中，普通股票型私募基金指数与四个股票因子显著正相关，股票多空型和事件驱动型私募基金指数与 MKT 因子和 SMB 因子显著正相关。CTA 型基金由于其策略的特殊性，回归结果的拟合程度不好。通过这些分析，我们可以在一定程度上了解不同策略私募基金的风险暴露程度，从而使投资者更加了解自己资产组合中私募基金的收益来源。

附录一 股票型私募基金业绩描述统计表（按年化收益率由高到低排序）：2014~2018年

本表展示的是近五年股票型私募基金的收益和风险指标。其中，收益指标包括年化收益率，夏普比率，索丁诺比率，收益—最大回撤比率，风险指标包括年化波动率，年化下行风险及五年内最大回撤率。在评估基金的收益与风险时，我们选取万得全A指数作为评估标准，并在表中第0行给出相关指标的结果。

编号	基金名称	年化收益率(%)	年化波动率(%)	年化下行风险(%)	最大回撤率(%)	夏普比率	索丁诺比率	收益—最大回撤比率
0	万得全A指数	6.72	27.82	17.00	48.44	0.31	0.50	0.79
1	证大稳健增长	35.11	34.58	16.43	38.88	0.99	2.09	9.01
2	稳健增长（外贸）	33.73	24.99	8.16	34.82	1.22	3.72	9.41
3	少数派5号	30.11	21.29	6.81	21.07	1.26	3.93	12.95
4	新思哲1期	28.66	25.25	8.79	23.86	1.04	3.00	10.59
5	仙童1期	25.61	28.64	8.58	18.59	0.86	2.88	11.45
6	富恩德1期	25.45	19.67	8.93	15.85	1.16	2.56	13.29
7	丰岭稳健成长1期	25.44	17.81	5.65	23.71	1.26	3.98	8.88
8	清水源1号	25.44	36.71	15.47	50.39	0.74	1.75	4.18
9	诚盛1期	25.39	19.73	4.76	12.29	1.15	4.75	17.09
10	明河价值1期	24.55	22.66	8.60	15.52	1.00	2.63	12.87
11	海洋之星1号	24.01	20.83	9.38	20.97	1.05	2.33	9.22
12	思睦量化择股旗舰	23.92	20.41	10.76	25.50	1.07	2.02	7.54
13	景富趋势成长1期	23.31	21.23	6.25	11.47	1.02	3.46	16.14
14	名禹稳健增长	22.80	17.45	4.48	13.00	1.16	4.51	13.78

续表

编号	基金名称	年化收益率（%）	年化波动率（%）	年化下行风险（%）	最大回撤率（%）	夏普比率	索丁诺比率	收益—最大回撤比率
15	林园	22.44	21.47	12.36	28.94	0.97	1.68	6.05
16	鑫安1期	21.73	21.19	5.53	13.53	0.94	3.60	12.36
17	银帆7期	21.27	16.40	3.67	8.75	1.14	5.12	18.54
18	林园2期	20.57	25.82	15.71	31.81	0.79	1.29	4.87
19	东源1期	20.30	26.65	11.13	26.32	0.75	1.79	5.77
20	世诚扬子2号	20.19	17.23	8.63	13.89	1.09	2.17	10.85
21	大朴进取1期	20.13	16.49	6.70	13.17	1.08	2.67	11.40
22	金狮158号	19.66	40.16	3.85	9.87	0.53	5.56	14.72
23	乐晟精选	19.61	25.01	10.17	29.64	0.76	1.87	4.88
24	高信百诺1期	19.55	27.48	14.51	42.80	0.72	1.36	3.37
25	实力稳进	19.24	41.03	22.14	51.80	0.63	1.17	2.72
26	金狮151号	19.18	12.80	4.38	14.69	1.29	3.78	9.56
27	智诚7期	19.15	29.63	15.12	43.79	0.68	1.33	3.20
28	汉和资本1期	19.06	21.11	11.78	25.37	0.85	1.52	5.49
29	黄金优选1期1号（淡水泉）	19.00	18.60	11.01	26.84	1.04	1.75	5.17
30	金中和西鼎	18.99	31.22	16.36	46.23	0.65	1.24	3.00
31	景林稳健	18.89	21.12	10.79	27.98	0.84	1.64	4.91
32	思晔动态对冲旗舰产品	18.82	12.78	4.28	7.26	1.27	3.79	18.84
33	金狮152号	18.68	22.98	13.28	29.47	0.78	1.35	4.59

附录一　股票型私募基金业绩描述统计表（按年化收益率由高到低排序）：2014~2018年

续表

编号	基金名称	年化收益率（%）	年化波动率（%）	年化下行风险（%）	最大回撤率（%）	夏普比率	索丁诺比率	收益—最大回撤比率
34	金蕴12期（泽升）	18.30	31.72	13.74	33.39	0.66	1.52	3.94
35	银帆5期	18.15	15.90	3.31	9.24	1.01	4.84	14.10
36	天勤1号	17.50	23.53	8.50	27.45	0.72	1.98	4.52
37	招商汇智之凤翔1号	17.28	22.65	12.81	34.04	0.74	1.30	3.58
38	汇信惠正1号	17.28	31.94	9.07	24.81	0.57	2.02	4.91
39	源乐晟策略创新1期	17.15	24.17	10.57	25.67	0.69	1.58	4.70
40	金狮157号	17.10	23.23	10.19	35.86	0.71	1.62	3.35
41	思考1号	17.02	35.14	17.51	52.88	0.56	1.13	2.26
42	银帆8期	16.70	22.87	5.14	16.44	0.69	3.08	7.08
43	银帆6期	16.34	13.64	3.22	11.58	1.04	4.41	9.76
44	尚雅6期	16.33	30.19	17.25	34.26	0.59	1.03	3.30
45	朴石1期	16.31	26.88	14.02	39.92	0.62	1.20	2.83
46	泽泉景渤财富	16.31	61.29	14.56	50.20	0.41	1.71	2.25
47	朱雀中欧教育	16.23	22.56	13.14	25.30	0.70	1.20	4.43
48	万利富达	16.22	21.06	11.79	26.09	0.73	1.30	4.30
49	德汇成长1期	16.18	24.09	13.82	35.08	0.67	1.16	3.18
50	前海1号	16.03	19.02	5.75	14.66	0.86	2.84	7.52
51	奕金安1期	16.02	21.44	12.73	27.12	0.72	1.21	4.06
52	双赢10期	15.97	19.54	11.36	31.40	0.76	1.31	3.50

续表

编号	基金名称	年化收益率（%）	年化波动率（%）	年化下行风险（%）	最大回撤率（%）	夏普比率	索丁诺比率	收益—最大回撤比率
53	璟恒1期	15.86	20.70	11.22	32.62	0.72	1.34	3.33
54	投资精英（星石B）	15.85	22.23	14.15	35.27	0.77	1.20	3.08
55	朱雀18期	15.79	18.90	9.70	19.18	0.77	1.50	5.63
56	黄金优选4期1号（朱雀）	15.69	19.83	12.71	25.84	0.83	1.29	4.15
57	汇信信诚1号	15.49	21.90	9.52	24.78	0.68	1.56	4.26
58	鼎润1期	15.42	18.76	9.59	30.37	0.76	1.49	3.45
59	朱雀4期	15.31	20.50	12.44	26.25	0.71	1.17	3.96
60	朱雀13期	15.12	21.30	13.01	24.60	0.68	1.12	4.15
61	长江稳健	15.07	13.98	6.81	18.35	0.94	1.93	5.54
62	朱雀专项	15.01	25.30	14.06	30.80	0.60	1.09	3.29
63	同威3期	14.99	23.21	9.54	29.09	0.65	1.58	3.47
64	彤源2号	14.95	27.74	17.70	53.63	0.61	0.95	1.88
65	明达2期	14.92	25.64	15.72	34.96	0.60	0.98	2.87
66	明达	14.89	23.97	14.67	34.68	0.62	1.02	2.89
67	开宝1期	14.33	23.14	8.40	23.37	0.60	1.65	4.08
68	东方港湾1期	14.32	22.15	8.96	26.60	0.62	1.54	3.58
69	淡水泉成长1期	14.29	20.06	12.19	28.70	0.68	1.11	3.31
70	道谊稳健	14.23	12.79	4.67	17.81	0.96	2.62	5.31
71	景林丰收	14.10	23.17	14.53	35.48	0.61	0.97	2.63

附录一　股票型私募基金业绩描述统计表（按年化收益率由高到低排序）：2014~2018年

续表

编号	基金名称	年化收益率（%）	年化波动率（%）	年化下行风险（%）	最大回撤率（%）	夏普比率	索丁诺比率	收益—最大回撤比率
72	朱雀1期（深国投）	14.09	25.00	14.13	30.87	0.58	1.02	3.02
73	黄金组合1期1号	14.07	18.03	11.58	27.74	0.80	1.25	3.36
74	映雪霜雪2期	13.99	25.20	13.86	32.01	0.57	1.04	2.89
75	悟空同创量化1期	13.79	13.98	6.50	18.48	0.86	1.85	4.91
76	西藏隆源1号	13.77	15.00	9.63	16.76	0.81	1.27	5.41
77	星石10期	13.76	22.94	11.60	28.53	0.59	1.17	3.17
78	飞天4号	13.70	21.85	13.25	26.93	0.61	1.01	3.34
79	双赢6期	13.69	13.01	5.89	17.90	0.91	2.00	5.02
80	穿石1号	13.64	21.06	11.56	30.97	0.62	1.14	2.89
81	榕树文明复兴	13.62	32.39	14.94	41.20	0.49	1.06	2.17
82	东方医疗平衡1期	13.60	21.77	11.85	33.00	0.61	1.12	2.70
83	中国龙平衡	13.40	10.32	5.23	13.34	1.09	2.15	6.56
84	中国龙稳健	13.38	24.20	8.77	20.47	0.55	1.52	4.27
85	展博2期	13.30	28.00	13.58	37.40	0.51	1.06	2.32
86	星石1期	13.23	23.48	13.18	29.54	0.56	1.01	2.91
87	中国龙	13.16	23.96	8.94	21.08	0.55	1.46	4.06
88	久富1期	13.15	22.20	11.53	25.47	0.58	1.12	3.36
89	新同方	13.09	14.94	4.40	9.46	0.77	2.60	8.99
90	瑞天价值成长	13.09	21.73	8.26	22.89	0.58	1.53	3.71

续表

编号	基金名称	年化收益率(%)	年化波动率(%)	年化下行风险(%)	最大回撤率(%)	夏普比率	索丁诺比率	收益—最大回撤比率
91	天乙1期	13.06	34.77	22.00	40.75	0.50	0.80	2.08
92	恒复格势1号	13.01	30.38	17.07	41.16	0.52	0.93	2.05
93	精选1期	12.99	19.39	10.32	25.37	0.69	1.29	3.32
94	朱雀10期	12.95	19.86	12.75	25.21	0.62	0.97	3.32
95	天弓2号	12.94	26.84	15.64	31.90	0.52	0.89	2.63
96	鑫兰瑞	12.93	19.26	5.16	30.38	0.63	2.37	2.76
97	新价值4号	12.92	31.99	19.39	47.48	0.51	0.84	1.76
98	中国龙进取	12.74	17.04	10.01	25.03	0.68	1.16	3.28
99	投资精英（朱雀A）	12.71	20.59	13.22	26.31	0.60	0.93	3.11
100	向量ETF创新1期	12.64	34.07	16.35	42.48	0.48	1.00	1.91
101	尚诚	12.59	27.89	14.53	31.37	0.49	0.95	2.58
102	北京格雷成长	12.37	22.98	11.45	26.80	0.54	1.08	2.95
103	和禄1号	12.37	13.97	6.89	23.37	0.77	1.56	3.39
104	中欧瑞博1期	12.34	16.87	8.32	25.00	0.67	1.36	3.16
105	瑞信稳健收益	12.32	22.44	14.53	28.93	0.55	0.85	2.72
106	思晔市场中性旗舰产品	11.98	5.85	2.10	3.52	1.65	4.58	21.60
107	交大涌峰	11.95	24.91	13.99	26.22	0.52	0.93	2.89
108	黄金优选2期5号（新价值）	11.94	33.46	20.24	46.40	0.49	0.81	1.63
109	彤源3号	11.90	26.37	15.83	43.71	0.49	0.81	1.73

附录一 股票型私募基金业绩描述统计表（按年化收益率由高到低排序）：2014~2018年

续表

编号	基金名称	年化收益率（%）	年化波动率（%）	年化下行风险（%）	最大回撤率（%）	夏普比率	索丁诺比率	收益—最大回撤比率
110	德丰华1期	11.88	18.86	10.77	26.82	0.59	1.03	2.81
111	惠正成长	11.84	35.97	14.58	44.44	0.41	1.00	1.69
112	长金4号	11.61	33.68	20.06	46.23	0.46	0.78	1.58
113	穿石品质生活	11.56	21.28	11.57	31.90	0.53	0.97	2.28
114	国联安-弘尚资产成长精选1号	11.49	23.85	13.47	30.03	0.50	0.88	2.41
115	黄金优选2期4号	11.40	32.33	19.62	44.97	0.48	0.79	1.59
116	凯顺2012	11.38	25.42	17.34	47.56	0.51	0.75	1.50
117	星石9期	11.36	23.74	14.66	33.60	0.49	0.80	2.12
118	念空跨境套利	11.32	4.66	1.31	1.74	1.92	6.86	40.82
119	普邦佰升华金1期	11.31	18.75	9.14	22.12	0.56	1.15	3.20
120	朱雀5期	11.18	21.35	13.41	26.78	0.52	0.82	2.61
121	双赢7期	11.11	22.50	14.35	33.89	0.50	0.78	2.05
122	森瑞独立景气	10.99	39.84	19.02	56.90	0.40	0.83	1.20
123	理成转子2号	10.93	24.08	14.13	26.80	0.47	0.81	2.54
124	和聚1期	10.66	23.58	12.31	35.15	0.46	0.89	1.88
125	翼虎成长1期	10.60	16.04	6.80	27.40	0.59	1.39	2.39
126	开宝2期	10.55	20.38	11.37	26.62	0.51	0.91	2.45
127	睿信5期	10.50	24.82	15.36	32.61	0.45	0.73	1.98
128	归富长乐1号	10.48	14.16	6.07	16.21	0.64	1.49	3.99

续表

编号	基金名称	年化收益率（%）	年化波动率（%）	年化下行风险（%）	最大回撤率（%）	夏普比率	索丁诺比率	收益—最大回撤比率
129	惠正成长（外贸）	10.43	31.99	16.08	51.16	0.42	0.84	1.25
130	嘉禾1号	10.41	30.04	15.76	44.28	0.43	0.82	1.45
131	智德持续增长	10.38	21.48	12.31	28.44	0.51	0.89	2.25
132	景泰复利回报1期（国投）	10.28	17.53	9.22	30.57	0.54	1.02	2.07
133	投资精英之景林（A类）	10.14	22.35	13.89	39.57	0.46	0.74	1.57
134	瑞天5期	10.14	22.22	11.91	32.75	0.46	0.86	1.89
135	金鹏1期	10.09	11.66	6.83	18.78	0.81	1.38	3.29
136	智德1期	10.08	22.11	12.89	40.79	0.46	0.79	1.51
137	星石目标回报1期（星石A）	10.06	25.68	15.31	37.16	0.43	0.72	1.65
138	投资精英（星石A）	10.03	22.79	14.84	35.32	0.45	0.70	1.73
139	展博1期	10.00	24.06	12.83	31.90	0.43	0.82	1.91
140	中国龙精选	10.00	23.20	13.68	34.09	0.45	0.76	1.79
141	理成风景1号	9.95	21.76	12.89	25.54	0.46	0.77	2.38
142	金狮155号	9.94	15.76	9.10	28.38	0.56	0.97	2.14
143	挺浩1期	9.94	35.29	18.53	50.91	0.38	0.73	1.19
144	信合东方2期	9.88	8.03	3.51	9.40	1.04	2.38	6.40
145	谦石1期	9.85	30.44	14.90	46.03	0.39	0.80	1.30
146	六禾财富东莞	9.78	19.70	11.76	34.31	0.48	0.80	1.73
147	中国龙价值	9.77	17.36	7.87	23.35	0.51	1.13	2.54

附录一 股票型私募基金业绩描述统计表（按年化收益率由高到低排序）：2014~2018年

续表

编号	基金名称	年化收益率(%)	年化波动率(%)	年化下行风险(%)	最大回撤率(%)	夏普比率	索丁诺比率	收益—最大回撤比率
148	智德精选	9.75	21.92	11.66	33.48	0.45	0.85	1.77
149	雪球2期	9.70	26.95	11.31	37.91	0.40	0.94	1.55
150	共青城金泉动量	9.52	30.06	18.42	36.25	0.42	0.69	1.59
151	鼎锋5期	9.51	23.68	13.05	34.02	0.42	0.76	1.69
152	双赢5期	9.39	21.88	13.53	39.02	0.44	0.70	1.45
153	映雪霜雪1期	9.30	25.60	15.64	42.75	0.40	0.66	1.31
154	润晖稳健增值	9.27	17.64	10.36	23.28	0.48	0.82	2.39
155	泽泉涨停板1号	9.26	29.54	14.55	50.76	0.38	0.76	1.10
156	执耳医药	9.22	25.90	17.52	45.45	0.40	0.59	1.22
157	聚发(25)-保证金交易1号A2	9.15	7.07	3.10	11.77	1.01	2.30	4.67
158	中国龙精选2	9.14	16.30	8.77	20.21	0.50	0.93	2.71
159	民森E号	9.13	21.81	13.38	37.77	0.42	0.69	1.45
160	混沌1号（聚发11）	8.94	39.37	23.88	47.19	0.37	0.62	1.13
161	神农1期	8.93	20.04	10.90	28.25	0.43	0.79	1.89
162	创赢1号	8.92	23.40	10.24	21.14	0.39	0.90	2.52
163	景林稳健2号	8.91	22.43	14.11	35.17	0.41	0.65	1.51
164	朱雀20期	8.85	19.88	13.27	26.77	0.44	0.65	1.97
165	混沌2号	8.84	30.13	18.02	36.02	0.37	0.62	1.46
166	朴石3期	8.83	23.82	13.93	40.75	0.39	0.67	1.29

续表

编号	基金名称	年化收益率（%）	年化波动率（%）	年化下行风险（%）	最大回撤率（%）	夏普比率	索丁诺比率	收益—最大回撤比率
167	金蕴56期（佰复）	8.73	24.68	14.58	42.79	0.39	0.65	1.21
168	乾信中国影响力	8.70	16.87	9.86	25.29	0.47	0.80	2.05
169	淘利多策略量化套利	8.68	5.76	1.93	2.32	1.15	3.43	22.22
170	智诚2期	8.67	25.45	14.04	40.84	0.38	0.69	1.26
171	金蕴21期（泓璞1号）	8.62	24.17	13.97	45.09	0.39	0.67	1.13
172	冰剑1号	8.51	16.72	7.74	31.70	0.47	1.01	1.59
173	金铸6号	8.49	7.15	3.89	9.47	0.91	1.68	5.31
174	金海5号	8.39	20.54	12.43	27.41	0.40	0.67	1.81
175	六禾光辉岁月1期	8.28	19.60	11.51	30.59	0.41	0.69	1.60
176	金蕴2号	8.26	15.12	7.04	20.00	0.47	1.02	2.43
177	申毅量化	8.20	6.25	1.40	3.14	0.99	4.41	15.38
178	黄金优选10期3号（重阳）	8.12	13.50	7.32	24.82	0.57	1.04	1.92
179	光大基金宝-均衡价值	8.06	16.67	10.40	26.10	0.44	0.70	1.81
180	兆信1期	8.01	11.43	4.33	17.20	0.56	1.49	2.73
181	黄金优选15期1号	7.96	19.82	11.11	33.42	0.43	0.77	1.40
182	麦星	7.93	27.31	15.64	26.23	0.35	0.61	1.77
183	远策1期	7.88	15.88	9.32	23.70	0.44	0.75	1.95
184	黄金优选7期1号（汇利）	7.84	26.31	16.72	45.66	0.38	0.60	1.00
185	金铸量化	7.78	7.25	3.89	8.70	0.81	1.51	5.22

附录一　股票型私募基金业绩描述统计表（按年化收益率由高到低排序）：2014~2018年

续表

编号	基金名称	年化收益率（%）	年化波动率（%）	年化下行风险（%）	最大回撤率（%）	夏普比率	索丁诺比率	收益—最大回撤比率
186	中金金致5号	7.59	19.85	9.54	27.35	0.40	0.83	1.62
187	尊荣	7.55	39.36	19.74	37.38	0.32	0.64	1.17
188	鼎萨1期	7.54	32.10	19.10	47.05	0.34	0.57	0.93
189	紫鑫3号	7.35	21.64	8.70	31.61	0.34	0.84	1.35
190	尚雅14期	7.34	33.17	18.12	52.30	0.32	0.58	0.81
191	谦石2号	7.20	23.80	12.11	43.77	0.35	0.69	0.95
192	融智潮商组合宝1期	7.04	24.19	12.05	34.04	0.32	0.64	1.19
193	重阳8期	6.97	12.48	7.81	15.29	0.45	0.72	2.62
194	鼎锋16期	6.91	19.55	11.01	33.66	0.34	0.61	1.18
195	北京时田丰	6.76	15.31	7.25	20.29	0.41	0.87	1.91
196	金狮141号	6.74	22.45	13.81	43.92	0.32	0.52	0.88
197	申毅对冲1号	6.62	3.63	0.67	0.92	1.27	6.89	41.21
198	京福1号	6.61	29.95	15.04	52.81	0.29	0.59	0.71
199	重阳3期	6.43	16.68	9.73	22.05	0.37	0.63	1.66
200	重阳目标回报1期	6.43	21.37	11.09	23.69	0.30	0.59	1.54
201	紫晶石T-0204	6.38	14.99	9.09	17.82	0.36	0.60	2.03
202	尚雅12期	6.36	27.33	15.44	53.83	0.29	0.52	0.67
203	合德丰泰	6.33	6.61	3.31	6.49	0.68	1.35	5.53
204	投资精英之云程泰（B）	6.22	32.82	18.95	42.86	0.31	0.53	0.82

续表

编号	基金名称	年化收益率(%)	年化波动率(%)	年化下行风险(%)	最大回撤率(%)	夏普比率	索丁诺比率	收益—最大回撤比率
205	大岩绝对	6.22	10.73	5.28	15.03	0.44	0.89	2.34
206	长金9号	6.15	30.81	20.08	43.33	0.29	0.45	0.80
207	投资精英之重阳(A)	6.14	14.08	8.15	26.23	0.36	0.62	1.32
208	民森A号	6.01	24.18	15.88	45.29	0.29	0.44	0.75
209	长青藤(A类)	6.00	22.52	13.43	40.83	0.29	0.48	0.83
210	道睿祥1期	5.94	12.45	6.67	21.52	0.37	0.69	1.56
211	合正普惠1期	5.91	18.70	9.76	33.41	0.30	0.57	1.00
212	金百镕1期	5.89	14.11	8.12	22.27	0.34	0.59	1.49
213	时田丰1期	5.55	16.95	8.30	29.37	0.29	0.59	1.06
214	瀚信成长10期	5.41	33.61	13.16	54.58	0.24	0.62	0.55
215	金狮154号	5.37	13.09	8.43	24.46	0.32	0.50	1.22
216	金石3期	5.37	36.19	15.40	50.63	0.25	0.60	0.59
217	龙腾3期	5.27	31.93	16.41	54.11	0.25	0.49	0.54
218	博润价值成长	5.10	20.19	10.45	27.44	0.25	0.48	1.03
219	尚雅9期	5.07	29.28	15.63	55.51	0.25	0.46	0.51
220	鑫扬1期	4.93	26.49	12.68	42.72	0.23	0.49	0.64
221	鼎锋8期	4.90	19.25	10.40	36.12	0.24	0.45	0.75
222	裕晋5期	4.64	21.72	11.76	32.43	0.22	0.41	0.79
223	投资精英之展博(A)	4.48	21.59	13.25	31.14	0.22	0.36	0.79

附录一 股票型私募基金业绩描述统计表（按年化收益率由高到低排序）：2014~2018年

续表

编号	基金名称	年化收益率（%）	年化波动率（%）	年化下行风险（%）	最大回撤率（%）	夏普比率	索丁诺比率	收益—最大回撤比率
224	格上精选1期	4.38	14.43	8.43	27.83	0.24	0.41	0.86
225	先机策略精选	4.38	24.25	13.25	49.57	0.22	0.39	0.48
226	睿信	4.35	23.77	13.43	42.79	0.21	0.38	0.55
227	鼎锋10期	4.31	19.84	11.32	38.66	0.21	0.38	0.61
228	鸿道2期	4.31	19.52	12.14	42.78	0.23	0.36	0.55
229	金石2期	4.30	30.35	17.63	40.61	0.23	0.39	0.58
230	尊嘉 ALPHA	4.28	11.52	7.91	19.40	0.26	0.38	1.20
231	金蕴38期（上善若水4期）	4.13	17.38	9.44	20.53	0.22	0.41	1.09
232	新价值1期	4.09	31.70	20.70	60.45	0.23	0.35	0.37
233	同瑞汇金1期	3.99	12.20	6.89	30.52	0.23	0.40	0.71
234	重阳6期	3.98	20.49	11.11	20.91	0.20	0.36	1.03
235	金陀罗飞龙1号	3.96	40.97	15.44	64.96	0.22	0.58	0.33
236	睿信成长1期	3.85	18.97	11.36	35.94	0.19	0.32	0.58
237	武当稳健增长	3.83	20.51	13.40	42.78	0.19	0.30	0.48
238	重阳1期	3.81	20.38	11.99	23.76	0.19	0.32	0.87
239	汇信泓德1号	3.80	18.73	10.60	36.86	0.19	0.33	0.56
240	彩瑞3期	3.69	22.24	14.09	35.49	0.19	0.30	0.56
241	合正普惠1期（陕国投）	3.61	17.63	10.88	35.71	0.18	0.29	0.54
242	下游消费板块H1104	3.43	18.32	11.81	35.03	0.17	0.27	0.52

续表

编号	基金名称	年化收益率（%）	年化波动率（%）	年化下行风险（%）	最大回撤率（%）	夏普比率	索丁诺比率	收益—最大回撤比率
243	沃胜2期	3.31	29.15	17.46	57.61	0.19	0.32	0.31
244	鼎锋11期	3.30	23.25	14.29	42.26	0.19	0.30	0.42
245	圆融新蓝筹1号	3.20	18.37	9.90	29.49	0.16	0.29	0.58
246	银石3号	3.16	22.87	14.05	43.21	0.17	0.27	0.39
247	金诚1号	3.10	18.25	11.16	26.77	0.16	0.26	0.62
248	行知转折1期	2.98	24.03	13.51	42.44	0.16	0.28	0.37
249	普尔麒麟	2.90	30.91	18.63	49.19	0.19	0.31	0.31
250	金中和1期（中信）	2.88	24.08	17.00	50.93	0.17	0.23	0.30
251	普尔2号	2.82	31.66	19.18	52.36	0.19	0.31	0.29
252	明曜启明1期	2.76	24.03	15.10	45.14	0.15	0.25	0.32
253	金狮153号	2.75	19.49	11.79	43.13	0.14	0.23	0.34
254	金樽1期	2.72	15.38	9.11	35.70	0.13	0.22	0.40
255	朱雀漂亮阿尔法尊享A期	2.66	6.55	4.34	8.81	0.17	0.25	1.59
256	富直1号	2.38	28.27	14.11	41.96	0.15	0.30	0.30
257	徐星投资	2.30	21.19	11.50	38.81	0.12	0.22	0.31
258	常春藤6期	2.30	19.78	11.14	41.86	0.12	0.21	0.29
259	禾木1号	2.15	25.81	13.29	43.10	0.13	0.25	0.26
260	鼎锋1期	2.14	22.36	13.77	48.16	0.12	0.20	0.23
261	鼎锋18期	2.08	17.47	9.96	38.14	0.09	0.17	0.28

附录一 股票型私募基金业绩描述统计表（按年化收益率由高到低排序）：2014~2018 年

续表

编号	基金名称	年化收益率（%）	年化波动率（%）	年化下行风险（%）	最大回撤率（%）	夏普比率	索丁诺比率	收益—最大回撤比率
262	尊岳进取 2 号	2.00	8.57	4.56	15.38	0.06	0.11	0.68
263	鼎锋 4 号	1.97	20.07	11.67	39.24	0.10	0.17	0.26
264	柘弓 1 期	1.93	25.91	16.66	39.07	0.13	0.21	0.26
265	盈峰（原合赢）	1.86	23.74	15.23	41.75	0.12	0.18	0.23
266	励石 1 号	1.86	18.23	11.92	43.12	0.09	0.14	0.22
267	景泰复利回报 5 期（A 型）	1.74	24.19	19.09	51.63	0.14	0.17	0.17
268	汇利 3 期	1.66	30.74	19.90	51.11	0.15	0.23	0.17
269	博颐精选	1.62	23.19	15.20	41.32	0.11	0.16	0.20
270	武当 1 期	1.61	23.30	15.43	49.64	0.11	0.16	0.17
271	新价值 3 期	1.60	31.21	20.55	58.27	0.15	0.23	0.14
272	蕴泽 1 号	1.59	37.20	17.48	69.04	0.16	0.34	0.12
273	景泰复利回报 5 期	1.59	23.48	17.84	41.25	0.12	0.16	0.20
274	重阳 2 期	1.54	19.78	11.69	21.00	0.08	0.13	0.38
275	民森 H 号	1.46	21.96	15.12	47.65	0.09	0.14	0.16
276	金蕴 62 期（七王瑞德 1 号）	1.36	33.41	19.61	53.73	0.15	0.26	0.13
277	美联融通 1 期	1.12	44.75	28.63	68.21	0.22	0.35	0.08
278	瀚信成长 1 期	1.02	26.37	15.34	61.45	0.10	0.17	0.08
279	普尔聚鑫	0.97	29.50	18.47	51.69	0.12	0.19	0.10
280	朱雀票亮阿尔法	0.86	7.62	5.68	12.59	-0.10	-0.13	0.35

续表

编号	基金名称	年化收益率(%)	年化波动率(%)	年化下行风险(%)	最大回撤率(%)	夏普比率	索丁诺比率	收益—最大回撤比率
281	积胜1期	0.61	26.62	17.25	52.25	0.09	0.14	0.06
282	红宝石安心进取H-1001	0.50	19.31	12.83	41.02	0.02	0.04	0.06
283	丰煜如意1期	0.49	27.41	18.75	56.56	0.10	0.14	0.04
284	泰九1期	0.44	24.65	14.88	49.32	0.06	0.10	0.04
285	尚雅2期	0.39	34.18	19.39	58.69	0.12	0.21	0.03
286	投资精英之云程泰(A)	0.33	32.46	19.17	58.50	0.11	0.19	0.03
287	慧安1号	0.30	22.21	11.49	46.91	0.03	0.06	0.03
288	瀚信稳健1期	0.28	27.41	14.17	55.60	0.07	0.13	0.03
289	保证金交易1号	0.26	4.74	3.43	10.82	-0.32	-0.45	0.12
290	利得宝	-0.05	4.48	4.14	5.69	-0.41	-0.45	-0.04
291	稳健流动性	-0.23	1.19	1.01	1.96	-1.79	-2.12	-0.57
292	黄金优选5期1号(尚雅)	-0.27	24.55	14.21	52.02	0.03	0.05	-0.03
293	吾股丰登1号	-0.29	32.34	20.05	55.58	0.10	0.15	-0.03
294	瀚信价值2期	-0.30	26.65	17.68	56.37	0.06	0.08	-0.03
295	中鼎盈丰2期	-0.46	32.95	18.94	72.53	0.09	0.16	-0.03
296	华鑫785号	-0.52	91.18	45.30	87.47	0.40	0.80	-0.03
297	桓盛定向增发	-0.55	21.07	13.74	49.77	-0.01	-0.02	-0.05
298	明曜精选1期	-0.58	25.25	16.79	53.03	0.03	0.05	-0.05
299	云程泰资本增值	-0.74	31.82	18.36	59.53	0.07	0.13	-0.06

附录一　股票型私募基金业绩描述统计表（按年化收益率由高到低排序）：2014~2018年

续表

编号	基金名称	年化收益率（%）	年化波动率（%）	年化下行风险（%）	最大回撤率（%）	夏普比率	索丁诺比率	收益—最大回撤比率
300	康庄1期	-0.75	39.36	21.44	63.00	0.12	0.22	-0.06
301	富锦8号（尚雅）	-0.84	23.05	13.68	59.19	0.00	-0.01	-0.07
302	智信创富1期	-0.86	21.44	12.04	51.43	-0.03	-0.05	-0.08
303	鼎锋成长3期	-1.03	21.53	11.26	56.37	-0.03	-0.06	-0.09
304	云程泰3期	-1.18	33.08	20.10	63.97	0.07	0.12	-0.09
305	世通5期	-1.24	34.70	20.07	63.13	0.08	0.14	-0.10
306	金蕴30期	-1.24	34.88	20.87	58.19	0.08	0.14	-0.10
307	R2007ZX065	-1.40	16.63	10.25	40.16	-0.12	-0.19	-0.17
308	金中和1期（深国投）	-1.48	29.35	20.68	58.69	0.04	0.05	-0.12
309	金蕴55期（季胜）	-1.70	24.76	15.85	56.97	-0.02	-0.03	-0.14
310	鼎萨3期	-1.77	29.21	18.30	56.69	0.02	0.03	-0.15
311	尚雅1期（深国投）	-1.92	31.02	18.56	59.84	0.03	0.05	-0.15
312	中金金致1号	-1.96	19.30	9.03	52.49	-0.12	-0.25	-0.18
313	盈丰康伦1期	-1.98	34.98	18.29	42.97	0.05	0.09	-0.22
314	塔晶狮王	-3.04	36.34	21.56	62.42	0.04	0.07	-0.23
315	尚雅11期	-3.64	31.31	17.02	55.58	-0.03	-0.05	-0.30
316	世通嫦娥奔月	-3.78	38.28	21.37	67.21	0.03	0.05	-0.26
317	瀚信经典1期	-4.02	29.44	16.71	67.97	-0.07	-0.12	-0.27
318	共青城新里程	-4.23	21.42	12.73	59.17	-0.18	-0.31	-0.33

续表

编号	基金名称	年化收益率（%）	年化波动率（%）	年化下行风险（%）	最大回撤率（%）	夏普比率	索丁诺比率	收益—最大回撤比率
319	御峰1号	-4.41	25.29	12.95	65.40	-0.13	-0.26	-0.31
320	武当10期	-4.53	25.31	19.78	60.06	-0.12	-0.15	-0.34
321	中融293号-金河新价值成长1期	-5.29	39.74	19.70	73.80	-0.01	-0.02	-0.32
322	龙票1期（华润）	-5.46	30.26	23.94	70.07	-0.07	-0.09	-0.35
323	广金成长	-5.54	27.76	17.52	59.22	-0.13	-0.21	-0.42
324	双赢1期（瀚信）	-5.56	32.17	17.14	78.71	-0.08	-0.15	-0.32
325	宝晟1期	-5.77	19.65	13.89	52.90	-0.30	-0.42	-0.49
326	金狮156号	-5.82	25.39	21.44	61.18	-0.18	-0.22	-0.42
327	华展金丰1期	-6.32	28.41	17.88	58.12	-0.15	-0.25	-0.48
328	鼎陶朱辉2期	-6.45	26.52	17.05	60.47	-0.19	-0.29	-0.47
329	鼎诺秋实1期	-6.48	24.72	19.25	56.12	-0.21	-0.27	-0.51
330	金海1号	-6.71	21.09	16.26	63.06	-0.31	-0.40	-0.47
331	塔晶老虎1期	-6.79	41.08	24.77	57.76	0.00	0.00	-0.51
332	德源安战略成长1号	-6.89	37.53	17.88	73.04	-0.07	-0.14	-0.41
333	投资精英之尚雅（A）	-6.92	26.34	16.27	60.22	-0.21	-0.34	-0.50
334	慧安12号	-7.31	19.59	11.13	60.13	-0.39	-0.69	-0.53
335	光华上智1期	-7.58	25.40	16.34	64.93	-0.26	-0.40	-0.50
336	太极1号	-8.03	28.52	20.10	57.15	-0.22	-0.31	-0.60
337	金泰瑞丰（乾清）	-8.36	90.77	33.10	74.23	0.19	0.53	-0.48

附录一　股票型私募基金业绩描述统计表（按年化收益率由高到低排序）：2014~2018年

续表

编号	基金名称	年化收益率（%）	年化波动率（%）	年化下行风险（%）	最大回撤率（%）	夏普比率	索丁诺比率	收益—最大回撤比率
338	冰冷1期	-8.76	26.22	17.26	68.84	-0.29	-0.44	-0.53
339	盛世源稳健增长	-8.87	26.46	16.51	72.29	-0.29	-0.47	-0.51
340	中域增值1期	-9.54	30.59	20.59	78.70	-0.23	-0.34	-0.50
341	明华新兴成长	-9.65	30.86	20.80	74.25	-0.23	-0.35	-0.54
342	盈捷九头鸟2期	-9.74	28.72	20.75	67.03	-0.31	-0.43	-0.60
343	资财1号	-10.20	27.94	20.04	65.83	-0.30	-0.42	-0.63
344	浦江之星28号	-11.18	40.86	29.36	80.02	-0.11	-0.15	-0.56
345	鑫增长1号	-12.30	41.46	24.54	70.35	-0.15	-0.26	-0.68
346	浦江之星50号	-17.17	38.93	22.01	80.53	-0.35	-0.62	-0.76
347	泰石1期	-18.56	45.34	26.25	86.74	-0.27	-0.46	-0.74
348	博纳1期	-19.28	28.10	16.18	79.66	-0.68	-1.19	-0.83
	指标平均值	**7.71**	**23.90**	**13.08**	**37.56**	**0.40**	**0.91**	**2.69**

附录二 股票型私募基金经理的选股能力和择时能力（按年化 α 排序）：2014~2018 年

本表展示所的是基于 Carhart 四因子模型改进得到 Treynor-Mazuy 四因子模型对过去五年股票型私募基金的月度收益率进行回归拟合所得结果，所用模型为：

$$R_{i,t} - R_{f,t} = \alpha_i + \beta_{i,mkt} \times (R_{mkt,t} - R_{f,t}) + \gamma_i \times (R_{mkt,t} - R_{f,t})^2 + \beta_{i,smb} \times SMB_t + \beta_{i,hml} \times HML_t + \beta_{i,mom} \times MOM_t + \varepsilon_{i,t}$$

其中，i 指的是一只基金，$R_{i,t}$ 为 i 基金第 t 月的超额收益率；$R_{mkt,t} - R_{f,t}$ 为 t 月大盘指数（万得全 A 指数）的超额收益率，$R_{f,t}$ 为 t 月无风险收益率。SMB_t 为规模因子，代表小盘股与大盘股之间的溢价，是第 t 月小公司股票与大公司股票的收益率之差；HML_t 为价值因子，代表价值股与成长股之间的溢价，是第 t 月价值股（高账面市值比公司）与成长股（低账面市值比公司）收益率之差；MOM_t 为动量因子，代表过去一年收益率最高的股票与收益率最低的股票之间的溢价，是过去一年（$t-1$ 个月到 $t-11$ 个月）收益率最高的（前 30%）股票与收益率最低的（后 30%）股票第 t 月收益率之差。我们利用 A 股所有上市公司的数据自行计算规模因子、价值因子和动量因子。α_i 代表基金经理的选股能力给投资者带来的超额收益，γ_i 代表基金经理的择时能力。本表还展示了每只基金对万得全 A 指数、规模因子、价值因子和动量因子的风险暴露（β_{mkt}、β_{smb}、β_{hml}、β_{mom}）以及对应的 t 统计值。表中"*"代表选股能力或择时能力在 5%的显著水平下显著。

编号	基金名称	年化 α (%)	$t(\alpha)$	γ	$t(\gamma)$	β_{mkt}	$t(\beta_{mkt})$	β_{smb}	$t(\beta_{smb})$	β_{hml}	$t(\beta_{hml})$	β_{mom}	$t(\beta_{mom})$	调整后 R^2 (%)
1	天弓 2 号	34.42	3.49*	-0.60	-1.03	0.55	5.88	-0.58	-3.24	-0.98	-4.79	0.50	2.30	56
2	金泰瑞丰（乾清）	27.35	0.57	0.54	0.19	0.69	1.49	-0.31	-0.36	-1.27	-1.28	0.39	0.36	9
3	高信百诺 1 期	25.24	3.04*	0.56	1.14	0.73	9.19	-0.13	-0.85	-0.55	-3.22	0.70	3.79	70
4	富恩德 1 期	23.43	2.82*	0.01	0.02	0.46	5.84	-0.05	-0.34	0.04	0.22	0.32	1.75	42
5	海洋之星 1 号	22.98	3.18*	0.40	0.94	0.62	8.97	-0.54	-4.10	-0.23	-1.53	0.22	1.36	61
6	金狮 157 号	22.96	2.57*	0.26	0.49	0.49	5.78	0.01	0.08	-0.25	-1.32	0.75	3.75	52
7	彤源 2 号	22.43	2.95*	-0.98	-2.24	0.76	10.51	0.15	1.11	-0.04	-0.25	0.53	3.10	77
8	林园	21.63	2.39*	0.13	0.24	0.52	6.05	-0.45	-2.75	-0.06	-0.32	0.15	0.75	42
9	汉和资本 1 期	21.30	3.07*	0.37	0.92	0.63	9.43	-0.44	-3.48	-0.45	-3.13	0.28	1.84	65

附录二　股票型私募基金经理的选股能力和择时能力（按年化 α 排序）：2014~2018 年

续表

编号	基金名称	年化 $\alpha(\%)$	$t(\alpha)$	γ	$t(\gamma)$	β_{mkt}	$t(\beta_{mkt})$	β_{smb}	$t(\beta_{smb})$	β_{hml}	$t(\beta_{hml})$	β_{mom}	$t(\beta_{mom})$	调整后 $R^2(\%)$
10	证大稳健增长	21.13	1.71*	-0.96	-1.32	0.87	7.37	0.25	1.12	0.45	1.77	-0.49	-1.79	58
11	少数派 5 号	20.52	2.03*	1.37	2.30*	0.26	2.65	-0.51	-2.76	0.03	0.13	0.19	0.83	26
12	森瑞独立景气	20.47	1.39	2.17	2.51*	0.94	6.68	-0.61	-2.26	-1.07	-3.51	1.04	3.18	55
13	智诚 7 期	19.82	1.78*	-1.23	-1.88	0.72	6.73	0.11	0.55	0.05	0.23	-0.15	-0.62	54
14	恒复趋势 1 号	19.66	1.35	-0.70	-0.82	0.52	3.69	-0.10	-0.37	-0.30	-1.01	-0.25	-0.78	28
15	仙童 1 期	19.54	1.67*	1.66	2.41*	0.58	5.15	0.07	0.35	-0.22	-0.91	0.78	2.99	45
16	凯顺 2012	19.50	2.91*	-0.37	-0.97	0.80	12.72	-0.40	-3.34	-0.36	-2.66	0.54	3.62	79
17	执耳医药	19.44	2.96*	-0.40	-1.05	0.83	13.23	-0.37	-3.10	-0.36	-2.66	0.48	3.29	79
18	奕金安 1 期	18.75	2.80*	-0.64	-1.63	0.65	10.19	-0.39	-3.17	-0.06	-0.42	0.03	0.23	68
19	璟恒 1 期	18.63	2.53*	-0.17	-0.38	0.59	8.40	-0.26	-1.96	-0.18	-1.16	0.26	1.60	59
20	金狮 158 号	18.62	0.85	-0.93	-0.73	0.13	0.64	0.22	0.54	0.36	0.80	-0.27	-0.55	3
21	景林丰收	18.55	2.70*	-0.49	-1.22	0.72	10.95	-0.24	-1.93	-0.11	-0.78	0.28	1.80	71
22	长金 9 号	18.49	1.72*	-1.58	-2.51	0.82	7.95	-0.57	-2.88	0.08	0.35	0.04	0.18	60
23	久富 1 期	18.01	2.52*	0.23	0.55	0.43	6.24	0.22	1.71	-0.34	-2.29	0.65	4.09	66
24	长金 4 号	17.89	1.39	-0.82	-1.11	0.89	7.36	-0.51	-2.21	0.22	0.85	0.28	1.00	56
25	瑞憬稳健收益	17.86	2.70*	-0.95	-2.45	0.57	8.96	0.17	1.41	-0.16	-1.14	0.21	1.40	72
26	新思哲 1 期	17.75	1.64*	1.28	2.01*	0.53	5.09	0.02	0.10	-0.20	-0.88	0.28	1.18	40
27	智德持续增长	17.73	2.57*	0.37	0.86	0.66	9.13	-0.41	-2.95	-0.34	-2.08	0.82	5.11	67
28	万利富达	17.54	2.16*	0.01	0.03	0.54	6.91	-0.63	-4.23	-0.16	-0.93	0.03	0.18	52

续表

编号	基金名称	年化 α(%)	$t(\alpha)$	γ	$t(\gamma)$	β_{mkt}	$t(\beta_{mkt})$	β_{smb}	$t(\beta_{smb})$	β_{hml}	$t(\beta_{hml})$	β_{mom}	$t(\beta_{mom})$	调整后 R^2(%)
29	智德1期	17.36	2.84*	0.38	1.04	0.67	11.44	-0.33	-2.94	-0.41	-3.21	0.67	4.92	75
30	景林稳健	16.86	3.02*	-0.08	-0.25	0.67	12.56	-0.61	-5.96	0.00	0.00	-0.04	-0.30	77
31	尚雅9期	16.78	1.56	0.12	0.19	0.79	7.67	-0.45	-2.30	-0.16	-0.71	0.87	3.61	56
32	黄金优选7期1号(汇利)	16.67	2.52*	-0.40	-1.08	0.66	10.62	-0.01	-0.05	-0.60	-4.40	0.52	3.63	82
33	朱雀4期	16.44	2.68*	-0.36	-1.00	0.58	9.82	0.07	0.65	-0.08	-0.60	0.28	2.03	71
34	林园2期	16.39	1.35	-0.11	-0.15	0.47	4.05	-0.04	-0.20	0.45	1.77	0.22	0.80	28
35	乐晟精选	16.20	1.81*	0.49	0.93	0.63	7.33	0.04	0.23	-0.28	-1.52	0.28	1.42	58
36	黄金优选1期1号(淡水泉)	16.11	3.46*	-0.75	-2.84	0.56	12.73	-0.06	-0.71	-0.12	-1.25	-0.23	-2.23	82
37	新价值4号	16.11	1.50	-0.97	-1.56	0.75	7.30	0.51	2.63	0.41	1.85	0.60	2.49	65
38	汇利3期	15.88	2.03*	-0.73	-1.58	0.79	10.53	0.07	0.47	-0.60	-3.70	0.53	3.04	79
39	黄金优选4期1号(朱雀)	15.72	2.77*	-0.58	-1.79	0.57	10.70	0.06	0.57	-0.01	-0.06	0.18	1.47	76
40	源乐晟策略创新1期	15.59	2.19*	0.86	2.06*	0.63	9.30	0.11	0.83	-0.23	-1.57	0.68	4.28	72
41	景林稳健2号	15.57	2.16*	-0.53	-1.25	0.68	9.79	-0.41	-3.08	-0.17	-1.14	0.23	1.45	66
42	尚雅12期	15.46	1.80*	0.39	0.77	0.83	10.07	-0.47	-3.00	-0.35	-1.96	0.75	3.95	68
43	朱雀13期	15.44	2.38*	-0.51	-1.34	0.60	9.67	0.09	0.73	-0.03	-0.24	0.18	1.21	70
44	投资精英(星石B)	15.37	3.56*	-0.37	-1.50	0.72	17.72	-0.25	-3.26	-0.42	-4.77	-0.03	-0.29	89
45	明达	15.33	2.40*	-0.35	-0.94	0.78	12.85	-0.29	-2.52	-0.14	-1.04	0.06	0.39	77
46	投资精英之景林(A类)	15.08	2.06*	-0.22	-0.52	0.68	9.65	-0.44	-3.27	-0.27	-1.78	0.20	1.23	65
47	金狮152号	14.93	1.96*	0.02	0.05	0.70	9.59	-0.23	-1.63	-0.05	-0.31	0.06	0.36	64

附录二 股票型私募基金经理的选股能力和择时能力(按年化α排序):2014~2018年

续表

编号	基金名称	年化α(%)	$t(\alpha)$	γ	$t(\gamma)$	β_{mkt}	$t(\beta_{mkt})$	β_{smb}	$t(\beta_{smb})$	β_{hml}	$t(\beta_{hml})$	β_{mom}	$t(\beta_{mom})$	调整后R^2(%)
48	黄金优选2期5号(新价值)	14.89	1.08	-0.70	-0.90	0.62	4.84	0.58	2.35	0.65	2.31	0.75	2.50	51
49	世诚扬子2号	14.85	3.16*	0.53	1.93*	0.54	12.16	-0.10	-1.17	-0.18	-1.82	0.21	1.98	77
50	西藏隆源1号	14.79	2.38*	-0.87	-2.37	0.31	5.25	-0.05	-0.48	-0.08	-0.59	-0.18	-1.29	44
51	招商汇智之凤翔1号	14.64	2.59*	0.18	0.54	0.75	13.89	-0.25	-2.44	-0.25	-2.11	0.10	0.83	80
52	穿石品质生活	14.44	2.54*	0.31	0.93	0.60	11.08	-0.09	-0.86	-0.43	-3.65	0.43	3.37	77
53	穿石1号	14.21	2.58*	0.24	0.75	0.65	12.42	-0.19	-1.90	-0.37	-3.26	0.25	2.07	78
54	双赢5期	14.10	2.19*	-0.25	-0.65	0.67	10.89	-0.22	-1.90	-0.23	-1.70	0.32	2.26	72
55	朴石1期	14.08	1.63	1.39	2.74*	0.78	9.38	-0.18	-1.15	-0.20	-1.11	0.80	4.17	66
56	朱雀18期	13.96	2.39*	0.27	0.79	0.52	9.26	0.06	0.56	-0.15	-1.21	0.35	2.72	69
57	思晔量化择股旗舰	13.93	3.14*	-0.01	-0.04	0.69	16.36	-0.06	-0.76	0.21	2.26	-0.04	-0.42	85
58	谦石1期	13.93	1.15	-0.32	-0.45	0.62	5.38	0.28	1.25	-0.14	-0.57	0.41	1.51	48
59	景泰复利回报1期(国投)	13.88	2.05*	0.40	1.01	0.40	6.18	-0.16	-1.27	-0.36	-2.57	0.46	3.02	51
60	黄金优选2期4号	13.83	1.04	-0.67	-0.89	0.60	4.84	0.56	2.38	0.64	2.34	0.72	2.50	51
61	黄金组合1期1号	13.44	4.33*	-0.44	-2.49	0.58	19.95	-0.07	-1.20	-0.20	-3.19	0.07	1.09	91
62	飞天4号	13.35	2.47*	-0.44	-1.39	0.66	12.75	-0.04	-0.44	-0.27	-2.37	-0.04	-0.36	80
63	投资精英(朱雀A)	13.09	2.29*	-0.64	-1.91	0.60	10.94	0.09	0.84	-0.02	-0.16	0.11	0.83	75
64	金狮155号	12.99	2.20*	0.68	1.96*	0.38	6.73	-0.22	-2.07	-0.16	-1.33	0.66	5.04	54
65	双赢7期	12.85	2.78*	-0.32	-1.16	0.75	16.91	-0.33	-3.91	-0.40	-4.14	-0.05	-0.46	86
66	朱雀20期	12.78	2.10*	-0.76	-2.13	0.56	9.67	-0.02	-0.16	-0.07	-0.59	0.16	1.19	69

· 183 ·

续表

编号	基金名称	年化 α(%)	$t(\alpha)$	γ	$t(\gamma)$	β_{mkt}	$t(\beta_{mkt})$	β_{smb}	$t(\beta_{smb})$	β_{hml}	$t(\beta_{hml})$	β_{mom}	$t(\beta_{mom})$	调整后 R^2(%)
67	景泰复利回报5期（A型）	12.75	1.30	0.51	0.89	0.52	5.52	-0.47	-2.62	-0.72	-3.56	0.53	2.43	47
68	民森E号	12.64	2.02*	-0.34	-0.94	0.68	11.34	-0.15	-1.35	-0.13	-0.96	0.30	2.12	73
69	金中和1期（中信）	12.60	1.96*	-0.40	-1.05	0.68	11.05	-0.02	-0.14	-0.24	-1.82	0.64	4.48	77
70	彤源3号	12.53	1.56	-0.33	-0.69	0.76	9.93	0.05	0.32	-0.09	-0.51	0.23	1.29	70
71	投资精英（星石A）	12.31	2.94*	-0.37	-1.52	0.74	18.60	-0.27	-3.54	-0.47	-5.36	-0.07	-0.72	89
72	东方医疗平衡1期	11.97	1.40	0.55	1.11	0.54	6.67	-0.09	-0.60	-0.21	-1.19	0.35	1.85	50
73	淡水泉成长1期	11.83	2.67*	-0.68	-2.61	0.62	14.62	-0.05	-0.63	-0.16	-1.76	-0.25	-2.54	84
74	鼎润1期	11.78	1.60	-0.28	-0.64	0.48	6.80	-0.24	-1.76	-0.05	-0.31	-0.20	-1.20	50
75	朱雀中欧教育	11.76	1.79*	-0.12	-0.31	0.68	10.84	0.08	0.66	0.06	0.42	0.14	0.98	73
76	交大涌峰	11.69	1.05	-0.04	-0.06	0.58	5.44	-0.37	-1.84	-0.23	-1.00	0.01	0.06	38
77	智诚2期	11.58	1.31	0.03	0.06	0.73	8.61	-0.15	-0.90	-0.11	-0.59	0.44	2.25	61
78	双赢10期	11.46	2.54*	-0.36	-1.36	0.61	14.15	0.00	-0.04	-0.11	-1.21	-0.15	-1.47	83
79	朱雀5期	11.30	1.75*	-0.50	-1.32	0.60	9.68	0.13	1.11	0.00	-0.02	0.18	1.25	70
80	博颐精选	11.29	1.36	-0.41	-0.84	0.42	5.23	-0.19	-1.26	-0.86	-4.97	-0.01	-0.04	58
81	丰岭稳健成长1期	11.22	1.57	1.37	3.25*	0.43	6.32	-0.28	-2.15	0.08	0.55	0.10	0.64	47
82	朱雀10期	11.11	2.09*	-0.49	-1.58	0.60	11.84	0.09	0.88	0.06	0.54	0.09	0.80	77
83	中国龙精选	10.88	1.38	-0.47	-1.02	0.66	8.81	-0.44	-3.07	-0.24	-1.46	-0.22	-1.25	63
84	神农1期	10.85	1.31	0.22	0.45	0.42	5.24	-0.18	-1.16	-0.48	-2.77	0.12	0.64	44
85	悟空同创量化1期	10.71	2.26*	0.32	1.16	0.42	9.33	-0.14	-1.61	0.00	0.03	0.26	2.48	63

附录二　股票型私募基金经理的选股能力和择时能力（按年化 α 排序）：2014~2018 年

续表

编号	基金名称	年化 α(%)	$t(\alpha)$	γ	$t(\gamma)$	β_{mkt}	$t(\beta_{mkt})$	β_{smb}	$t(\beta_{smb})$	β_{hml}	$t(\beta_{hml})$	β_{mom}	$t(\beta_{mom})$	调整后 R^2(%)
86	大朴进取1期	10.71	1.64*	0.37	0.97	0.39	6.20	-0.04	-0.32	-0.14	-1.01	-0.18	-1.26	49
87	东方港湾1期	10.56	1.30	1.02	2.14*	0.60	7.71	-0.62	-4.20	0.01	0.06	0.34	1.89	56
88	德丰华1期	10.53	1.83*	-0.25	-0.76	0.59	10.76	-0.26	-2.51	-0.08	-0.70	-0.03	-0.20	70
89	明河价值1期	10.51	1.47	1.45	3.45*	0.66	9.70	-0.51	-3.90	0.21	1.40	0.18	1.12	68
90	星石9期	10.50	2.35*	-0.12	-0.47	0.78	18.40	-0.23	-2.87	-0.41	-4.40	-0.08	-0.77	89
91	混沌2号	10.48	1.41	-0.45	-1.03	0.83	11.61	0.01	0.07	-0.58	-3.78	-0.17	-1.00	80
92	同威3期	10.30	1.53	0.17	0.42	0.67	10.57	-0.73	-6.04	0.01	0.05	-0.16	-1.07	74
93	德汇成长1期	10.29	1.43	-0.52	-1.23	0.73	10.67	-0.13	-0.96	0.31	2.11	-0.12	-0.72	71
94	沃胜2期	9.82	0.91	0.06	0.09	0.56	5.42	0.33	1.66	-0.27	-1.20	0.68	2.84	56
95	中国龙平衡	9.74	3.01*	-0.10	-0.51	0.32	10.28	-0.14	-2.34	0.06	0.90	-0.01	-0.08	68
96	长江稳健	9.70	2.23*	-0.04	-0.16	0.38	9.19	-0.38	-4.75	0.01	0.14	-0.24	-2.47	68
97	名禹稳健增长	9.70	1.45	0.81	2.07*	0.46	7.16	0.01	0.09	0.13	0.90	0.06	0.38	52
98	诚盛1期	9.70	1.21	0.94	2.01*	0.40	5.18	-0.38	-2.61	0.18	1.10	-0.26	-1.46	46
99	天勤1号	9.58	1.18	0.87	1.84*	0.52	6.65	0.39	2.61	0.05	0.28	0.52	2.87	61
100	向量ETF创新1期	9.57	0.58	1.61	1.73*	0.60	3.90	-0.48	-1.62	-0.76	-2.26	0.20	0.57	31
101	明达2期	9.50	0.75	-0.10	-0.14	0.37	3.07	0.09	0.38	0.46	1.73	0.10	0.34	20
102	理成风景1号	9.32	1.97*	-0.10	-0.37	0.64	14.20	0.05	0.55	-0.33	-3.39	0.10	0.91	85
103	挺浩1期	9.31	0.89	-0.27	-0.43	0.84	8.32	0.45	2.36	-0.32	-1.47	0.11	0.47	71
104	星石目标回报1期	9.15	1.64*	-0.18	-0.54	0.81	15.29	-0.26	-2.55	-0.49	-4.20	-0.19	-1.56	85

续表

编号	基金名称	年化 α(%)	$t(\alpha)$	γ	$t(\gamma)$	β_{mkt}	$t(\beta_{mkt})$	β_{smb}	$t(\beta_{smb})$	β_{hml}	$t(\beta_{hml})$	β_{mom}	$t(\beta_{mom})$	调整后 R^2(%)
105	银帆7期	9.01	1.16	1.11	2.43*	0.15	1.97	-0.33	-2.32	-0.12	-0.74	-0.26	-1.52	26
106	惠正成长	8.98	0.65	1.76	2.19*	0.99	7.58	-0.52	-2.07	-0.08	-0.29	0.81	2.65	53
107	景富趋势成长1期	8.78	0.98	1.68	3.25*	0.34	4.03	0.20	1.23	-0.15	-0.83	0.25	1.25	44
108	尚诚	8.70	0.87	0.27	0.46	0.65	6.80	0.16	0.88	-0.33	-1.59	0.06	0.26	58
109	朴石3期	8.68	1.14	1.06	2.38*	0.65	8.92	-0.03	-0.22	-0.15	-0.92	0.81	4.76	67
110	重阳1期	8.63	0.87	-1.49	-2.56	0.23	2.41	0.02	0.12	0.06	0.31	-0.28	-1.28	23
111	映雪霜雪2期	8.62	1.16	0.22	0.50	0.63	8.87	0.30	2.24	-0.18	-1.16	0.14	0.87	72
112	普尔聚鑫	8.51	1.18	-0.54	-1.28	0.80	11.57	-0.02	-0.14	-0.65	-4.36	0.11	0.68	81
113	理成转子2号	8.41	1.46	-0.17	-0.52	0.68	12.37	0.04	0.37	-0.39	-3.30	-0.13	-1.01	81
114	普尔麒麟	8.23	1.11	0.03	0.06	0.90	12.73	-0.05	-0.34	-0.56	-3.65	0.34	2.08	81
115	金蕴56期（恒复）	8.20	0.97	0.22	0.43	0.61	7.46	-0.18	-1.15	-0.61	-3.44	-0.11	-0.56	62
116	嘉禾1号	8.20	0.70	-1.62	-2.39	0.69	6.17	-0.18	-0.83	0.39	1.60	-0.49	-1.90	53
117	乾信中国影响力	8.03	1.18	0.07	0.17	0.43	6.68	-0.10	-0.83	0.03	0.19	0.27	1.80	47
118	思晔动态对冲旗舰产品	7.80	1.67*	0.47	1.71*	0.35	7.76	-0.02	-0.26	0.15	1.53	-0.05	-0.47	56
119	六禾财富东莞	7.78	1.19	-0.02	-0.05	0.55	8.81	0.07	0.61	0.01	0.04	0.25	1.73	64
120	重阳6期	7.77	0.72	-1.12	-1.78	0.13	1.24	0.07	0.38	0.09	0.42	-0.16	-0.68	10
121	金狮151号	7.75	1.46	0.52	1.66*	0.26	5.16	0.06	0.63	-0.01	-0.13	-0.16	-1.36	44
122	星石10期	7.59	0.77	-0.09	-0.15	0.50	5.27	0.10	0.57	0.08	0.41	-0.06	-0.26	39
123	远策1期	7.49	1.82*	0.06	0.24	0.52	13.31	-0.13	-1.68	0.06	0.70	0.36	3.88	78

附录二 股票型私募基金经理的选股能力和择时能力（按年化 α 排序）：2014~2018 年

续表

编号	基金名称	年化 α (%)	$t(\alpha)$	γ	$t(\gamma)$	β_{mkt}	$t(\beta_{mkt})$	β_{smb}	$t(\beta_{smb})$	β_{hml}	$t(\beta_{hml})$	β_{mom}	$t(\beta_{mom})$	调整后 R^2 (%)
124	民森 A 号	7.49	0.97	-0.86	-1.91	0.68	9.29	0.04	0.30	0.06	0.39	0.05	0.28	67
125	六禾光辉岁月 1 期	7.47	1.21	0.03	0.07	0.60	10.18	-0.12	-1.09	-0.03	-0.24	0.25	1.84	68
126	中国龙进取	7.35	1.59	0.15	0.53	0.56	12.70	-0.17	-2.04	0.19	1.94	0.14	1.40	76
127	汇信泓德 1 号	7.32	1.06	0.35	0.85	0.49	7.32	-0.14	-1.12	-0.10	-0.68	0.61	3.93	55
128	润晖稳健增值	7.22	2.03*	-0.17	-0.80	0.60	17.52	-0.45	-6.93	-0.22	-3.00	-0.22	-2.78	87
129	实力稳进	7.21	0.60	0.45	0.67	1.31	11.69	-0.53	-2.46	-0.20	-0.81	-0.24	-0.93	75
130	重阳 3 期	7.02	1.14	-0.28	-0.81	0.46	8.22	-0.28	-2.58	-0.03	-0.22	0.00	0.00	59
131	汇信惠正 1 号	7.02	0.52	1.92	2.40*	0.77	5.91	-0.46	-1.85	0.03	0.09	0.47	1.54	41
132	汇信信诚 1 号	6.97	0.91	0.79	1.77*	0.64	8.73	-0.12	-0.85	-0.06	-0.40	0.15	0.87	61
133	展博 1 期	6.94	0.80	0.24	0.46	0.52	6.23	0.37	2.33	0.02	0.14	0.42	2.14	57
134	重阳 2 期	6.94	0.69	-1.30	-2.19	0.16	1.64	0.06	0.34	0.05	0.25	-0.15	-0.68	15
135	精选 1 期	6.74	1.15	0.33	1.01	0.62	11.30	-0.19	-1.78	0.10	0.82	0.24	1.89	73
136	天乙 1 期	6.73	0.45	-1.59	-1.85	0.67	4.76	0.11	0.40	0.70	2.29	-0.59	-1.79	44
137	念空跨境套利	6.72	2.73*	0.22	1.54	0.02	0.72	-0.03	-0.75	0.01	0.20	-0.04	-0.75	9
138	鼎萨 1 期	6.71	0.66	-0.33	-0.57	0.78	8.07	0.42	2.27	-0.11	-0.52	0.29	1.29	69
139	金海 5 号	6.70	1.17	-0.25	-0.76	0.67	12.22	-0.22	-2.14	-0.01	-0.11	0.02	0.16	75
140	光大基金宝-均衡价值	6.62	2.32*	-0.10	-0.62	0.58	21.14	-0.10	-1.95	-0.12	-2.05	0.11	1.75	90
141	和聚 1 期	6.54	0.91	0.45	1.07	0.50	7.31	0.28	2.12	-0.39	-2.59	0.14	0.88	70
142	世通 5 期	6.47	0.58	-1.25	-1.93	0.72	6.82	0.69	3.43	0.06	0.26	0.44	1.80	67

续表

编号	基金名称	年化 α(%)	t(α)	γ	t(γ)	β_{mkt}	$t(\beta_{mkt})$	β_{smb}	$t(\beta_{smb})$	β_{hml}	$t(\beta_{hml})$	β_{mom}	$t(\beta_{mom})$	调整后 R^2(%)
143	映雪霜雪1期	6.45	0.80	-0.38	-0.79	0.65	8.32	0.21	1.41	-0.19	-1.12	-0.10	-0.54	67
144	民森H号	6.44	0.96	-1.04	-2.64	0.64	10.08	-0.09	-0.74	0.12	0.89	0.17	1.14	70
145	金蕴55期（季胜）	6.44	0.66	-0.10	-0.18	0.46	4.96	0.08	0.45	-0.42	-2.10	0.49	2.25	49
146	金鹏1期	6.43	2.52*	-0.07	-0.49	0.39	16.41	-0.07	-1.51	0.01	0.11	0.07	1.34	86
147	尚雅6期	6.41	0.44	-0.05	-0.06	0.38	2.77	0.50	1.91	0.89	2.97	0.25	0.78	26
148	开宝1期	6.30	0.69	-0.19	-0.35	0.44	5.05	-0.46	-2.75	0.31	1.64	-0.43	-2.12	49
149	北京时田丰	6.29	1.11	0.44	1.37	0.25	4.63	0.22	2.16	-0.08	-0.72	0.53	4.30	59
150	双赢6期	6.28	1.37	0.15	0.55	0.31	7.16	-0.31	-3.69	0.08	0.84	-0.24	-2.37	59
151	展博2期	6.23	0.66	1.01	1.83*	0.64	7.03	0.42	2.41	0.01	0.07	0.60	2.86	63
152	行知转折1期	6.21	0.98	-0.70	-1.88	0.74	12.16	-0.58	-5.04	0.17	1.33	0.02	0.15	77
153	金陀罗飞龙1号	6.21	0.39	3.12	3.32*	0.88	5.74	-0.25	-0.85	-0.24	-0.72	1.73	4.86	50
154	翼虎成长1期	6.19	0.86	0.27	0.65	0.34	4.94	-0.12	-0.88	-0.16	-1.04	-0.04	-0.27	35
155	金蕴21期（泓濮1号）	6.17	0.54	-0.83	-1.24	0.25	2.29	0.31	1.51	-0.11	-0.48	-0.42	-1.66	28
156	世通嫦娥奔月	6.16	0.44	-1.86	-2.31	0.71	5.40	0.75	2.94	0.12	0.41	0.29	0.93	58
157	普尔2号	6.06	0.87	0.18	0.43	0.94	14.09	-0.07	-0.58	-0.63	-4.30	0.23	1.45	84
158	和禄1号	6.01	1.27	0.38	1.37	0.42	9.24	-0.22	-2.51	0.12	1.26	0.08	0.78	63
159	信合东方2期	5.91	1.42	0.07	0.30	-0.09	-2.35	0.18	2.46	0.04	0.45	-0.06	-0.70	18
160	北京格雷成长	5.91	0.64	0.88	1.61	0.57	6.43	-0.54	-3.20	-0.26	-1.36	-0.11	-0.53	47
161	时田丰1期	5.81	1.01	0.55	1.62	0.30	5.49	0.22	2.05	-0.19	-1.60	0.54	4.23	62

附录二 股票型私募基金经理的选股能力和择时能力（按年化 α 排序）：2014~2018 年

续表

编号	基金名称	年化 α(%)	$t(\alpha)$	γ	$t(\gamma)$	β_{mkt}	$t(\beta_{mkt})$	β_{smb}	$t(\beta_{smb})$	β_{hml}	$t(\beta_{hml})$	β_{mom}	$t(\beta_{mom})$	调整后 R^2(%)
162	惠正成长（外贸）	5.69	0.54	1.55	2.60*	0.99	10.00	-0.54	-2.90	-0.22	-1.03	0.76	3.30	68
163	金锝6号	5.54	1.80*	0.06	0.32	-0.04	-1.24	0.26	4.63	0.07	1.13	0.13	1.92	40
164	星石1期	5.49	0.68	-0.15	-0.31	0.63	8.06	0.02	0.14	-0.06	-0.37	-0.28	-1.57	61
165	智德精选	5.29	0.53	0.20	0.30	0.49	4.50	0.06	0.33	0.40	1.87	0.18	0.74	33
166	长青藤（A类）	5.21	0.92	-0.46	-1.39	0.74	13.77	-0.40	-3.84	0.07	0.63	-0.06	-0.51	80
167	紫晶石T-0204	5.11	0.98	-0.12	-0.39	0.44	8.86	-0.29	-3.05	-0.01	-0.10	0.01	0.10	61
168	金蕴38期（上善若水4期）	5.10	0.85	0.64	1.88*	0.40	7.07	-0.13	-1.23	-0.50	-4.07	0.37	2.83	64
169	黄金优选5期1号（尚雅）	5.10	0.48	-0.05	-0.09	0.53	5.25	-0.10	-0.51	-0.10	-0.44	0.65	2.79	44
170	金中和西鼎	5.08	0.34	1.52	1.73*	0.49	3.47	0.22	0.80	0.12	0.39	0.25	0.74	26
171	丰煜如意1期	5.05	0.67	-1.28	-2.88	0.63	8.68	0.45	3.25	-0.12	-0.78	0.03	0.19	75
172	金狮141号	4.96	0.60	0.47	0.98	0.60	7.59	0.02	0.11	0.03	0.16	0.49	2.68	56
173	金锝量化	4.84	1.46	-0.02	-0.08	-0.06	-2.03	0.24	4.02	0.04	0.62	0.04	0.58	32
174	下游消费板块H1104	4.82	0.85	-0.05	-0.15	0.53	9.70	-0.02	-0.20	-0.11	-0.92	0.33	2.59	69
175	新价值3期	4.46	0.39	-0.99	-1.47	0.75	6.82	0.36	1.69	0.45	1.90	0.39	1.52	56
176	中国龙精选2	4.42	0.83	-0.33	-1.04	0.46	8.99	-0.21	-2.18	0.22	2.01	-0.14	-1.16	65
177	淘利多策略量化套利	4.38	1.49	-0.16	-0.91	-0.04	-1.48	0.12	2.29	0.08	1.37	-0.15	-2.23	15
178	新价值1期	4.30	0.46	-1.01	-1.82	0.88	9.79	0.36	2.11	0.49	2.51	0.29	1.40	71
179	麦星	4.29	0.40	-0.11	-0.18	0.69	6.64	-0.50	-2.51	-0.02	-0.07	-0.26	-1.10	49
180	银帆5期	4.17	0.58	0.51	1.20	0.08	1.12	-0.18	-1.41	0.16	1.08	-0.52	-3.26	34

续表

编号	基金名称	年化 α(%)	$t(\alpha)$	γ	$t(\gamma)$	β_{mkt}	$t(\beta_{mkt})$	β_{smb}	$t(\beta_{smb})$	β_{hml}	$t(\beta_{hml})$	β_{mom}	$t(\beta_{mom})$	调整后 R^2(%)
181	黄金优选15期1号	4.11	0.63	0.49	1.33	0.51	8.37	0.05	0.44	−0.23	−1.71	0.35	2.47	68
182	银帆6期	4.04	0.69	0.69	2.01*	0.19	3.36	−0.26	−2.44	0.02	0.20	−0.36	−2.79	40
183	徐星投资	4.03	0.59	0.27	0.68	0.54	8.22	−0.03	−0.21	−0.39	−2.74	0.31	2.04	66
184	重阳8期	4.00	0.79	−0.21	−0.70	0.31	6.46	−0.15	−1.60	0.05	0.46	−0.09	−0.81	47
185	新同方	3.83	0.60	1.03	2.74*	0.20	3.20	−0.43	−3.66	0.02	0.13	−0.09	−0.64	40
186	鼎锋5期	3.82	0.45	0.37	0.75	0.55	6.78	0.24	1.54	−0.11	−0.60	0.17	0.88	58
187	金石2期	3.75	0.38	−1.34	−2.29	0.64	6.71	0.56	3.08	0.01	0.05	−0.24	−1.11	65
188	清水源1号	3.70	0.28	1.64	2.12*	1.02	8.08	−0.07	−0.28	0.19	0.70	−0.06	−0.21	58
189	前海一线	3.69	0.54	0.55	1.42	0.43	6.71	−0.34	−2.80	0.39	2.77	−0.16	−1.08	63
190	红宝石安心进取H-1001	3.53	0.60	−0.15	−0.44	0.55	9.90	−0.04	−0.35	−0.16	−1.35	0.34	2.64	70
191	思晔市场中性旗舰产品	3.52	1.40	0.50	3.38*	0.09	3.69	0.07	1.49	0.06	1.10	−0.03	−0.57	39
192	谦石2号	3.45	0.43	0.45	0.99	0.60	7.94	0.19	1.35	−0.04	−0.26	0.53	3.01	66
193	尚雅14期	3.45	0.21	0.22	0.23	0.39	2.52	0.23	0.76	0.90	2.68	0.56	1.56	23
194	金蕴12期(泽升)	3.36	0.30	1.58	2.49*	0.91	8.67	−0.33	−1.64	−0.30	−1.31	0.01	0.05	63
195	银石3号	3.35	0.52	0.07	0.18	0.61	9.77	0.19	1.62	−0.18	−1.32	0.36	2.50	74
196	盈丰康伦1期	3.32	0.19	−0.40	−0.39	0.15	0.92	0.35	1.10	−0.51	−1.43	−0.15	−0.38	20
197	鼎锋16期	3.14	0.60	0.34	1.12	0.54	10.78	0.01	0.08	−0.36	−3.30	0.03	0.28	77
198	聚发(25)-保证金交易1号A2	3.07	0.89	0.23	1.13	0.07	2.24	0.14	2.17	0.10	1.33	0.02	0.24	22
199	重阳目标回报1期	3.07	0.32	−1.10	−1.97	0.34	3.69	−0.06	−0.34	0.36	1.82	−0.44	−2.07	35

附录二 股票型私募基金经理的选股能力和择时能力（按年化 α 排序）：2014~2018 年

续表

编号	基金名称	年化 α (%)	$t(\alpha)$	γ	$t(\gamma)$	β_{mkt}	$t(\beta_{mkt})$	β_{smb}	$t(\beta_{smb})$	β_{hml}	$t(\beta_{hml})$	β_{mom}	$t(\beta_{mom})$	调整后 R^2 (%)
200	道道稳健	3.06	0.51	0.91	2.60*	0.23	3.96	-0.03	-0.24	0.10	0.81	0.03	0.20	29
201	朱雀专项	3.06	0.28	-0.35	-0.55	0.48	4.63	0.36	1.82	0.71	3.16	-0.10	-0.42	40
202	鼎诺秋实1期	3.04	0.48	-1.46	-3.92	0.73	12.08	-0.01	-0.12	0.17	1.30	0.34	2.41	79
203	融智潮商组合宝1期	2.99	0.32	0.12	0.22	0.48	5.37	0.38	2.21	0.03	0.14	0.26	1.23	50
204	彩霈3期	2.98	0.54	-0.47	-1.43	0.64	12.01	0.18	1.77	-0.08	-0.71	0.09	0.74	80
205	银帆8期	2.87	0.28	1.08	1.76*	0.16	1.57	-0.52	-2.73	-0.06	-0.29	-0.57	-2.48	33
206	尊荣	2.82	0.18	-0.77	-0.82	0.88	5.83	-0.51	-1.77	0.48	1.47	-0.55	-1.57	47
207	朱雀1期（深国投）	2.79	0.26	-0.38	-0.61	0.47	4.62	0.35	1.81	0.69	3.11	-0.10	-0.40	40
208	黄金优选10期3号（重阳）	2.77	0.51	0.04	0.13	0.33	6.48	-0.14	-1.43	0.22	1.99	0.03	0.24	52
209	博润价值成长	2.76	0.38	0.54	1.26	0.51	7.41	-0.20	-1.49	-0.46	-3.06	0.03	0.19	58
210	申毅对冲1号	2.69	1.58	0.05	0.49	0.04	2.66	-0.04	-1.34	0.04	1.13	-0.08	-2.07	27
211	泰九1期	2.60	0.45	0.29	0.85	0.56	10.16	0.29	2.73	-0.47	-3.96	0.42	3.31	82
212	明曜启明1期	2.56	0.40	0.41	1.08	0.79	12.71	-0.39	-3.25	-0.35	-2.63	0.17	1.19	76
213	共青城金泉动量	2.46	0.17	1.66	2.05*	0.44	3.27	-0.04	-0.14	-0.57	-1.93	0.31	1.01	34
214	鼎锋1期	2.40	0.44	-0.07	-0.20	0.64	12.21	0.19	1.91	-0.12	-1.10	0.35	2.91	81
215	朱雀漂亮阿尔法尊享A期	2.34	0.94	-0.01	-0.04	0.01	0.29	0.19	4.16	-0.06	-1.16	0.15	2.81	57
216	中欧瑞博1期	2.26	0.30	0.17	0.40	0.34	4.81	0.12	0.91	0.16	1.04	-0.16	-0.99	38
217	格树文明复兴	2.22	0.16	1.20	1.51	0.77	5.98	0.08	0.34	0.39	1.41	0.46	1.52	44
218	雪球2期	2.01	0.27	-0.37	-0.83	0.70	9.67	-0.50	-3.57	0.64	4.03	-0.25	-1.49	74

续表

编号	基金名称	年化 α(%)	t(α)	γ	t(γ)	β_{mkt}	$t(\beta_{mkt})$	β_{smb}	$t(\beta_{smb})$	β_{hml}	$t(\beta_{hml})$	β_{mom}	$t(\beta_{mom})$	调整后 R^2(%)
219	合德丰泰	1.93	0.76	0.19	1.27	0.16	6.75	0.04	0.91	0.02	0.30	0.06	0.98	52
220	兆信1期	1.81	0.41	1.10	4.27*	0.28	6.64	-0.18	-2.21	-0.15	-1.59	0.25	2.50	51
221	鼎锋10期	1.81	0.29	0.49	1.33	0.52	8.69	0.10	0.84	-0.19	-1.48	0.34	2.40	68
222	投资精英之展博(A)	1.73	0.25	0.66	1.64*	0.55	8.33	0.22	1.75	0.06	0.41	0.64	4.15	67
223	归富长乐1号	1.72	0.33	0.55	1.78*	0.39	7.69	-0.10	-1.00	-0.04	-0.38	-0.07	-0.63	55
224	投资精英之尚雅(A)	1.69	0.16	-0.12	-0.19	0.61	5.86	-0.17	-0.84	-0.22	-0.96	0.59	2.43	45
225	东源1号	1.65	0.25	0.17	0.43	0.75	11.83	-0.39	-3.19	0.49	3.58	-0.65	-4.41	80
226	金狮153号	1.53	0.28	-0.20	-0.63	0.58	11.29	0.06	0.60	-0.05	-0.48	0.16	1.33	75
227	鸿道2期	1.53	0.24	-0.14	-0.38	0.54	8.88	0.06	0.54	-0.05	-0.38	0.16	1.11	67
228	申毅量化	1.52	0.57	0.24	1.52	0.09	3.70	-0.09	-1.92	0.07	1.33	-0.15	-2.56	41
229	投资精英之重阳(A)	1.51	0.28	-0.06	-0.20	0.37	7.07	-0.15	-1.53	0.19	1.66	-0.03	-0.22	52
230	景泰复利回报5期	1.41	0.13	0.39	0.60	0.45	4.25	-0.14	-0.71	-0.20	-0.88	0.17	0.69	28
231	先机策略精选	1.40	0.17	0.78	1.64	0.65	8.35	0.11	0.75	-0.02	-0.12	0.59	3.28	63
232	禾木1号	1.31	0.12	-0.49	-0.77	0.39	3.78	0.48	2.43	0.00	-0.01	0.09	0.39	42
233	端天5期	1.26	0.17	0.82	1.93*	0.53	7.75	0.33	2.47	0.01	0.03	0.32	1.98	66
234	金狮154号	1.20	0.24	0.83	2.85*	0.25	5.36	0.12	1.29	-0.07	-0.73	0.41	3.70	54
235	大岩绝对	1.13	0.23	-0.36	-1.28	0.02	0.52	0.40	4.49	0.20	1.98	-0.08	-0.78	34
236	金诚1号	1.01	0.20	0.06	0.21	0.53	11.10	0.15	1.56	0.15	1.34	0.47	4.26	77
237	合正普惠1期(陕国投)	0.96	0.20	0.03	0.10	0.51	11.06	0.09	1.06	-0.12	-1.16	0.14	1.32	76

附录二　股票型私募基金经理的选股能力和择时能力（按年化 α 排序）：2014~2018 年

续表

编号	基金名称	年化 α(%)	$t(\alpha)$	γ	$t(\gamma)$	β_{mkt}	$t(\beta_{mkt})$	β_{smb}	$t(\beta_{smb})$	β_{hml}	$t(\beta_{hml})$	β_{mom}	$t(\beta_{mom})$	调整后 $R^2(\%)$
238	稳健增长（外贸）	0.93	0.10	1.72	3.16*	0.52	5.90	0.23	1.37	0.45	2.35	-0.42	-2.01	55
239	鑫安 1 期	0.81	0.11	1.54	3.47*	0.53	7.37	-0.27	-1.96	0.14	0.86	-0.26	-1.54	58
240	普邦恒升华金 1 期	0.80	0.14	0.63	1.85*	0.52	9.37	-0.36	-3.39	0.35	2.91	0.00	-0.02	69
241	武当 10 期	0.48	0.04	-1.14	-1.65	0.35	3.09	0.36	1.67	0.20	0.80	0.16	0.62	30
242	中国龙价值	0.47	0.11	0.18	0.74	0.52	13.17	-0.27	-3.55	0.45	5.30	-0.04	-0.45	82
243	武当 1 期	0.35	0.04	-0.33	-0.69	0.54	6.82	0.32	2.12	0.02	0.13	0.19	1.02	59
244	国联安-弘尚资产成长精选 1 号	0.32	0.04	0.41	0.90	0.64	8.57	0.14	0.98	-0.05	-0.30	-0.16	-0.92	65
245	中国龙稳健	0.30	0.05	-0.11	-0.34	0.61	11.60	-0.41	-4.12	0.73	6.44	-0.37	-3.01	83
246	冰剑 1 号	0.20	0.03	1.35	3.68*	0.44	7.39	-0.27	-2.39	-0.20	-1.58	0.18	1.28	55
247	中域增值 1 期	0.18	0.02	-1.18	-2.60	0.76	10.32	0.23	1.61	-0.47	-2.90	0.15	0.90	79
248	道睿择 1 期	0.06	0.01	0.20	0.67	0.28	5.72	0.12	1.29	0.10	0.90	0.08	0.73	45
249	明曜精选 1 期	0.04	0.01	0.59	1.42	0.80	11.67	-0.35	-2.67	-0.42	-2.85	0.28	1.78	74
250	朱雀飘亮阿尔法	0.04	0.01	0.03	0.16	0.00	0.06	0.21	3.65	-0.05	-0.73	0.14	2.04	46
251	鑫扬 1 期	0.03	0.00	0.81	1.50	0.44	5.07	0.53	3.17	-0.21	-1.10	0.43	2.11	61
252	中国龙	-0.09	-0.02	-0.13	-0.39	0.60	11.41	-0.41	-4.07	0.70	6.16	-0.41	-3.34	83
253	格上精选 1 期	-0.28	-0.07	0.36	1.59	0.46	12.38	-0.04	-0.56	-0.10	-1.24	0.12	1.42	77
254	紫鑫 3 号	-0.35	-0.05	-0.09	-0.23	0.59	8.99	-0.41	-3.30	0.33	2.30	-0.26	-1.69	68
255	思考 1 号	-0.40	-0.03	-1.15	-1.39	0.42	3.11	1.03	3.99	0.51	1.73	-0.89	-2.84	48
256	鼎锋 11 期	-0.41	-0.06	-0.10	-0.27	0.63	10.10	0.29	2.40	0.16	1.18	0.44	3.02	76

续表

编号	基金名称	年化 $\alpha(\%)$	$t(\alpha)$	γ	$t(\gamma)$	β_{mkt}	$t(\beta_{mkt})$	β_{smb}	$t(\beta_{smb})$	β_{hml}	$t(\beta_{hml})$	β_{mom}	$t(\beta_{mom})$	调整后 $R^2(\%)$
257	励石1号	-0.52	-0.09	-0.55	-1.67	0.45	8.36	0.30	2.88	0.09	0.79	0.05	0.37	69
258	金百镕1期	-0.64	-0.11	0.32	0.91	0.25	4.43	-0.17	-1.59	-0.29	-2.33	-0.35	-2.62	42
259	金海2号	-0.65	-0.14	0.43	1.61	0.45	10.22	-0.18	-2.11	0.34	3.56	0.07	0.70	70
260	金蕴62期（七王瑞德1号）	-0.67	-0.07	-0.19	-0.36	0.78	8.98	0.40	2.39	-0.49	-2.58	-0.13	-0.65	76
261	瀚信价值2期	-0.70	-0.07	0.11	0.18	0.66	6.42	-0.09	-0.46	-0.20	-0.92	0.12	0.50	48
262	瑞天价值成长	-0.71	-0.11	0.88	2.36*	0.55	9.02	0.33	2.88	-0.01	-0.06	0.04	0.28	72
263	智信创富1期	-0.88	-0.12	-0.60	-1.38	0.44	6.15	0.22	1.63	-0.26	-1.67	-0.06	-0.33	62
264	尊嘉ALPHA	-0.89	-0.22	0.49	2.04*	-0.01	-0.30	0.44	5.82	0.05	0.61	0.27	2.90	58
265	鼎锋4号	-0.95	-0.13	0.21	0.52	0.51	7.57	0.07	0.51	-0.18	-1.23	0.13	0.85	60
266	开宝2期	-0.95	-0.17	-0.27	-0.83	0.62	11.81	-0.11	-1.03	0.23	1.97	-0.39	-2.97	76
267	金中和1期（深国投）	-1.01	-0.08	-1.72	-2.35	0.39	3.23	0.70	2.84	0.95	3.42	0.20	0.70	42
268	利得宝	-1.16	-0.48	0.07	0.47	0.02	0.79	-0.01	-0.26	-0.05	-0.96	0.06	1.09	6
269	武当稳健增长	-1.25	-0.19	-0.27	-0.73	0.51	8.26	0.40	3.42	0.21	1.62	0.15	1.04	68
270	鼎锋8期	-1.63	-0.23	0.37	0.90	0.49	7.34	0.04	0.28	-0.14	-0.93	-0.02	-0.12	57
271	金樽1期	-1.65	-0.30	0.09	0.27	0.44	8.30	-0.15	-1.51	0.21	1.81	0.09	0.73	59
272	盈峰（原合赢）	-1.74	-0.36	-0.31	-1.11	0.83	17.99	-0.23	-2.67	0.22	2.21	0.02	0.20	87
273	睿信5期	-1.87	-0.16	0.13	0.18	0.23	2.04	0.44	2.02	0.88	3.57	0.10	0.38	25
274	中金金致5号	-1.96	-0.30	1.75	4.13*	0.51	7.40	0.08	0.71	-0.21	-1.57	0.18	1.12	67
275	瀚信经典1期	-2.09	-0.19	0.29	0.45	0.66	6.24	0.18	0.86	-0.19	-0.82	0.55	2.21	54

附录二　股票型私募基金经理的选股能力和择时能力（按年化 α 排序）：2014~2018 年

续表

编号	基金名称	年化 $\alpha(\%)$	$t(\alpha)$	γ	$t(\gamma)$	β_{mkt}	$t(\beta_{mkt})$	β_{smb}	$t(\beta_{smb})$	β_{hml}	$t(\beta_{hml})$	β_{mom}	$t(\beta_{mom})$	调整后 $R^2(\%)$
276	稳健流动性	-2.30	-3.53	0.03	0.74	0.00	-0.01	-0.01	-0.42	-0.01	-0.54	0.00	-0.31	2
277	富锦 8 号（尚雅）	-2.47	-0.40	0.22	0.61	0.73	12.18	0.02	0.14	0.07	0.57	0.45	3.23	76
278	积胜 1 期	-2.56	-0.26	-0.21	-0.37	0.70	7.61	0.08	0.48	-0.02	-0.12	0.13	0.62	59
279	慧安 1 号	-2.67	-0.31	1.04	2.07*	0.49	6.00	0.07	0.47	-0.16	-0.87	0.57	2.97	51
280	圆融新蓝筹 1 号	-2.72	-0.42	0.25	0.64	0.53	8.42	-0.02	-0.18	0.23	1.71	0.19	1.32	59
281	保证金交易 1 号	-2.84	-1.20	0.29	2.06*	0.05	2.16	0.02	0.40	-0.02	-0.34	0.09	1.74	18
282	金狮 156 号	-3.11	-0.39	-1.21	-2.67	0.72	9.59	0.02	0.14	0.25	1.53	0.18	1.04	71
283	合正普惠 1 期	-3.21	-0.50	0.31	0.82	0.54	8.92	-0.21	-1.76	0.19	1.47	-0.11	-0.79	62
284	柘弓 1 期	-3.48	-0.38	-0.32	-0.60	0.71	8.15	-0.30	-1.81	-0.03	-0.17	-0.43	-2.10	60
285	鼎锋成长 3 期	-3.90	-0.51	0.64	1.41	0.51	6.90	0.09	0.60	-0.27	-1.69	0.30	1.75	58
286	中金金致 1 号	-3.97	-0.58	0.96	2.27*	0.46	5.90	0.21	1.46	-0.10	-0.65	0.49	2.86	60
287	常春藤 6 期	-4.75	-0.78	0.21	0.60	0.56	9.70	0.10	0.92	-0.03	-0.27	-0.01	-0.07	69
288	同端汇金 1 期	-4.84	-0.90	0.15	0.47	0.23	4.43	0.05	0.47	0.07	0.63	-0.25	-2.07	37
289	尊岳进取 2 号	-4.97	-1.72	0.37	2.23*	0.26	9.38	-0.10	-1.85	0.08	1.30	0.03	0.50	65
290	鑫兰瑞	-5.05	-0.57	1.12	2.16*	0.25	2.98	-0.15	-0.96	0.22	1.19	-0.37	-1.88	32
291	太极 1 号	-5.11	-0.50	-0.70	-1.14	0.61	6.15	0.45	2.29	-0.15	-0.71	-0.04	-0.16	59
292	宝晟 1 期	-5.15	-0.90	-0.98	-2.92	0.50	9.21	0.22	2.13	0.01	0.07	-0.05	-0.37	72
293	睿信成长 1 期	-5.19	-0.92	-0.01	-0.03	0.57	10.65	-0.02	-0.19	0.40	3.43	-0.04	-0.28	71
294	鼎锋 18 期	-5.28	-0.87	0.22	0.61	0.46	7.94	0.06	0.57	-0.05	-0.42	-0.10	-0.70	61

· 195 ·

续表

编号	基金名称	年化 α (%)	$t(\alpha)$	γ	$t(\gamma)$	β_{mkt}	$t(\beta_{mkt})$	β_{smb}	$t(\beta_{smb})$	β_{hml}	$t(\beta_{hml})$	β_{mom}	$t(\beta_{mom})$	调整后 R^2 (%)
295	吾股丰登1号	−5.32	−0.52	−0.95	−1.61	0.73	7.58	0.63	3.43	0.12	0.58	−0.12	−0.55	69
296	创赢1号	−5.39	−0.93	0.06	0.17	0.63	11.28	−0.31	−2.92	0.67	5.55	−0.36	−2.81	80
297	京福1号	−5.64	−0.74	0.17	0.38	0.71	9.69	0.47	3.35	−0.24	−1.48	−0.40	−2.32	79
298	龙腾3期	−6.18	−0.63	1.05	1.81*	0.84	8.87	0.38	2.10	−0.01	−0.05	0.27	1.23	69
299	恒盛定向增发	−6.71	−1.11	−0.66	−1.85	0.50	8.69	0.41	3.67	0.09	0.69	−0.23	−1.71	73
300	R2007ZX065	−6.81	−1.17	0.30	0.87	0.48	8.62	−0.08	−0.71	−0.04	−0.30	0.04	0.30	60
301	瀚信成长1期	−6.83	−0.75	0.64	1.20	0.79	9.12	−0.27	−1.65	0.06	0.31	0.04	0.22	61
302	金石3期	−7.19	−0.56	1.24	1.65*	0.89	7.26	0.42	1.79	0.15	0.58	0.39	1.37	59
303	瀚信成长10期	−7.41	−0.51	0.71	0.83	0.68	4.85	0.27	1.01	0.06	0.20	−0.12	−0.38	39
304	鼎陶禾辉2期	−7.50	−0.60	0.02	0.03	0.51	4.21	−0.02	−0.09	0.13	0.50	0.21	0.75	27
305	裕晋5期	−7.54	−0.75	0.88	1.50	0.33	3.45	0.32	1.76	0.55	2.63	0.33	1.49	31
306	华展金丰1期	−8.04	−0.57	−1.53	−1.83	0.22	1.60	0.36	1.38	0.63	2.14	−0.34	−1.08	18
307	美联融通1期	−8.25	−0.39	−0.35	−0.29	0.59	2.96	0.92	2.41	0.69	1.59	−0.17	−0.35	28
308	中鼎盈丰2期	−8.51	−0.78	0.28	0.43	0.98	9.32	−0.02	−0.12	0.21	0.91	0.04	0.17	64
309	龙票1期（华润）	−8.52	−0.62	−1.05	−1.30	0.39	3.00	0.63	2.52	0.98	3.44	0.21	0.67	33
310	鼎晋3期	−8.52	−0.73	−0.62	−0.91	0.61	5.52	0.50	2.35	0.41	1.72	−0.07	−0.26	49
311	投资精英之云程泰（B）	−8.61	−0.88	0.20	0.36	0.91	9.97	0.24	1.37	−0.01	−0.04	−0.21	−0.97	74
312	富直1号	−8.94	−0.88	0.47	0.78	0.76	7.77	−0.44	−2.34	0.28	1.31	−0.28	−1.25	58
313	瀚信德健1期	−9.11	−0.78	0.75	1.10	0.57	5.11	0.17	0.80	−0.05	−0.21	0.04	0.17	41

附录二 股票型私募基金经理的选股能力和择时能力（按年化α排序）：2014~2018年

续表

编号	基金名称	年化α(%)	$t(\alpha)$	γ	$t(\gamma)$	β_{mkt}	$t(\beta_{mkt})$	β_{smb}	$t(\beta_{smb})$	β_{hml}	$t(\beta_{hml})$	β_{mom}	$t(\beta_{mom})$	调整后R^2(%)
314	金海1号	-9.13	-1.12	0.53	1.10	0.50	6.41	0.13	0.86	0.09	0.55	0.53	2.93	51
315	金蕴30期	-9.32	-0.91	-0.92	-1.53	1.00	10.17	-0.35	-1.86	0.47	2.18	-0.66	-2.86	72
316	泽泉涨停板1号	-9.39	-0.68	0.57	0.70	0.16	1.23	0.86	3.38	0.44	1.52	-0.28	-0.92	28
317	鑫增长1号	-9.67	-0.61	-0.66	-0.71	0.82	5.38	0.56	1.92	-0.22	-0.65	0.07	0.21	52
318	尚雅11期	-9.68	-0.66	0.01	0.01	0.42	2.97	0.21	0.78	0.97	3.16	0.38	1.15	28
319	尚雅1期（深国投）	-9.72	-0.66	0.05	0.06	0.23	1.62	0.73	2.72	1.07	3.50	0.52	1.58	26
320	双赢1期（瀚信）	-10.27	-0.90	0.42	0.62	0.91	8.36	-0.11	-0.52	-0.10	-0.42	0.11	0.44	59
321	塔晶狮王	-10.30	-1.13	-1.04	-1.95	1.13	13.03	-0.26	-1.54	0.52	2.74	-0.53	-2.62	80
322	资财1号	-10.44	-1.35	-1.51	-3.31	0.71	9.58	0.40	2.84	0.11	0.68	-0.23	-1.35	75
323	混沌1号（聚发11）	-10.60	-0.58	3.94	3.66*	0.42	2.39	-0.33	-0.99	-0.65	-1.72	-0.02	-0.05	29
324	共青城新里程	-11.09	-1.23	-0.23	-0.43	0.48	5.49	0.15	0.92	0.32	1.68	-0.06	-0.27	42
325	投资精英之云程泰（A）	-11.24	-1.28	0.11	0.21	0.93	11.07	0.28	1.73	0.01	0.08	-0.27	-1.37	76
326	尚雅2期	-11.30	-0.69	0.19	0.19	0.31	1.99	0.55	1.83	1.22	3.57	0.29	0.81	25
327	慧安12号	-11.30	-1.53	1.01	2.33*	0.48	6.71	0.00	0.03	-0.11	-0.74	0.51	3.07	53
328	中融293号-金河新价值成长1期	-11.46	-0.62	-0.79	-0.73	0.23	1.34	0.74	2.21	-0.22	-0.57	-0.93	-2.26	32
329	冰冷1期	-11.55	-1.00	-0.19	-0.28	0.57	5.16	-0.24	-1.12	-0.14	-0.59	-0.27	-1.04	37
330	云程泰3期	-12.88	-1.52	0.35	0.70	0.93	11.45	0.33	2.16	-0.11	-0.60	-0.21	-1.13	79
331	德源安战略成长1号	-13.35	-0.79	-0.28	-0.28	0.77	4.78	-0.18	-0.57	0.29	0.82	-0.36	-0.97	34
332	睿信	-13.81	-1.33	0.70	1.16	0.40	4.01	0.19	1.00	0.78	3.62	-0.11	-0.47	38

续表

编号	基金名称	年化 α(%)	$t(\alpha)$	γ	$t(\gamma)$	β_{mkt}	$t(\beta_{mkt})$	β_{smb}	$t(\beta_{smb})$	β_{hml}	$t(\beta_{hml})$	β_{mom}	$t(\beta_{mom})$	调整后 R^2(%)
333	云程泰资本增值	-13.88	-1.63	0.63	1.26	0.91	11.14	0.21	1.34	-0.14	-0.79	-0.23	-1.22	77
334	广金成长	-13.95	-1.74	0.42	0.88	0.82	10.71	0.18	1.20	0.06	0.34	0.13	0.71	73
335	浦江之星50号	-14.17	-1.20	0.86	1.25	0.76	6.80	0.46	2.15	-0.72	-2.98	0.76	2.90	71
336	盛世源稳健增长	-14.33	-1.94	0.22	0.50	0.66	9.43	0.46	3.41	0.01	0.10	0.32	1.92	75
337	蕴泽1号	-14.46	-1.03	0.31	0.38	0.95	7.05	-0.17	-0.65	0.68	2.32	-0.36	-1.15	54
338	浦江之星28号	-14.63	-0.94	0.32	0.36	0.91	6.15	0.60	2.13	0.35	1.08	0.73	2.12	55
339	御峰1号	-15.51	-1.80	0.01	0.03	0.66	8.03	-0.21	-1.31	0.62	3.44	-0.17	-0.88	62
340	盈捷九头鸟2期	-16.43	-1.18	-1.10	-1.41	0.49	3.78	0.24	0.97	0.32	1.16	-0.33	-1.10	32
341	明华新兴成长	-16.70	-1.58	-0.17	-0.27	0.79	7.89	0.45	2.36	0.46	2.12	0.33	1.43	63
342	华鑫785号	-17.11	-0.37	-0.92	-0.35	0.79	1.81	2.01	2.40	1.93	2.02	-1.31	-1.29	24
343	康庄1期	-17.31	-0.92	0.34	0.32	0.35	1.96	1.18	3.33	1.50	3.73	0.45	1.07	35
344	泽泉景渤财富	-18.08	-0.60	0.09	0.05	-0.25	-0.87	1.65	2.98	1.99	3.15	-0.94	-1.38	20
345	光华上智1期	-18.42	-2.26	-0.54	-1.14	0.59	7.54	0.42	2.80	0.12	0.74	-0.47	-2.58	66
346	博纳1期	-23.05	-1.72	-0.16	-0.20	0.42	3.26	0.16	0.66	-0.18	-0.64	-0.13	-0.43	26
347	塔晶老虎1期	-23.75	-1.21	-0.38	-0.33	0.41	2.22	0.88	2.46	1.37	3.38	-0.25	-0.58	26
348	泰石1期	-35.92	-1.87	0.71	0.63	0.87	4.75	0.09	0.27	-0.24	-0.61	-0.88	-2.06	41

注：*表示在5%的显著水平下，具有选股能力或择时能力的基金（正显著）。

附录三 收益率在排序期位于前5%的基金在检验期的排名（排序期为一年）：2014~2018年

本表展示的是排序期为一年，检验期为一年时，排序期收益率排名前5%的基金在检验期的收益率。样本量为在排序期和检验期都存在的基金个数。★表示在检验期仍位于前5%的基金。

排序期	排序期排名	基金名称	排序期收益率（%）	检验期	检验期排名	检验期收益率（%）	样本量
2014	1	金汇峰收益展示1号	245.0	2015	10★	156.5	546
2014	2	泽熙3期（山东）	208.8	2015	2★	438.9	546
2014	3	蕴泽1号	153.3	2015	525	-12.8	546
2014	4	泽熙1期（华润）	139.3	2015	3★	319.3	546
2014	5	清水源1号	120.3	2015	22★	108.5	546
2014	6	天乙1期	117.4	2015	393	15.1	546
2014	7	证大稳健增长	115.2	2015	11★	155.8	546
2014	8	长余1期	112.3	2015	522	-11.3	546
2014	9	嘉禾1号	108.8	2015	489	-1.0	546
2014	10	悟空对冲量化	108.4	2015	262	29.5	546
2014	11	御峰1号	108.4	2015	526	-13.3	546
2014	12	懿和2期	108.2	2015	516	-8.4	546
2014	13	金狮93号	106.2	2015	542	-49.5	546
2014	14	尊荣	98.4	2015	527	-13.4	546
2014	15	和美1期	97.9	2015	496	-1.9	546
2014	16	炜博领航	96.7	2015	467	4.1	546
2014	17	天马1期	94.6	2015	418	12.6	546

续表

排序期	排序期排名	基金名称	排序期收益率（%）	检验期	检验期排名	检验期收益率（%）	样本量
2014	18	东源1期	91.2	2015	287	26.5	546
2014	19	德源安战略成长3号	89.8	2015	469	3.5	546
2014	20	紫鑫3号	88.4	2015	523	-11.5	546
2014	21	桃花源共同量子1期	86.0	2015	247	31.2	546
2014	22	中国龙目标回报1期	85.6	2015	498	-3.3	546
2014	23	金融战士1号	85.6	2015	436	9.3	546
2014	24	雪球2期	85.0	2015	515	-7.6	546
2014	25	德源安战略成长1号	84.8	2015	223	32.8	546
2014	26	名禹稳健增长	83.8	2015	66	65.9	546
2014	27	证大1期	83.6	2015	318	23.9	546
2015	1	华鑫785号	480.7	2016	109	4.2	795
2015	2	倚天雅莉3号	333.9	2016	791	-48.9	795
2015	3	泽泉景渤财富	251.5	2016	173	1.5	795
2015	4	卓泰2号	240.8	2016	17★	18.0	795
2015	5	兆意1期	231.2	2016	607	-16.3	795
2015	6	稳健增长（外贸）	195.2	2016	9★	30.0	795
2015	7	毕威1期	189.1	2016	706	-24.0	795
2015	8	思考1号	173.5	2016	128	3.3	795
2015	9	稳增3期	168.4	2016	63	8.4	795
2015	10	旭诺成长择时对冲1号	164.1	2016	108	4.3	795

附录三 收益率在排序期位于前5%的基金在检验期的排名（排序期为一年）：2014~2018年

续表

排序期	排序期排名	基金名称	排序期收益率（%）	检验期	检验期排名	检验期收益率（%）	样本量
2015	11	德亚进取1号	157.0	2016	655	-20.0	795
2015	12	证大稳健增长	155.8	2016	12★	25.5	795
2015	13	金陀罗飞龙1号	155.7	2016	772	-36.0	795
2015	14	穗富1号	155.7	2016	782	-42.5	795
2015	15	中融293号-金河新价值成长1期	152.1	2016	588	-15.2	795
2015	16	以太量化2号	150.0	2016	7★	36.0	795
2015	17	仙童1期	149.2	2016	528	-11.4	795
2015	18	永望复利成长1号	142.4	2016	400	-6.2	795
2015	19	睿策格上优享1期	140.0	2016	460	-8.3	795
2015	20	得大1期	137.9	2016	569	-13.9	795
2015	21	景富趋势成长1期	137.0	2016	305	-2.9	795
2015	22	向量ETF创新1期	136.7	2016	343	-4.2	795
2015	23	泽泉盛辉	136.0	2016	106	4.3	795
2015	24	祥和1号	135.8	2016	11★	27.3	795
2015	25	富腾成长3期	127.0	2016	301	-2.9	795
2015	26	弘尚资产灵活配置	125.8	2016	13★	20.1	795
2015	27	富安达安晟1号	118.7	2016	261	-1.7	795
2015	28	泽泉涨停板1号	116.5	2016	54	9.4	795
2015	29	君富至尊9号	113.7	2016	707	-24.0	795
2015	30	朴道2期	112.6	2016	711	-24.6	795

续表

排序期	排序期排名	基金名称	排序期收益率（%）	检验期	检验期排名	检验期收益率（%）	样本量
2015	31	宝耀1期	110.3	2016	127	3.3	795
2015	32	清水源1号	108.5	2016	399	-6.1	795
2015	33	源乐晟策略创新1期	108.0	2016	642	-18.7	795
2015	34	摩通5号	106.1	2016	657	-20.1	795
2015	35	思源赛富1号	104.9	2016	419	-6.8	795
2015	36	京福1号	102.9	2016	52	9.7	795
2015	37	金蕴21期（泓濮1号）	101.9	2016	589	-15.2	795
2015	38	菁英时代成长3号	101.7	2016	252	-1.5	795
2015	39	大君智萌2期	100.4	2016	755	-33.2	795
2016	1	蓝金1号	193.9	2017	763	17.0	2 183
2016	2	蓝海1号（北京蓝海）	180.9	2017	2 161	-37.7	2 183
2016	3	辰阳陌丰1号	106.0	2017	466	26.8	2 183
2016	4	宁聚事件驱动1号	98.0	2017	1 349	2.1	2 183
2016	5	万吨资产天天向上	90.8	2017	1 645	-2.8	2 183
2016	6	南方海慧1号	83.9	2017	328	34.2	2 183
2016	7	草泰阳光举牌1号	74.4	2017	1 254	4.2	2 183
2016	8	上元1号	72.3	2017	235	42.8	2 183
2016	9	91金融环球时刻2号	67.9	2017	1 881	-9.8	2 183
2016	10	金田龙盛	65.9	2017	721	18.1	2 183
2016	11	深圳量华逆袭1号	65.6	2017	1 914	-11.3	2 183

附录三　收益率在排序期位于前5%的基金在检验期的排名（排序期为一年）：2014~2018年

续表

排序期	排序期排名	基金名称	排序期收益率（%）	检验期	检验期排名	检验期收益率（%）	样本量
2016	12	潼晓成长精选3期	61.5	2017	1 839	-8.4	2 183
2016	13	私募工场5期第3期	60.8	2017	1 680	-3.7	2 183
2016	14	杜兹3号	58.1	2017	2 173	-45.9	2 183
2016	15	鑫富资产腾龙1号	57.1	2017	194	47.2	2 183
2016	16	阿超1号	57.1	2017	1 948	-13.6	2 183
2016	17	鑫增长1号	51.8	2017	2 157	-36.6	2 183
2016	18	凡得幸福	46.9	2017	1 593	-1.8	2 183
2016	19	宁聚满天星	45.2	2017	1 191	5.7	2 183
2016	20	默驰对冲1号	44.4	2017	448	27.3	2 183
2016	21	本利达1号	43.5	2017	1 228	4.7	2 183
2016	22	证大久盈旗舰5号	43.4	2017	29*	75.2	2 183
2016	23	善水稳健对冲1期	42.8	2017	1 002	10.7	2 183
2016	24	新宁红枫1号	42.6	2017	1 188	5.8	2 183
2016	25	中垒1号	42.4	2017	771	16.8	2 183
2016	26	晟维价值	41.5	2017	163	50.4	2 183
2016	27	混沌1号（聚发11）	39.1	2017	730	17.9	2 183
2016	28	菁英时代国投大盈1号	38.6	2017	530	24.8	2 183
2016	29	康曼德甘主动管理型	37.6	2017	633	21.0	2 183
2016	30	高毅邻山1号	37.0	2017	45*	69.1	2 183
2016	31	以太量化2号	36.0	2017	2 046	-19.8	2 183

续表

排序期	排序期排名	基金名称	排序期收益率（％）	检验期	检验期排名	检验期收益率（％）	样本量
2016	32	九旭1号	35.2	2017	1 419	1.1	2 183
2016	33	恒瑞-中国梦2期	34.3	2017	1 852	-8.8	2 183
2016	34	福建至诚滚雪球1号	34.1	2017	176	49.2	2 183
2016	35	梦真1号	34.0	2017	2 153	-35.5	2 183
2016	36	少数派4号	33.7	2017	31*	74.2	2 183
2016	37	幻方鼎立01号	33.5	2017	1 086	8.4	2 183
2016	38	爱心稳健收益型	33.5	2017	1 411	1.2	2 183
2016	39	远澜云杉	33.5	2017	1 131	7.3	2 183
2016	40	幻方永途01号	33.4	2017	722	18.1	2 183
2016	41	钰淞（精选1期）	33.4	2017	1 853	-8.8	2 183
2016	42	幻方涌泉01号	32.9	2017	874	14.0	2 183
2016	43	双隆隆腾1号	32.6	2017	496	25.6	2 183
2016	44	巴克夏月月利1号	32.6	2017	244	42.0	2 183
2016	45	恒立7号	32.4	2017	1 150	7.0	2 183
2016	46	达仁卓越2号	32.0	2017	2 115	-27.2	2 183
2016	47	睿信主题成长1期	31.9	2017	997	10.7	2 183
2016	48	汇创稳健1号（广东汇创）	31.5	2017	238	42.4	2 183
2016	49	卓踪1号	30.9	2017	796	16.1	2 183
2016	50	尚泽磐石2号	30.7	2017	1 394	1.4	2 183
2016	51	钜茵投资健康中国1号	30.3	2017	2 085	-23.8	2 183

附录三　收益率在排序期位于前5%的基金在检验期的排名（排序期为一年）：2014~2018年

续表

排序期	排序期排名	基金名称	排序期收益率（%）	检验期	检验期排名	检验期收益率（%）	样本量
2016	52	稳健增长（外贸）	30.0	2017	1 985	-15.4	2 183
2016	53	圣盾成长1号	29.7	2017	1 359	2.0	2 183
2016	54	查理投资-私募学院菁英35号	29.6	2017	53*	67.2	2 183
2016	55	龙韬华枝满1号	29.6	2017	2 017	-17.4	2 183
2016	56	幻方钱海01号	29.5	2017	424	28.3	2 183
2016	57	旭诺成长对冲3号	29.4	2017	1 484	0.0	2 183
2016	58	明汯全天候1号	29.3	2017	960	11.6	2 183
2016	59	幻方印月01号	29.2	2017	759	17.1	2 183
2016	60	沃蓝1期	29.0	2017	207	46.1	2 183
2016	61	幻方恒光01号	27.9	2017	732	17.8	2 183
2016	62	丰芠1号	27.9	2017	2 008	-16.6	2 183
2016	63	益洋成钜瑞对冲1号	27.4	2017	1 749	-5.3	2 183
2016	64	塔晶价值成长1号	27.4	2017	1 499	-0.2	2 183
2016	65	祥和1号	27.3	2017	1 677	-3.6	2 183
2016	66	福建滚雪球31号	26.9	2017	16*	83.8	2 183
2016	67	91-环球1号	26.3	2017	1 984	-15.4	2 183
2016	68	逸杉2期	25.9	2017	494	25.7	2 183
2016	69	九铭佰升	25.7	2017	1 049	9.2	2 183
2016	70	伯洋6期	25.5	2017	978	11.3	2 183
2016	71	证大稳健增长	25.5	2017	1 751	-5.3	2 183

续表

排序期	排序期排名	基金名称	排序期收益率（%）	检验期	检验期排名	检验期收益率（%）	样本量
2016	72	牧客卓越5号	24.9	2017	1 052	9.1	2 183
2016	73	福建滚雪球33号	24.8	2017	32*	73.5	2 183
2016	74	鑫泉复利增长1期	24.5	2017	686	18.8	2 183
2016	75	逸杉1期	24.2	2017	630	21.1	2 183
2016	76	睿璞投资-睿洪1号	24.2	2017	146	52.7	2 183
2016	77	东方点赞	23.9	2017	9*	88.3	2 183
2016	78	瀚木资产瀚木1号	23.3	2017	1 612	-2.2	2 183
2016	79	证大大盈金衍1号	23.1	2017	1 933	-12.5	2 183
2016	80	幻方之江01号	22.9	2017	765	17.0	2 183
2016	81	微观世界量化对冲1号	22.9	2017	1 083	8.4	2 183
2016	82	私募学院菁英139号	22.8	2017	458	27.0	2 183
2016	83	同望1期1号	22.7	2017	228	43.2	2 183
2016	84	温莎简毅策略成长10号	22.7	2017	2 073	-22.3	2 183
2016	85	东诺1号	22.7	2017	2 164	-39.0	2 183
2016	86	通和富享1期	22.6	2017	50*	68.0	2 183
2016	87	逐流1号	22.5	2017	1 455	0.5	2 183
2016	88	泓信全景1号	22.4	2017	1 711	-4.3	2 183
2016	89	云梦泽-春风	22.2	2017	1 850	-8.7	2 183
2016	90	海中湾（中信）1号	22.1	2017	1 857	-9.0	2 183
2016	91	上海老渔民家欣1号	22.0	2017	122	55.6	2 183

附录三　收益率在排序期位于前5%的基金在检验期的排名（排序期为一年）：2014~2018年

续表

排序期	排序期排名	基金名称	排序期收益率（%）	检验期	检验期排名	检验期收益率（%）	样本量
2016	92	润樽沪港通	21.8	2017	211	45.9	2 183
2016	93	深圳前海华霖进取1号	21.8	2017	2 100	-25.3	2 183
2016	94	幻方慧鑫01号	21.7	2017	847	14.8	2 183
2016	95	穗富12号	21.5	2017	2 138	-31.1	2 183
2016	96	汇艾资产-稳健1号	21.2	2017	1 207	5.3	2 183
2016	97	添华1号	21.2	2017	2 165	-39.0	2 183
2016	98	龙隐1号	21.1	2017	985	11.1	2 183
2016	99	千波1号	21.0	2017	2 009	-16.7	2 183
2016	100	大鹏湾财富3期	20.9	2017	62*	65.4	2 183
2016	101	金蕴99期（谷寒长线回报）	20.9	2017	121	55.6	2 183
2016	102	泊通2号	20.7	2017	417	28.8	2 183
2016	103	乾立亨趋势策略1号	20.5	2017	1 560	-1.2	2 183
2016	104	永升致远1期	20.2	2017	402	29.4	2 183
2016	105	因诺启航2号	20.2	2017	1 587	-1.7	2 183
2016	106	弘尚资产灵活配置	20.1	2017	515	25.2	2 183
2016	107	福建滚雪球11号	20.0	2017	230	43.1	2 183
2016	108	盈阳19号	19.9	2017	1 242	4.4	2 183
2016	109	优扬1号	19.9	2017	1 256	4.1	2 183
2017	1	佰利资产管理1期	423.9	2018	2 547	-36.8	2 756
2017	2	汇祥1号（汇祥）	249.2	2018	2 660	-49.0	2 756

续表

排序期	排序期排名	基金名称	排序期收益率（%）	检验期	检验期排名	检验期收益率（%）	样本量
2017	3	雨山寻牛1号	217.1	2018	2 524	-35.8	2 756
2017	4	河洲资产川行主观1号	192.4	2018	1 522	-16.9	2 756
2017	5	东方点赞A	187.6	2018	310	1.7	2 756
2017	6	谦颐稳健防御1号	153.1	2018	2 627	-43.1	2 756
2017	7	涌津涌鑫6号	148.4	2018	1 501	-16.6	2 756
2017	8	迎水起航1号	137.0	2018	1 549	-17.2	2 756
2017	9	璟恒5期	132.9	2018	1 283	-13.8	2 756
2017	10	复胜正能量1期	132.8	2018	1 523	-16.9	2 756
2017	11	乔格理8号	129.7	2018	2 631	-43.4	2 756
2017	12	蓝海歧途1号	125.4	2018	2 668	-50.8	2 756
2017	13	万方稳进1号	121.6	2018	1 684	-18.9	2 756
2017	14	林园投资2号	120.9	2018	1 818	-20.5	2 756
2017	15	匀丰量化进取	119.9	2018	18*	34.0	2 756
2017	16	希瓦小牛FOF	112.5	2018	1 647	-18.4	2 756
2017	17	景林创新成长	107.6	2018	2 047	-23.8	2 756
2017	18	卓凯2号	106.6	2018	1 366	-14.9	2 756
2017	19	涌津涌赢1号	106.6	2018	1 558	-17.4	2 756
2017	20	等观风险5号	106.2	2018	2 735	-66.9	2 756
2017	21	林园投资1号	105.9	2018	2 152	-25.4	2 756
2017	22	金泰端丰（乾清）	95.3	2018	2 744	-72.8	2 756

附录三 收益率在排序期位于前5%的基金在检验期的排名（排序期为一年）：2014~2018年

续表

排序期	排序期排名	基金名称	排序期收益率（%）	检验期	检验期排名	检验期收益率（%）	样本量
2017	23	今港优选	93.5	2018	1 713	-19.2	2 756
2017	24	君行5号	92.1	2018	105*	11.0	2 756
2017	25	华鑫051号	92.0	2018	2 317	-29.1	2 756
2017	26	抱朴1号	91.0	2018	2 386	-31.0	2 756
2017	27	东方点赞	88.3	2018	295	2.1	2 756
2017	28	同犇智慧1号	87.9	2018	1 482	-16.5	2 756
2017	29	九霄投资稳健成长2号	87.7	2018	1 692	-18.9	2 756
2017	30	利得汉澳1期	87.7	2018	1 241	-13.3	2 756
2017	31	成泉汇涌1期	87.6	2018	2 326	-29.3	2 756
2017	32	朴信创新1号	85.5	2018	2 676	-51.5	2 756
2017	33	大禾投资-掘金5号	85.0	2018	4*	97.9	2 756
2017	34	金钥匙东方港湾港股通1号	84.6	2018	1 359	-14.9	2 756
2017	35	草铸卓越1号	84.4	2018	2 246	-27.3	2 756
2017	36	金钥匙东方港湾港股通2号	84.3	2018	1 367	-14.9	2 756
2017	37	东方港湾拓商1号	84.1	2018	1 197	-12.5	2 756
2017	38	同犇尊享2号	82.9	2018	1 666	-18.6	2 756
2017	39	东方港湾拓商	82.7	2018	1 160	-12.0	2 756
2017	40	长江汉景港湾1号	80.8	2018	1 467	-16.3	2 756
2017	41	添益1号（海之帆）	80.4	2018	217	4.6	2 756
2017	42	鹏山长期回报1号	79.9	2018	2 383	-31.0	2 756

· 209 ·

续表

排序期	排序期排名	基金名称	排序期收益率（%）	检验期	检验期排名	检验期收益率（%）	样本量
2017	43	大禾投资-掘金1号	79.8	2018	3★	99.0	2 756
2017	44	望正基石投资1号	79.1	2018	516	-2.5	2 756
2017	45	同犇尊享1号	79.0	2018	1 775	-20.0	2 756
2017	46	高信百诺1期	78.6	2018	1 068	-10.8	2 756
2017	47	青榕中华消费	78.6	2018	1 515	-16.8	2 756
2017	48	红荨稳赢1期	78.4	2018	50★	17.0	2 756
2017	49	涌津涌赢2号	78.1	2018	2 173	-25.8	2 756
2017	50	汇杉稳健成长1号	78.0	2018	2 529	-36.0	2 756
2017	51	景林优选2号	78.0	2018	2 221	-26.8	2 756
2017	52	仙童3期	77.9	2018	1 395	-15.4	2 756
2017	53	望正精英鹏辉2号	77.9	2018	423	-0.7	2 756
2017	54	涌津涌赢8号	77.5	2018	1 926	-21.9	2 756
2017	55	望正精英浩然1号	76.8	2018	2 362	-30.3	2 756
2017	56	浙商汉景港湾1号	76.4	2018	1 439	-16.0	2 756
2017	57	弘石量化1号	76.3	2018	116★	10.1	2 756
2017	58	东方港湾马拉松1号	75.7	2018	344	0.8	2 756
2017	59	止于至善	75.4	2018	2 493	-34.7	2 756
2017	60	汉唐港湾4号	75.2	2018	1 965	-22.6	2 756
2017	61	坚实1号	75.2	2018	2 190	-26.3	2 756
2017	62	证大久盈旗舰5号	75.2	2018	2 179	-26.0	2 756

附录三　收益率在排序期位于前5%的基金在检验期的排名（排序期为一年）：2014~2018年

续表

排序期	排序期排名	基金名称	排序期收益率（%）	检验期	检验期排名	检验期收益率（%）	样本量
2017	63	景林稳健	74.2	2018	2 014	-23.3	2 756
2017	64	少数派4号	74.2	2018	1 600	-17.8	2 756
2017	65	景林精选2号	74.1	2018	2 013	-23.3	2 756
2017	66	泽升优选成长1期	73.8	2018	2 255	-27.8	2 756
2017	67	佰丰一号	73.6	2018	2 259	-27.9	2 756
2017	68	同犇6期	73.3	2018	1 661	-18.6	2 756
2017	69	东方港湾3号	72.7	2018	1 447	-16.1	2 756
2017	70	私募工场千帆2期	72.6	2018	2 428	-32.5	2 756
2017	71	予曦1号	72.4	2018	1 220	-13.0	2 756
2017	72	久铭3号	72.2	2018	1 525	-16.9	2 756
2017	73	卓凯1号	72.0	2018	1 832	-20.7	2 756
2017	74	潮金丰中港价值优选2号	72.0	2018	2 068	-24.1	2 756
2017	75	东方新经济先锋1号	71.5	2018	2 060	-24.0	2 756
2017	76	同犇财通5期	71.2	2018	1 670	-18.7	2 756
2017	77	镭泉资产泉顺1号	70.4	2018	1 315	-14.1	2 756
2017	78	东方港湾2号	70.4	2018	1 486	-16.5	2 756
2017	79	等观风险6号	70.3	2018	2 621	-42.5	2 756
2017	80	东方医疗健康优选	70.1	2018	2 017	-23.3	2 756
2017	81	长金银信宝6期	69.9	2018	2 170	-25.7	2 756
2017	82	和盛丰悦1号	69.8	2018	1 057	-10.7	2 756

· 211 ·

续表

排序期	排序期排名	基金名称	排序期收益率（%）	检验期	检验期排名	检验期收益率（%）	样本量
2017	83	曦微成长精选2期	69.7	2018	2 574	-38.6	2 756
2017	84	汉和资本-私募学院菁英7号	69.3	2 018	551	-3.0	2 756
2017	85	私募工场秃鹫1期	68.8	2018	2 219	-26.8	2 756
2017	86	私享-蓝筹1期	68.5	2018	2 433	-32.5	2 756
2017	87	同犇2期	68.2	2018	1 073	-10.8	2 756
2017	88	通和富享1期	68.0	2018	1 710	-19.1	2 756
2017	89	磐厚蔚然-英安中国	68.0	2018	1 150	-11.9	2 756
2017	90	同犇1期	67.7	2018	1 184	-12.4	2 756
2017	91	91金融东方港价值1号	67.3	2018	1 188	-12.4	2 756
2017	92	娜嬛资本东方既白	67.2	2018	1 210	-12.9	2 756
2017	93	高信百诺价值白	67.1	2018	1 191	-12.4	2 756
2017	94	汉景港湾3号	67.0	2018	1 471	-16.3	2 756
2017	95	林园	66.5	2018	1 695	-18.9	2 756
2017	96	东方港湾-拓商1号	66.5	2018	1 696	-18.9	2 756
2017	97	卓凯1号1期	66.4	2018	1 828	-20.6	2 756
2017	98	东方港湾创业成长	65.8	2018	1 449	-16.2	2 756
2017	99	新智达成长1号	65.7	2018	1 474	-16.4	2 756
2017	100	大鹏湾财富3期	65.4	2018	1 445	-16.1	2 756
2017	101	朴信3号	64.8	2018	2 629	-43.2	2 756
2017	102	骏伟资本掘金改革2期	64.4	2018	1 526	-16.9	2 756

附录三　收益率在排序期位于前5%的基金在检验期的排名（排序期为一年）：2014~2018年

续表

排序期	排序期排名	基金名称	排序期收益率（%）	检验期	检验期排名	检验期收益率（%）	样本量
2017	103	新思哲多策略3期	64.3	2018	1 699	-19.0	2 756
2017	104	惠正共赢	64.1	2018	1 859	-21.0	2 756
2017	105	骏伟资本3期	63.8	2018	2 634	-43.5	2 756
2017	106	东方消费服务优选	63.8	2018	1 969	-22.7	2 756
2017	107	高傅汉景港湾1号	63.7	2018	1 976	-22.8	2 756
2017	108	私募工场荔棋稳健成长1号	63.4	2018	2 124	-25.0	2 756
2017	109	海洋之星1号	63.4	2018	1 274	-13.7	2 756
2017	110	滚雪球1号（201502）	63.2	2018	587	-3.7	2 756
2017	111	东方先进制造优选	63.0	2018	1 777	-20.0	2 756
2017	112	紫金港7号	62.8	2018	1 930	-22.0	2 756
2017	113	国泓稳健1期	62.6	2018	632	-4.3	2 756
2017	114	金舆衍生复合1期	62.6	2018	1 420	-15.8	2 756
2017	115	金广资产-鑫1号	62.5	2018	1 158	-11.9	2 756
2017	116	投资精英之景林（A类）	62.5	2018	2 472	-34.0	2 756
2017	117	阿甘1号	62.5	2018	2 506	-35.0	2 756
2017	118	私募工场亚洲价值长线回报	62.5	2018	203	5.1	2 756
2017	119	广汇缘1号	62.3	2018	2 398	-31.5	2 756
2017	120	紫金港6号灵活策略	62.3	2018	1 712	-19.2	2 756
2017	121	久铭2号	62.3	2018	1 716	-19.2	2 756
2017	122	汇谷舒心1号	62.3	2018	2 050	-23.8	2 756

续表

排序期	排序期排名	基金名称	排序期收益率（%）	检验期	检验期排名	检验期收益率（%）	样本量
2017	123	长金银信宝2期	62.2	2018	2 533	-36.2	2 756
2017	124	同犇3期	62.0	2018	1 664	-18.6	2 756
2017	125	私享-蓝筹2期	62.0	2018	2 332	-29.5	2 756
2017	126	石锋笃行1号	62.0	2018	1 740	-19.5	2 756
2017	127	万利富达	61.8	2018	2 010	-23.2	2 756
2017	128	平石T5对冲基金	61.7	2018	975	-9.7	2 756
2017	129	长牛分析1号	61.6	2018	873	-8.2	2 756
2017	130	同犇9期	61.4	2018	1 944	-22.3	2 756
2017	131	深圳广汇缘5号	61.2	2018	2 395	-31.4	2 756
2017	132	尚雅9期	61.2	2018	2 095	-24.5	2 756
2017	133	万顺通1号	60.8	2018	2 020	-23.4	2 756
2017	134	仁灏开元	60.7	2018	1 267	-13.7	2 756
2017	135	金砖悦力	60.7	2018	641	-4.5	2 756
2017	136	少数派29号	60.5	2018	1 360	-14.9	2 756
2017	137	奕金安1期	60.2	2018	1 881	-21.3	2 756

附录四　收益率在排序期位于前5%的基金在检验期的排名（排序期为三年）：2013~2018年

本表展示的是排序期为三年，检验期为一年时，排序期收益率排名前5%的基金在检验期的收益率。样本量为在排序期和检验期都存在的基金个数。★表示在检验期仍位于前5%的基金。

排序期	排序期排名	基金名称	排序期收益率（%）	检验期	检验期排名	检验期收益率（%）	样本量
2013~2015	1	清水源1号	553.7	2016	123	-6.1	255
2013~2015	2	鸿逸1号	422.9	2016	250	-36.5	255
2013~2015	3	证大稳健增长	406.3	2016	5★	25.5	255
2013~2015	4	思考1号	370.9	2016	33	3.3	255
2013~2015	5	稳健增长（外贸）	361.4	2016	4★	30.0	255
2013~2015	6	景富趋势成长1期	354.2	2016	91	-2.9	255
2013~2015	7	富恩德1期	256.5	2016	48	1.7	255
2013~2015	8	世诚扬子2号	252.4	2016	120	-5.8	255
2013~2015	9	泽泉涨停板1号	238.3	2016	16	9.4	255
2013~2015	10	玖歌投资1期	236.9	2016	102	-4.0	255
2013~2015	11	名禹稳健增长	229.0	2016	127	-6.6	255
2013~2015	12	菁英时代成长3号	227.4	2016	74	-1.5	255
2014~2016	1	华鑫785号	677.3	2017	287	-67.6	287
2014~2016	2	证大稳健增长	591.0	2017	235	-5.3	287
2014~2016	3	稳健增长（外贸）	534.3	2017	257	-15.4	287
2014~2016	4	清水源1号	331.2	2017	176	2.7	287
2014~2016	5	思考1号	322.4	2017	263	-18.2	287

续表

排序期	排序期排名	基金名称	排序期收益率（%）	检验期	检验期排名	检验期收益率（%）	样本量
2014~2016	6	泽泉景渤财富	309.6	2017	276	-24.4	287
2014~2016	7	景富趋势成长1期	211.0	2017	198	0.2	287
2014~2016	8	泽泉涨停板1号	201.2	2017	277	-26.6	287
2014~2016	9	思晔量化择股旗舰	195.3	2017	80	23.0	287
2014~2016	10	鑫安1期	194.0	2017	221	-2.6	287
2014~2016	11	诚盛1期	186.8	2017	106	17.3	287
2014~2016	12	少数派5号	186.1	2017	32	46.7	287
2014~2016	13	名禹稳健增长	184.7	2017	154	7.1	287
2014~2016	14	新思哲1期	180.2	2017	18	54.6	287
2015~2017	1	仙童1期	251.9	2018	114	-10.5	425
2015~2017	2	弘尚资产灵活配置	239.4	2018	337	-28.4	425
2015~2017	3	新思哲1期	225.8	2018	213	-18.6	425
2015~2017	4	稳健增长（外贸）	224.5	2018	242	-20.3	425
2015~2017	5	证大稳健增长	203.9	2018	365	-31.2	425
2015~2017	6	宁聚满天星	203.7	2018	263	-21.8	425
2015~2017	7	德亚进取1号	201.5	2018	199	-17.6	425
2015~2017	8	稳增3期	199.2	2018	22	1.9	425
2015~2017	9	同犇1期	173.7	2018	145	-12.4	425
2015~2017	10	以太量化2号	172.5	2018	424	-87.1	425
2015~2017	11	泽泉景渤财富	169.7	2018	367	-31.2	425

附录四 收益率在排序期位于前5%的基金在检验期的排名（排序期为三年）：2013~2018年

续表

排序期	排序期排名	基金名称	排序期收益率（%）	检验期	检验期排名	检验期收益率（%）	样本量
2015~2017	12	丰岭稳健成长1期	169.4	2018	198	-17.6	425
2015~2017	13	细水醍醐	167.7	2018	57	-3.9	425
2015~2017	14	泽元无利	163.0	2018	224	-19.5	425
2015~2017	15	乐晟精选	158.4	2018	312	-25.2	425
2015~2017	16	林园	152.3	2018	218	-18.9	425
2015~2017	17	海洋之星1号	152.2	2018	153	-13.7	425
2015~2017	18	源乐晟策略创新1期	150.0	2018	219	-18.9	425
2015~2017	19	少数派5号	149.2	2018	127	-11.2	425
2015~2017	20	同犇2期	147.7	2018	122	-10.8	425
2015~2017	21	凤翔多利	147.7	2018	334	-27.8	425

附录五 收益率在排序期和检验期分别位于前5%的基金排名（排序期为一年）：2014~2018年

本表展示的是排序期为一年、检验期为一年时，排序期和检验期分别排名前5%的基金及基金的收益率。样本量为在排序期和检验期都存在的基金个数。★表示在检验期仍位于前5%的基金。

排序期	排序期排名	基金名称	排序期收益率（%）	检验期	检验期排名	基金名称	检验期收益率（%）	样本量
2014	1	金汇峰收益展示1号	245.0	2015	1	华鑫785号	480.7	546
2014	2	泽熙3期（山东）	208.8	2015	2	泽熙3期（山东）★	438.9	546
2014	3	蕴泽1号	153.3	2015	3	泽熙1期（华润）★	319.3	546
2014	4	泽熙1期（华润）	139.3	2015	4	泽泉湖财富	251.5	546
2014	5	清水源1号	120.3	2015	5	泽熙4期	207.5	546
2014	6	天乙1期	117.4	2015	6	稳健增长（外贸）	195.2	546
2014	7	证大稳健增长	115.2	2015	7	泽熙5期	175.2	546
2014	8	长余1期	112.3	2015	8	思考1号	173.5	546
2014	9	嘉禾1号	108.8	2015	9	天启腾蛇	172.4	546
2014	10	悟空对冲量化	108.4	2015	10	金汇峰收益展示1号★	156.5	546
2014	11	御峰1号	108.4	2015	11	证大稳健增长★	155.8	546
2014	12	懿和2期	108.2	2015	12	金陀罗飞龙1号	155.7	546
2014	13	金狮93号	106.2	2015	13	穗富1号	155.7	546
2014	14	尊荣	98.4	2015	14	泽熙2期（山东）	152.5	546
2014	15	和美1期	97.9	2015	15	仙童1期	149.2	546
2014	16	炜博领航	96.7	2015	16	景富趋势成长1期	137.0	546

附录五 收益率在排序期和检验期分别位于前5%的基金排名（排序期为一年）：2014~2018年

续表

排序期	排序期排名	基金名称	排序期收益率(%)	检验期	检验期排名	基金名称	检验期收益率(%)	样本量
2014	17	天马1期	94.6	2015	17	向量ETF创新1期	136.7	546
2014	18	东源1期	91.2	2015	18	富安达成1号	118.7	546
2014	19	德源安战略成长3号	89.8	2015	19	泽泉涨停版1号	116.5	546
2014	20	紫鑫3号	88.4	2015	20	君富至尊9号	113.7	546
2014	21	桃花源共同量子1期	86.0	2015	21	中原汇盈	108.5	546
2014	22	中国龙目标回报1期	85.6	2015	22	清水源1号*	108.5	546
2014	23	金融战士1号	85.6	2015	23	源乐晟策略创新1期	108.0	546
2014	24	雪球2期	85.0	2015	24	京福1号	102.9	546
2014	25	德源安战略成长1号	84.8	2015	25	金蕴21期（泓璞1号）	101.9	546
2014	26	名禹稳健增长	83.8	2015	26	菁英时代成长3号	101.7	546
2014	27	证大1期	83.6	2015	27	映雪霜雪1期	99.2	546
2015	1	华鑫785号	480.7	2016	1	安盈1号	75.2	795
2015	2	倚天雅莉3号	333.9	2016	2	鑫增长1号	51.8	795
2015	3	泽泉景渤财富	251.5	2016	3	宝幡稳健回报35期	49.4	795
2015	4	卓泰2号	240.8	2016	4	宁聚满天星	45.2	795
2015	5	兆意1期	231.2	2016	5	新宁红枫1号	42.6	795
2015	6	稳健增（外贸）	195.2	2016	6	混沌1号（聚发11）	39.1	795
2015	7	毕咸1期	189.1	2016	7	以太量化2号*	36.0	795
2015	8	思考1号	173.5	2016	8	巴克夏月月利1号	32.6	795

续表

排序期	排序期排名	基金名称	排序期收益率（%）	检验期	检验期排名	基金名称	检验期收益率（%）	样本量
2015	9	稳增 3 期	168.4	2016	9	稳健增长（外贸）	30.0	795
2015	10	旭诺成长择时对冲 1 号	164.1	2016	10	塔晶价值成长 1 号	27.4	795
2015	11	德亚进取 1 号	157.0	2016	11	祥和 1 号*	27.3	795
2015	12	证大稳健增长	155.8	2016	12	证大稳健增长*	25.5	795
2015	13	金陀罗飞龙 1 号	155.7	2016	13	弘尚资产灵活配置*	20.1	795
2015	14	穗富 1 号	155.7	2016	14	北京格雷成长	18.4	795
2015	15	中融293号-金河新价值成长1期	152.1	2016	15	格雷 1 期	18.4	795
2015	16	以太量化 2 号	150.0	2016	16	林园	18.2	795
2015	17	仙童 1 期	149.2	2016	17	卓泰 2 号*	18.0	795
2015	18	永望复利成长 1 号	142.4	2016	18	信合东方（粤财）	17.7	795
2015	19	睿策乘上优享 1 期	140.0	2016	19	开拓者程序化 3 号	16.9	795
2015	20	得大 1 期	137.9	2016	20	德汇成长 1 期	16.6	795
2015	21	景富趋势成长 1 期	137.0	2016	21	海中湾（齐鲁）3 号	16.6	795
2015	22	向量ETF创新 1 期	136.7	2016	22	林园 2 期	16.4	795
2015	23	泽泉盛辉	136.0	2016	23	金中和西鼎	16.3	795
2015	24	祥和 1 号	135.8	2016	24	北京格雷兴盛	16.2	795
2015	25	富腾成长 3 期	127.0	2016	25	开拓者程序化 2 号	15.0	795
2015	26	弘尚资产灵活配置	125.8	2016	26	长金银信宝 2 期	14.8	795
2015	27	富安达安晟 1 号	118.7	2016	27	莞香对冲 1 号	14.1	795

附录五　收益率在排序期和检验期分别位于前5%的基金排名（排序期为一年）：2014~2018年

续表

排序期	排序期排名	基金名称	排序期收益率（%）	检验期	检验期排名	基金名称	检验期收益率（%）	样本量
2015	28	泽泉涨停板1号	116.5	2016	28	惠理价值1期（2011）	14.1	795
2015	29	君富至尊9号	113.7	2016	29	泽泉信德	14.0	795
2015	30	朴道2期	112.6	2016	30	博观臻选2期	13.4	795
2015	31	宝耀1期	110.3	2016	31	浦江之星168号佳友1号	13.4	795
2015	32	清水源1号	108.5	2016	32	鼎润1期	13.4	795
2015	33	源乐晟策略创新1期	108.0	2016	33	少数派5号	13.0	795
2015	34	摩通5号	106.1	2016	34	万丰友方贯富创赢1号B	12.9	795
2015	35	思源赛富1号	104.9	2016	35	雪球2期	12.4	795
2015	36	京福1号	102.9	2016	36	智博方略2号	12.3	795
2015	37	金蕴21期（泓璞1号）	101.9	2016	37	昀沣	12.2	795
2015	38	菁英时代成长3号	101.7	2016	38	或然赋利1期	12.1	795
2015	39	大君智萌2期	100.4	2016	39	温莎简毅精选8号	12.0	795
2016	1	蓝金1号	193.9	2017	1	美港竞马拉雅	165.4	2 183
2016	2	蓝海1号（北京蓝海）	180.9	2017	2	美港基金	135.2	2 183
2016	3	辰阳恒丰1号	106.0	2017	3	璟恒5期	132.9	2 183
2016	4	宁聚事件驱动1号	98.0	2017	4	万方稳进1号	121.6	2 183
2016	5	万吨资产天天向上	90.8	2017	5	景林创新成长	107.6	2 183
2016	6	南方海慧1号	83.9	2017	6	诚朴息壤1号	95.9	2 183
2016	7	卓泰阳光举牌1号	74.4	2017	7	金泰瑞丰（乾清）	95.3	2 183

续表

排序期	排序期排名	基金名称	排序期收益率（%）	检验期	检验期排名	基金名称	检验期收益率（%）	样本量
2016	8	上元1号	72.3	2017	8	东航金融-蓝海2号	94.4	2 183
2016	9	91金融环球时刻2号	67.9	2017	9	东方点赞*	88.3	2 183
2016	10	金田龙盛	65.9	2017	10	九霄投资稳健成长2号	87.7	2 183
2016	11	深圳量华逆袭1号	65.6	2017	11	利得汉景1期	87.7	2 183
2016	12	潼成长精选3期	61.5	2017	12	成泉汇涌1期	87.6	2 183
2016	13	私募工场5期第3期	60.8	2017	13	朴信创新1号	85.5	2 183
2016	14	杜岔3号	58.1	2017	14	金钥匙东方港湾港股通1号	84.6	2 183
2016	15	鑫富资产腾龙1号	57.1	2017	15	金钥匙东方港湾港股通2号	84.3	2 183
2016	16	阿超1号	57.1	2017	16	福建滚雪球31号*	83.8	2 183
2016	17	鑫增长1号	51.8	2017	17	万象汇富8号	81.1	2 183
2016	18	凡得幸福	46.9	2017	18	长江汉景港湾1号	80.8	2 183
2016	19	宁聚满天星	45.2	2017	19	富赢进取7号	80.4	2 183
2016	20	默驰对冲1号	44.4	2017	20	鹏山长期回报1号	79.9	2 183
2016	21	本利达1号	43.5	2017	21	望正基石投资1号	79.1	2 183
2016	22	证大久盈旗舰5号	43.4	2017	22	高信百诺1期	78.6	2 183
2016	23	善水稳健对冲1期	42.8	2017	23	青格中华消费	78.6	2 183
2016	24	新宇红枫1号	42.6	2017	24	景林优选2号	78.0	2 183
2016	25	中垒1号	42.4	2017	25	望正精英浩然1号	76.8	2 183
2016	26	晟维价值	41.5	2017	26	景林创新	76.5	2 183

附录五 收益率在排序期和检验期分别位于前5%的基金排名（排序期为一年）：2014~2018年

续表

排序期	排序期排名	基金名称	排序期收益率(%)	检验期	检验期排名	基金名称	检验期收益率(%)	样本量
2016	27	混沌1号（聚发11）	39.1	2017	27	浙商汉景港湾1号	76.4	2 183
2016	28	菁英时代国投大盈1号	38.6	2017	28	东方港湾马拉松1号	75.7	2 183
2016	29	康曼德甘主动管理型	37.6	2017	29	证大久盈旗舰5号*	75.2	2 183
2016	30	高毅邻山1号	37.0	2017	30	景林稳健	74.2	2 183
2016	31	以太量化2号	36.0	2017	31	少数派4号*	74.2	2 183
2016	32	九旭1号	35.2	2017	32	福建滚雪球33号*	73.5	2 183
2016	33	恒瑞-中国梦2期	34.3	2017	33	同犇6期	73.3	2 183
2016	34	福建至诚滚雪球1号	34.1	2017	34	东方港湾3号	72.7	2 183
2016	35	梦真1号	34.0	2017	35	卓凯1号	72.0	2 183
2016	36	少数派4号	33.7	2017	36	东方新经济先锋1号	71.5	2 183
2016	37	幻方鼎立01号	33.5	2017	37	同犇财通5期	71.2	2 183
2016	38	爱心稳健收益型	33.5	2017	38	广汇缘3号	70.9	2 183
2016	39	远澜云杉	33.5	2017	39	东方港湾2号	70.4	2 183
2016	40	幻方永逸01号	33.4	2017	40	东方医疗健康优选	70.1	2 183
2016	41	钰淞（精选1期）	33.4	2017	41	长金银信宝6期	69.9	2 183
2016	42	幻方涌泉01号	32.9	2017	42	曦微成长精选2期	69.7	2 183
2016	43	双盈隆腾1号	32.6	2017	43	汉和资本-私募学院菁英7号	69.3	2 183
2016	44	巴克夏月月利1号	32.6	2017	44	中汇金凯8期	69.3	2 183
2016	45	恒立7号	32.4	2017	45	高毅邻山1号*	69.1	2 183

续表

排序期	排序期排名	基金名称	排序期收益率（%）	检验期	检验期排名	基金名称	检验期收益率（%）	样本量
2016	46	达仁卓越2号	32.0	2017	46	融通资本汉港湾1号	68.9	2 183
2016	47	睿信主题成长1期	31.9	2017	47	私享-蓝筹1期	68.5	2 183
2016	48	汇创稳健1号（广东汇创）	31.5	2017	48	同犇2期	68.2	2 183
2016	49	草跌1号	30.9	2017	49	汇鑫89号	68.0	2 183
2016	50	尚泽磐石2号	30.7	2017	50	通和富享1期*	68.0	2 183
2016	51	钜阵投资健康中国1号	30.3	2017	51	同犇1期	67.7	2 183
2016	52	稳健增长（外贸）	30.0	2017	52	91金融东方港湾价值1号	67.3	2 183
2016	53	圣ущ成长1号	29.7	2017	53	查理投资-私募学院菁英35号*	67.2	2 183
2016	54	查理投资-私募学院菁英35号	29.6	2017	54	晓峰1号睿远	67.1	2 183
2016	55	龙骑华枝满1号	29.6	2017	55	高信百价值成长	67.1	2 183
2016	56	幻方钱海01号	29.5	2017	56	汉景港湾3号	67.0	2 183
2016	57	旭诺成长对冲3号	29.4	2017	57	西藏辰景港湾1号	66.7	2 183
2016	58	明法全天候1号	29.3	2017	58	林园	66.5	2 183
2016	59	幻方印月01号	29.2	2017	59	草凯1号1期	66.4	2 183
2016	60	沃蓝1期	29.0	2017	60	东方港创业成长	65.8	2 183
2016	61	幻方恒光01号	27.9	2017	61	新智达成长1号	65.7	2 183
2016	62	丰斐1号	27.9	2017	62	大鹏湾财富3期*	65.4	2 183
2016	63	益洋成钜瑞对冲1号	27.4	2017	63	融通资本盈冠东方汉景1号	65.1	2 183
2016	64	塔晶价值成长1号	27.4	2017	64	福建滚雪球10号	64.5	2 183

附录五 收益率在排序期和检验期分别位于前5%的基金排名（排序期为一年）：2014~2018年

续表

排序期	排序期排名	基金名称	排序期收益率(%)	检验期	检验期排名	基金名称	检验期收益率(%)	样本量
2016	65	祥和1号	27.3	2017	65	骏伟资本掘金改革2期	64.4	2 183
2016	66	福建滚雪球31号	26.9	2017	66	新思哲多策略3期	64.3	2 183
2016	67	91-环球1号	26.3	2017	67	新思哲成长	64.2	2 183
2016	68	逸杉2期	25.9	2017	68	惠正共赢	64.1	2 183
2016	69	九铭恒升	25.7	2017	69	骏伟资本3期	63.8	2 183
2016	70	伯洋6期	25.5	2017	70	东方消费服务优选	63.8	2 183
2016	71	证大稳健增长	25.5	2017	71	高傅汉景港湾1号	63.7	2 183
2016	72	牧容卓越5号	24.9	2017	72	海洋之星1号	63.4	2 183
2016	73	福建滚雪球33号	24.8	2017	73	新方程望正精英鹏辉	63.2	2 183
2016	74	鑫泉复利增长1期	24.5	2017	74	滚雪球1号（201502）	63.2	2 183
2016	75	逸杉1期	24.2	2017	75	东方先进制造优选	63.0	2 183
2016	76	睿璞投资-睿洪1号	24.2	2017	76	紫金港7号	63.0	2 183
2016	77	东方点赞	23.9	2017	77	国泓稳健1期	62.8	2 183
2016	78	瀚木资产瀚木1号	23.3	2017	78	炜博领航	62.7	2 183
2016	79	证大久盈金衍1号	23.1	2017	79	高毅世宏1号	62.6	2 183
2016	80	幻方之江01号	22.9	2017	80	投资精英之景林（A类）	62.5	2 183
2016	81	微观世界量化对冲1号	22.9	2017	81	阿甘1号	62.5	2 183
2016	82	私募学院菁英139号	22.8	2017	82	广汇缘1号	62.5	2 183
2016	83	同望1期1号	22.7	2017	83	紫金港6号灵活策略	62.3	2 183

续表

排序期	排序期排名	基金名称	排序期收益率（%）	检验期	检验期排名	基金名称	检验期收益率（%）	样本量
2016	84	温莎简毅策略成长10号	22.7	2017	84	汇合舒心1号	62.3	2 183
2016	85	东诺1号	22.7	2017	85	长金银信宝2期	62.2	2 183
2016	86	通和富享1期	22.6	2017	86	同犇3期	62.0	2 183
2016	87	逐流1号	22.5	2017	87	石锋笃行1号	62.0	2 183
2016	88	泓信全景1号	22.4	2017	88	万利富达	61.8	2 183
2016	89	云梦泽-春风	22.2	2017	89	平石T5对冲基金	61.7	2 183
2016	90	海中湾（中信）1号	22.1	2017	90	深圳广汇缘5号	61.2	2 183
2016	91	上海老渔民家欣1号	22.0	2017	91	尚雅9期	61.2	2 183
2016	92	润樟沪港通	21.8	2017	92	金色木棉1号	60.6	2 183
2016	93	深圳前海华榮进取1号	21.8	2017	93	奕金安1号	60.2	2 183
2016	94	幻方鑫01号	21.7	2017	94	广发银来汉东方港湾1号	60.0	2 183
2016	95	穗富12号	21.5	2017	95	汉景泉港湾马拉松	59.7	2 183
2016	96	汇艾资产-稳健1号	21.2	2017	96	仙童1期	59.5	2 183
2016	97	添华1号	21.2	2017	97	天弓2号	59.1	2 183
2016	98	龙隐1号	21.1	2017	98	进化论复合策略1号	58.7	2 183
2016	99	千波1号	21.0	2017	99	盈阳22号	58.2	2 183
2016	100	大鹏湾财富3期	20.9	2017	100	卓晔1号	57.8	2 183
2016	101	金蕴99期（谷寒长线回报）	20.9	2017	101	乐晟精选	57.8	2 183
2016	102	泊通2号	20.7	2017	102	源乐晟-晟世2号	57.6	2 183

附录五 收益率在排序期和检验期分别位于前5%的基金排名（排序期为一年）：2014~2018年

续表

排序期	排序期排名	基金名称	排序期收益率（%）	检验期	检验期排名	基金名称	检验期收益率（%）	样本量
2016	103	乾立亨趋势策略1号	20.5	2017	103	榕树文明复兴	57.6	2 183
2016	104	永升致远1期	20.2	2017	104	金石管理型	57.5	2 183
2016	105	因诺启航2号	20.2	2017	105	合信丰收1号	57.4	2 183
2016	106	弘尚资产灵活配置	20.1	2017	106	阳光宝3号	57.4	2 183
2016	107	福建滚雪球11号	20.0	2017	107	万利富达德盛1期	57.4	2 183
2016	108	盈阳19号	19.9	2017	108	德亚进取9号	57.3	2 183
2016	109	优扬1号	19.9	2017	109	几何增长1期A	57.3	2 183
2017	1	恒利资产管理1期	423.9	2018	1	大凡1号	395.4	2 756
2017	2	汇祥1号（汇祥）	249.2	2018	2	私募工场宫奇锐进	111.8	2 756
2017	3	雨山寻牛1号	217.1	2018	3	大禾投资-掘金1号*	99.0	2 756
2017	4	河洲资产川行主观1号	192.4	2018	4	大禾投资-掘金5号*	97.9	2 756
2017	5	东方点赞A	187.6	2018	5	诺德鸿鹏多策略FOHF5号	60.5	2 756
2017	6	谦颐稳健防御1号	153.1	2018	6	悟源农产品2号	55.9	2 756
2017	7	涌津涌鑫6号	148.4	2018	7	银垒进取1号	49.5	2 756
2017	8	迎水起航1号	137.0	2018	8	上海远澜颀桦1号	46.3	2 756
2017	9	璟恒5期	132.9	2018	9	靖奇金牛恩锐	45.3	2 756
2017	10	复胜正能量1期	132.8	2018	10	天倚道-幻方星辰2号	45.2	2 756
2017	11	乔胜8号	129.7	2018	11	泓瑞1号	39.5	2 756
2017	12	蓝海战略1号	125.4	2018	12	锦和5号	38.2	2 756

· 227 ·

续表

排序期	排序期排名	基金名称	排序期收益率（%）	检验期	检验期排名	基金名称	检验期收益率（%）	样本量
2017	13	万方稳进1号	121.6	2018	13	合众2号	36.3	2 756
2017	14	林园投资2号	120.9	2018	14	巡洋进取1号	34.7	2 756
2017	15	勺丰量化进取	119.9	2018	15	小黑姐黑金3号	34.6	2 756
2017	16	希瓦小牛FOF	112.5	2018	16	双隆稳盈1号	34.2	2 756
2017	17	景林创新成长	107.6	2018	17	恒健恒志量化对冲1期	34.1	2 756
2017	18	阜凯2号	106.6	2018	18	勺丰量化进取*	34.0	2 756
2017	19	涌津涌赢1号	106.6	2018	19	聚鑫1号（华宝）	33.5	2 756
2017	20	等观风险5号	106.2	2018	20	远澜红枫1号	33.4	2 756
2017	21	林园投资1号	105.9	2018	21	幻方永途01号	33.0	2 756
2017	22	金泰瑞丰（乾清）	95.3	2018	22	和熙并购8号	32.1	2 756
2017	23	今港优选	93.5	2018	23	浙江白鹭嘉庚1期	31.0	2 756
2017	24	君行5号	92.1	2018	24	上九点金1号	30.6	2 756
2017	25	华鑫051号	92.0	2018	25	益恒恒赢1号	28.6	2 756
2017	26	抱朴1号	91.0	2018	26	证大久盈旗舰101号	28.6	2 756
2017	27	东方点赞	88.3	2018	27	盈阳22号	25.2	2 756
2017	28	同犇智慧1号	87.9	2018	28	淘利多策略12号	23.7	2 756
2017	29	九霄投资稳健成长2号	87.7	2018	29	满天星6号	23.5	2 756
2017	30	利得汉景1期	87.7	2018	30	远澜红松	23.0	2 756
2017	31	成泉汇涌1期	87.6	2018	31	金样盈3号	22.0	2 756

附录五 收益率在排序期和检验期分别位于前5%的基金排名（排序期为一年）：2014~2018年

续表

排序期	排序期排名	基金名称	排序期收益率（%）	检验期	检验期排名	基金名称	检验期收益率（%）	样本量
2017	32	朴信创新1号	85.5	2018	32	固禾翡翠	21.8	2 756
2017	33	大禾投资-掘金5号	85.0	2018	33	卓踪3号	21.8	2 756
2017	34	金钥匙东方港湾港股通1号	84.6	2018	34	冲和小奖章2号	21.6	2 756
2017	35	卓铸卓越1号	84.4	2018	35	磐耀FOF2期	20.9	2 756
2017	36	金钥匙东方港湾港股通2号	84.3	2018	36	合泰1期	19.7	2 756
2017	37	东方港拓商1号	84.1	2018	37	远澜火松	18.9	2 756
2017	38	同犇尊享2号	82.9	2018	38	盛泉佰元多策略量化对冲1号	18.7	2 756
2017	39	东方港拓商	82.7	2018	39	嘉理红利	18.6	2 756
2017	40	长江汉景港湾1号	80.8	2018	40	私募工场诺桥1号	18.6	2 756
2017	41	添益1号（海之帆）	80.4	2018	41	远澜银杉	18.2	2 756
2017	42	鹏山长期回报1号	79.9	2018	42	广金美好哥德尔1号	18.1	2 756
2017	43	大禾投资-掘金1号	79.8	2018	43	幻方志远01号	17.9	2 756
2017	44	望正基石投资1号	79.1	2018	44	淘利多策略30号	17.8	2 756
2017	45	同犇尊享1号	79.0	2018	45	幻方鼎立01号	17.5	2 756
2017	46	高信百诺1期	78.6	2018	46	雅柏宝量化6号	17.4	2 756
2017	47	青榕中华消费	78.6	2018	47	远澜雪松	17.3	2 756
2017	48	红亭稳赢1期	78.4	2018	48	远澜云杉	17.3	2 756
2017	49	涌津涌赢2号	78.1	2018	49	淘利趋势套利15号	17.2	2 756
2017	50	汇杉稳健成长1号	78.0	2018	50	红亭稳赢1期*	17.0	2 756

续表

排序期	排序期排名	基金名称	排序期收益率（%）	检验期	检验期排名	基金名称	检验期收益率（%）	样本量
2017	51	景林优选2号	78.0	2018	51	正则	16.6	2 756
2017	52	仙童3期	77.9	2018	52	致远3号	16.5	2 756
2017	53	望正精英鹏辉2号	77.9	2018	53	上善御富量化阿尔法对冲	16.4	2 756
2017	54	涌津涌赢8号	77.5	2018	54	中涌1期	16.3	2 756
2017	55	望正精英浩然1号	76.8	2018	55	森旭资产-前瞻8号	15.9	2 756
2017	56	浙商汉景港湾1号	76.4	2018	56	华量申毅1号	15.9	2 756
2017	57	弘石阳光1号	76.3	2018	57	幻方佰光01号	15.8	2 756
2017	58	东方港湾马拉松1号	75.7	2018	58	涌鑫2号	15.8	2 756
2017	59	止于至善	75.4	2018	59	展弘稳进1号3期	15.7	2 756
2017	60	汉景港湾4号	75.2	2018	60	丝路量化	15.6	2 756
2017	61	坚实1号	75.2	2018	61	金铸量化	15.4	2 756
2017	62	证大大盈旗舰5号	75.2	2018	62	盈定8号	15.3	2 756
2017	63	景林稳健	74.2	2018	63	盘古1号	15.1	2 756
2017	64	少数派4号	74.2	2018	64	巡洋稳健1号	15.1	2 756
2017	65	景林精选2号	74.1	2018	65	大牛进取1号	15.0	2 756
2017	66	泽升优选成长1期	73.8	2018	66	创赢投资4号	15.0	2 756
2017	67	恒丰一号	73.6	2018	67	证大大盈稳健5号	14.9	2 756
2017	68	同犇6期	73.3	2018	68	展弘稳进1号1期	14.8	2 756
2017	69	东方港湾3号	72.7	2018	69	刘东声刘子赢家1号	14.8	2 756

附录五 收益率在排序期和检验期分别位于前5%的基金排名（排序期为一年）：2014~2018年

续表

排序期	排序期排名	基金名称	排序期收益率（%）	检验期	检验期排名	基金名称	检验期收益率（%）	样本量
2017	70	私募工场千帆2期	72.6	2018	70	华赞波段3号	14.5	2756
2017	71	予曦1号	72.4	2018	71	金铸5号	14.3	2756
2017	72	久铭3号	72.2	2018	72	泛融金-渤海银行-天使1号	14.3	2756
2017	73	卓凯1号	72.0	2018	73	金铸15号	14.2	2756
2017	74	潮金丰中港价值优选2号	72.0	2018	74	雅柏宝量化7号	14.2	2756
2017	75	东方新经济先锋1号	71.5	2018	75	正则1期	14.2	2756
2017	76	同犇财通5期	71.2	2018	76	鹤骑鹰奇古	14.0	2756
2017	77	镰泉资产泉顺1号	70.4	2018	77	盈盾增长	13.9	2756
2017	78	东方港湾2号	70.4	2018	78	千象全景1号	13.9	2756
2017	79	等观风险6号	70.3	2018	79	国润1期	13.8	2756
2017	80	东方医疗健康优选	70.1	2018	80	弈投启航对冲1号	13.8	2756
2017	81	长金银信宝6期	69.9	2018	81	幻方慧鑫01号	13.5	2756
2017	82	和盛丰悦1号	69.8	2018	82	千象全景7号	13.3	2756
2017	83	曦微成长精选2期	69.7	2018	83	弘哲-亿信伟业FOF1号	13.2	2756
2017	84	汉和资本-私募学院菁英7号	69.3	2018	84	腾信尔9号	13.1	2756
2017	85	私募工场壳鹫1期	68.8	2018	85	重端方程式	13.0	2756
2017	86	私享-蓝筹1期	68.5	2018	86	七禾言起1号	12.8	2756
2017	87	同犇2期	68.2	2018	87	兀1号	12.8	2756
2017	88	通和富享1期	68.0	2018	88	进化论复合策略1号	12.7	2756

续表

排序期	排序期排名	基金名称	排序期收益率（%）	检验期	检验期排名	基金名称	检验期收益率（%）	样本量
2017	89	磐厚蔚然-英安中国	68.0	2018	89	丰衍财富与日聚金	12.5	2756
2017	90	同犇1期	67.7	2018	90	致远财富5号	12.5	2756
2017	91	金融东方港湾价值1号	67.3	2018	91	正道兴达丰越1号	12.5	2756
2017	92	娜嬛资本东方既白	67.2	2018	92	易融宝深南大道1号	12.3	2756
2017	93	高信百诺价值成长	67.1	2018	93	领路金稳盈1号	12.2	2756
2017	94	汉景港湾3号	67.0	2018	94	博普跨市场1号	12.1	2756
2017	95	林园	66.5	2018	95	童游2号	12.0	2756
2017	96	东方港湾-拓商1号	66.5	2018	96	锦和1号	11.9	2756
2017	97	卓凯1号1期	66.4	2018	97	宁聚量化精选	11.8	2756
2017	98	东方港湾创业成长	65.8	2018	98	玄同成长1号	11.5	2756
2017	99	新智达成长1号	65.7	2018	99	寰宇精选收益之睿益1期	11.5	2756
2017	100	大鹏湾财富3期	65.4	2018	100	葆金峰-私募学院菁英287号	11.5	2756
2017	101	朴信3号	64.8	2018	101	淘利多策略对冲1号	11.5	2756
2017	102	骏伟资本掘金改革2期	64.4	2018	102	知几投资灵活配置1期	11.4	2756
2017	103	新思哲多策略3期	64.3	2018	103	金樽1号	11.4	2756
2017	104	惠正共赢	64.1	2018	104	泛融金-太极1号	11.2	2756
2017	105	骏伟资本3期	63.8	2018	105	君行5号*	11.0	2756
2017	106	东方消费服务优选	63.8	2018	106	盛运德诚趋势1号	10.9	2756
2017	107	高傅汉景港湾1号	63.7	2018	107	擎盟资本-私募学院菁英189号	10.8	2756

附录五　收益率在排序期和检验期分别位于前 5% 的基金排名（排序期为一年）：2014~2018 年

续表

排序期	排序期排名	基金名称	排序期收益率（%）	检验期	检验期排名	基金名称	检验期收益率（%）	样本量
2017	108	私募工场荔慎稳健成长 1 号	63.4	2018	108	雷根期权套利	10.8	2 756
2017	109	海洋之星 1 号	63.4	2018	109	辉毅 1 号	10.7	2 756
2017	110	滚雪球 1 号（201502）	63.2	2018	110	宽客 2 号	10.6	2 756
2017	111	东方先进制造优选	63.0	2018	111	云梦泽-春风	10.4	2 756
2017	112	紫金港 7 号	63.0	2018	112	雅柏宝量化 5 号	10.4	2 756
2017	113	国泓稳健 1 期	62.8	2018	113	金铸 6 号尊享 A 期	10.3	2 756
2017	114	金舆衍生复合 1 期	62.6	2018	114	睿金-汇赢通 34 号	10.3	2 756
2017	115	金广资产-鑫 1 号	62.6	2018	115	循实宏观对冲	10.2	2 756
2017	116	投资精英之景林（A 类）	62.5	2018	116	弘石量化 1 号*	10.1	2 756
2017	117	阿甘 1 号	62.5	2018	117	量化进取型 2 号	10.0	2 756
2017	118	私募工场亚洲价值长线回报	62.5	2018	118	红钻-学院菁英 114 号	9.9	2 756
2017	119	广汇缘 1 号	62.5	2018	119	辉毅 2 号	9.9	2 756
2017	120	紫金港 6 号灵活策略	62.3	2018	120	德远稳健 1 号	9.8	2 756
2017	121	久铭 2 号	62.3	2018	121	博孚利聚强 1 号	9.8	2 756
2017	122	汇合舒心 1 号	62.2	2018	122	蓝色天际 7 号	9.8	2 756
2017	123	长金银信宝 2 期	62.0	2018	123	蓝色天际-宽云 2 号	9.7	2 756
2017	124	同舟 3 期	62.0	2018	124	君悦日新 4 号	9.7	2 756
2017	125	私享-蓝筹 2 期	62.0	2018	125	上海宽德共赢	9.6	2 756
2017	126	石锋驾行 1 号	62.0	2018	126	思瑞 2 号	9.5	2 756

· 233 ·

续表

排序期	排序期排名	基金名称	排序期收益率（%）	检验期	检验期排名	基金名称	检验期收益率（%）	样本量
2017	127	万利富达	61.8	2018	127	容克1号	9.5	2 756
2017	128	平石T5对冲基金	61.7	2018	128	上善俩富中国优势	9.5	2 756
2017	129	长牛分析1号	61.6	2018	129	上海宽德卓越	9.4	2 756
2017	130	同犇9期	61.4	2018	130	辉毅3号	9.4	2 756
2017	131	深圳广汇缘5号	61.2	2018	131	鲁信稳健1号	9.3	2 756
2017	132	尚雅9期	61.2	2018	132	正道兴达丰趣2号	9.2	2 756
2017	133	万顺通1号	60.8	2018	133	幻方之江01号	9.1	2 756
2017	134	仁灏开元	60.7	2018	134	辉毅5号	9.1	2 756
2017	135	金砖悦力	60.7	2018	135	幻方钱海01号	9.0	2 756
2017	136	少数派29号	60.5	2018	136	美浓红宝石1号	9.0	2 756
2017	137	奕金安1期	60.2	2018	137	安进13期壹心1号	9.0	2 756

附录六 收益率在排序期和检验期分别位于前5%的基金排名（排序期为三年）：2013~2018年

本表展示的是排序期为三年、检验期为一年时，排序期和检验期分别排名前5%的基金及基金的收益率。样本量为在排序期和检验期都存在的基金个数。★表示在检验期仍位于前5%的基金。

排序期	排序期排名	基金名称	排序期收益率（%）	检验期	检验期排名	基金名称	检验期收益率（%）	样本量
2013~2015	1	清水源1号	553.7	2016	1	安盈1号	75.2	255
2013~2015	2	鸿逸1号	422.9	2016	2	鑫鹗1号	51.8	255
2013~2015	3	证大稳健增长	406.3	2016	3	混沌1号（聚发11）	39.1	255
2013~2015	4	思考1号	370.9	2016	4	稳健增长（外贸）★	30.0	255
2013~2015	5	稳健增长（外贸）	361.4	2016	5	证大稳健增长★	25.5	255
2013~2015	6	景富趋势成长1期	354.2	2016	6	北京格雷成长	18.4	255
2013~2015	7	富恩德1期	256.5	2016	7	格雷1期	18.4	255
2013~2015	8	世诚扬子2号	252.4	2016	8	林园	18.2	255
2013~2015	9	泽泉涨停板1号	238.3	2016	9	林园2期	16.4	255
2013~2015	10	玖歌投资1期	236.9	2016	10	金中和西鼎	16.3	255
2013~2015	11	名禹稳健增长	229.0	2016	11	北京格雷兴盛	16.2	255
2013~2015	12	菁英时代成长3号	227.4	2016	12	惠理价值1期（2011）	14.1	255
2014~2016	1	华鑫785号	677.3	2017	1	金泰端丰（乾清）	95.3	287
2014~2016	2	证大稳健增长	591.0	2017	2	高信百诺1期	78.6	287
2014~2016	3	稳健增长（外贸）	534.3	2017	3	景林稳健	74.2	287
2014~2016	4	清水源1号	331.2	2017	4	林园	66.5	287

续表

排序期	排序期排名	基金名称	排序期收益率(%)	检验期	检验期排名	基金名称	检验期收益率(%)	样本量
2014~2016	5	思考1号	322.4	2017	5	海洋之星1号	63.4	287
2014~2016	6	泽泉景渤财富	309.6	2017	6	炜博领航	62.7	287
2014~2016	7	景泉趋势成长1期	211.0	2017	7	投资精英之景林（A类）	62.5	287
2014~2016	8	泽泉涨停板1号	201.2	2017	8	万利富达	61.8	287
2014~2016	9	思晔量化择股旗舰	195.3	2017	9	尚雅9期	61.2	287
2014~2016	10	鑫安1期	194.0	2017	10	奕金安1期	60.2	287
2014~2016	11	诚盛1期	186.8	2017	11	仙童1期	59.5	287
2014~2016	12	少数派5号	186.1	2017	12	天弓2号	59.1	287
2014~2016	13	名禹稳健增长	184.7	2017	13	乐晟精选	57.8	287
2014~2016	14	新思哲1期	180.2	2017	14	榕树文明复兴	57.6	287
2015~2017	1	仙童1期	251.9	2018	1	上善御富量化阿尔法对冲	16.4	425
2015~2017	2	弘尚资产灵活配置	239.4	2018	2	金锝量化	15.6	425
2015~2017	3	新思哲1期	225.8	2018	3	金锝5号	14.3	425
2015~2017	4	稳健增长（外贸）	224.5	2018	4	知几投资灵活配置1期	11.4	425
2015~2017	5	证大稳健增长	203.9	2018	5	金昇6号尊享A期	10.3	425
2015~2017	6	宁聚满天星	203.7	2018	6	安进13期壹心1号	9.0	425
2015~2017	7	德亚进取1号	201.5	2018	7	西南盈佳1号5期	8.4	425
2015~2017	8	稳增3期	199.2	2018	8	念空阿尔法	7.0	425
2015~2017	9	同样1期	173.7	2018	9	雷根5号	5.8	425

附录六 收益率在排序期和检验期分别位于前5%的基金排名（排序期为三年）：2013~2018年

续表

排序期	排序期排名	基金名称	排序期收益率(%)	检验期	检验期排名	基金名称	检验期收益率(%)	样本量
2015~2017	10	以太量化2号	172.5	2018	10	弘酬稳赢	5.1	425
2015~2017	11	泽泉景渤财富	169.7	2018	11	雷根6号	4.0	425
2015~2017	12	丰岭稳健成长1期	169.4	2018	12	倚天雅莉3号	3.8	425
2015~2017	13	细水醲醹	167.7	2018	13	浦来德天天开心对冲1号	3.6	425
2015~2017	14	泽元利	163.0	2018	14	念空跨境套利	3.5	425
2015~2017	15	乐晟精选	158.4	2018	15	思晔市场中性旗舰产品	3.3	425
2015~2017	16	林园	152.3	2018	16	申毅量化	2.7	425
2015~2017	17	海乐之星1号	152.2	2018	17	金中和灵猫1号	2.5	425
2015~2017	18	源乐晟策略创新1期	150.0	2018	18	淘利多策略量化套利	2.5	425
2015~2017	19	少数派5号	149.2	2018	19	浦江之星96号2期	2.5	425
2015~2017	20	同犇2期	147.7	2018	20	大岩绝对	2.3	425
2015~2017	21	凤翔多利	147.7	2018	21	国信红岭	2.1	425

附录七 夏普比率在排序期位于前5%的基金在检验期的排名（排序期为一年）：2014~2018年

本表展示的是排序期为一年、检验期为一年时，排序期夏普比率排名前5%的基金在检验期的夏普比率排名，及基金在排序期和检验期的夏普比率排名。样本量为在排序期和检验期都存在的基金个数。★表示在检验期仍位于前5%的基金。

排序期	排序期排名	基金名称	排序期夏普比率	检验期	检验期排名	检验期夏普比率	样本量
2014	1	淡水泉成长1期	4.31	2015	215	1.08	547
2014	2	泽熙3期（山东）	3.84	2015	10★	3.10	547
2014	3	思晔市场中性旗舰产品	3.68	2015	11★	3.09	547
2014	4	懿和2期	3.58	2015	501	-0.05	547
2014	5	飞天4号	3.26	2015	92	1.65	547
2014	6	泽熙1期（华润）	3.23	2015	9★	3.12	547
2014	7	励石1号	3.20	2015	117	1.48	547
2014	8	光大基金宝-积极成长	3.10	2015	197	1.15	547
2014	9	名禹稳健增长	3.00	2015	45	2.14	547
2014	10	武当稳健增长	2.97	2015	328	0.73	547
2014	11	思晔化择股旗舰	2.92	2015	41	2.20	547
2014	12	新价值1期	2.91	2015	292	0.85	547
2014	13	念空跨境套利	2.89	2015	23★	2.71	547
2014	14	泽熙4期	2.87	2015	6★	3.26	547
2014	15	银垒成长1号	2.85	2015	78	1.75	547
2014	16	聚发（25）-保证金交易1号A2	2.83	2015	29	2.43	547
2014	17	黄金组合1期1号	2.80	2015	158	1.32	547

附录七　夏普比率在排序期位于前5%的基金在检验期的排名（排序期为一年）：2014~2018年

续表

排序期	排序期排名	基金名称	排序期夏普比率	检验期	检验期排名	检验期夏普比率	样本量
2014	18	昀沣	2.74	2015	216	1.08	547
2014	19	精选1期	2.70	2015	244	0.98	547
2014	20	投资精英之云程泰（A）	2.68	2015	282	0.88	547
2014	21	富恩德1期	2.67	2015	103	1.57	547
2014	22	泽熙2期（山东）	2.65	2015	18*	2.84	547
2014	23	巨柏1号	2.63	2015	207	1.11	547
2014	24	佰盛配置1号	2.62	2015	107	1.55	547
2014	25	证大稳健增长	2.59	2015	38	2.28	547
2014	26	丰煜如意1期	2.58	2015	229	1.04	547
2014	27	乾信中国影响力	2.53	2015	309	0.80	547
2015	1	浦江之星96号2期	7.50	2016	9*	1.66	800
2015	2	宁聚常青藤1期	4.80	2016	523	-0.69	800
2015	3	泛涵正元证券投资	3.97	2016	10*	1.62	800
2015	4	稳健增长（外贸）	3.79	2016	16*	1.41	800
2015	5	兆意1期	3.64	2016	546	-0.75	800
2015	6	金蕴21期（泓璞1号）	3.64	2016	451	-0.52	800
2015	7	申毅对冲1号	3.60	2016	236	-0.05	800
2015	8	铸金1号	3.56	2016	13*	1.47	800
2015	9	禾昇1号	3.56	2016	56	0.71	800
2015	10	宁聚量化对冲1期	3.49	2016	307	-0.19	800

· 239 ·

续表

排序期	排序期排名	基金名称	排序期夏普比率	检验期	检验期排名	检验期夏普比率	样本量
2015	11	奇迹种子1号	3.43	2016	784	-2.39	800
2015	12	航长常春藤	3.35	2016	775	-2.07	800
2015	13	旭诺成长择时对冲1号	3.33	2016	120	0.29	800
2015	14	宁聚爬山虎1期	3.29	2016	317	-0.22	800
2015	15	质嘉1期	3.29	2016	393	-0.40	800
2015	16	红宝石E-1306多元凯利	3.27	2016	12*	1.57	800
2015	17	申毅量化	3.24	2016	521	-0.68	800
2015	18	恩晔市场中性旗舰产品	3.09	2016	8*	1.67	800
2015	19	道谊稳健	3.04	2016	767	-1.92	800
2015	20	宽智阿尔法对冲2号	3.04	2016	257	-0.07	800
2015	21	铭深1号	3.02	2016	391	-0.39	800
2015	22	丰岭稳健成长1期	3.01	2016	281	-0.13	800
2015	23	盈峰量化	2.99	2016	182	0.09	800
2015	24	弘尚资产灵活配置	2.99	2016	30*	1.00	800
2015	25	航长常春藤2号	2.96	2016	723	-1.50	800
2015	26	道谊稳进	2.93	2016	716	-1.45	800
2015	27	龙旗扶翼第2期	2.91	2016	490	-0.59	800
2015	28	泽泉盛辉	2.86	2016	132	0.23	800
2015	29	诚盛1期	2.84	2016	410	-0.43	800
2015	30	天瑞1期	2.84	2016	133	0.23	800

附录七 夏普比率在排序期位于前5%的基金在检验期的排名（排序期为一年）：2014~2018年

续表

排序期	排序期排名	基金名称	排序期夏普比率	检验期	检验期排名	检验期夏普比率	样本量
2015	31	龙旗紫微	2.84	2016	184	0.08	800
2015	32	德骏核心1号	2.81	2016	273	-0.11	800
2015	33	宁聚满天星2期	2.80	2016	137	0.21	800
2015	34	大朴进取1期	2.79	2016	197	0.05	800
2015	35	重阳8期	2.77	2016	173	0.11	800
2015	36	翼虎产业转型机会1号	2.77	2016	706	-1.36	800
2015	37	同瑞汇金1期	2.75	2016	130	0.24	800
2015	38	正弘1号	2.75	2016	401	-0.41	800
2015	39	泽泉涨停板1号	2.74	2016	74	0.55	800
2015	40	黑森9号	2.72	2016	152	0.18	800
2016	1	泛融金太极2号	25.69	2017	2*	14.18	2 199
2016	2	广发纳斯特乐睿1号	8.13	2017	3*	9.02	2 199
2016	3	幻方志远01号	7.19	2017	318	2.54	2 199
2016	4	泛融金-太极1号	7.11	2017	11*	6.14	2 199
2016	5	长流资本长运1号	5.43	2017	13*	5.92	2 199
2016	6	泛融金-渤海银行-天使1号	5.42	2017	4*	7.86	2 199
2016	7	幻方欣荣01号	5.27	2017	90*	3.95	2 199
2016	8	千象红包1号	5.03	2017	87*	3.96	2 199
2016	9	睿信主题成长1期	4.61	2017	725	1.50	2 199
2016	10	幻方之江01号	4.50	2017	59*	4.28	2 199

续表

排序期	排序期排名	基金名称	排序期夏普比率	检验期	检验期排名	检验期夏普比率	样本量
2016	11	幻方印月01号	4.27	2017	200	3.09	2 199
2016	12	幻方慧鑫01号	4.11	2017	301	2.63	2 199
2016	13	幻方钱海01号	4.03	2017	105*	3.81	2 199
2016	14	幻方佰光01号	3.75	2017	107*	3.80	2 199
2016	15	慎远-全策略1号	3.70	2017	48*	4.48	2 199
2016	16	幻方永逸01号	3.68	2017	61*	4.27	2 199
2016	17	泛融金-渤海银行-天使2号	3.66	2017	1*	21.73	2 199
2016	18	泓信全景1号	3.66	2017	1 679	-0.50	2 199
2016	19	千象红包2号	3.58	2017	44*	4.55	2 199
2016	20	雷根期权套利	3.56	2017	673	1.62	2 199
2016	21	幻方涌泉01号	3.48	2017	188	3.15	2 199
2016	22	信合东方（粤财）	3.38	2017	1 853	-0.94	2 199
2016	23	幻方鼎立01号	3.20	2017	855	1.22	2 199
2016	24	钜垣投资健康中国1号	3.17	2017	2 007	-1.43	2 199
2016	25	鼎实FOF	3.09	2017	28*	5.20	2 199
2016	26	汇艾资产-稳健1号	2.81	2017	434	2.17	2 199
2016	27	卓踪1号	2.79	2017	448	2.11	2 199
2016	28	远澜云杉	2.72	2017	1 176	0.52	2 199
2016	29	资舟观复	2.71	2017	319	2.54	2 199
2016	30	致远3号	2.68	2017	265	2.75	2 199

附录七　夏普比率在排序期位于前5%的基金在检验期的排名（排序期为一年）：2014～2018年

续表

排序期	排序期排名	基金名称	排序期夏普比率	检验期	检验期排名	检验期夏普比率	样本量
2016	31	念空跨境套利	2.65	2017	923	1.07	2 199
2016	32	盛泉恒元多策略量化对冲1号	2.65	2017	1 182	0.51	2 199
2016	33	逐流1号	2.55	2017	1 568	-0.25	2 199
2016	34	潼骁成长精选3期	2.53	2017	1 527	-0.15	2 199
2016	35	鼎实FOF2期	2.51	2017	92*	3.94	2 199
2016	36	通和富享1期	2.49	2017	260	2.78	2 199
2016	37	九旭2号	2.37	2017	1 495	-0.09	2 199
2016	38	冠石聚富1号	2.28	2017	565	1.85	2 199
2016	39	乾立亨趋势策略1号	2.27	2017	1 570	-0.25	2 199
2016	40	九旭1号	2.23	2017	1 363	0.12	2 199
2016	41	蓝海1号（北京蓝海）	2.22	2017	2 127	-2.07	2 199
2016	42	蓝金1号	2.21	2017	1 055	0.79	2 199
2016	43	盘古3号	2.19	2017	2 060	-1.65	2 199
2016	44	淘利多策略量化套利	2.10	2017	1 446	-0.02	2 199
2016	45	新方程量化对冲多策略	2.09	2017	1 837	-0.90	2 199
2016	46	通和量化对冲6期	2.08	2017	724	1.50	2 199
2016	47	汇创稳健1号（广东汇创）	2.03	2017	83*	3.98	2 199
2016	48	淘利趋势套利7号	2.01	2017	2 149	-2.29	2 199
2016	49	晟维价值	1.95	2017	274	2.71	2 199
2016	50	年合资产方田1号	1.95	2017	436	2.16	2 199

续表

排序期	排序期排名	基金名称	排序期复普比率	检验期	检验期排名	检验期复普比率	样本量
2016	51	宁聚满天星	1.94	2017	1 275	0.29	2 199
2016	52	旭诺成长对冲3号	1.91	2017	1 526	-0.15	2 199
2016	53	杜兹3号	1.90	2017	2 039	-1.57	2 199
2016	54	宁聚事件驱动1号	1.89	2017	1 373	0.10	2 199
2016	55	明汯全天候1号	1.87	2017	783	1.37	2 199
2016	56	谊恒多品种稳健1号	1.87	2017	729	1.49	2 199
2016	57	91金融环球时刻2号	1.86	2017	1 821	-0.87	2 199
2016	58	查理投资-私募学院菁英35号	1.85	2017	89*	3.95	2 199
2016	59	牧客卓越5号	1.84	2017	1 151	0.58	2 199
2016	60	翔云粤大金融1号	1.82	2017	1 081	0.73	2 199
2016	61	温莎简毅策略成长10号	1.80	2017	2 064	-1.65	2 199
2016	62	融启-月月盈1号	1.80	2017	1 069	0.75	2 199
2016	63	益洋成钜瑞对冲1号	1.78	2017	1 860	-0.96	2 199
2016	64	新宇红枫1号	1.73	2017	1 245	0.32	2 199
2016	65	睿瑨投资-睿洪1号	1.72	2017	189	3.15	2 199
2016	66	博孚利聚强1号	1.72	2017	2 163	-2.55	2 199
2016	67	康曼德甘主动管理型	1.70	2017	648	1.67	2 199
2016	68	伯洋6期	1.70	2017	480	2.04	2 199
2016	69	美好投资-美好华腾	1.69	2017	1 720	-0.59	2 199
2016	70	百盈稳健	1.68	2017	1 836	-0.90	2 199

附录七　夏普比率在排序期位于前5%的基金在检验期的排名（排序期为一年）：2014～2018年

续表

排序期	排序期排名	基金名称	排序期夏普比率	检验期	检验期排名	检验期夏普比率	样本量
2016	71	思晔市场中性旗舰产品	1.67	2017	1 309	0.24	2 199
2016	72	红象图灵多	1.67	2017	1 358	0.13	2 199
2016	73	善水稳健对冲1期	1.66	2017	1 131	0.62	2 199
2016	74	浦江之星96号2期	1.66	2017	2 082	-1.75	2 199
2016	75	万吨资产天天向上	1.64	2017	1 612	-0.33	2 199
2016	76	泛涵正元证券投资	1.62	2017	1 315	0.22	2 199
2016	77	通和进取2号	1.62	2017	392	2.29	2 199
2016	78	通和进取1号	1.59	2017	786	1.36	2 199
2016	79	辰阳恒丰1号	1.59	2017	894	1.13	2 199
2016	80	铥凇（精选1期）	1.58	2017	1 825	-0.87	2 199
2016	81	海洋之星90号第2期	1.58	2017	268	2.74	2 199
2016	82	雅林1号	1.57	2017	1 306	0.24	2 199
2016	83	红宝石E-1306多元凯利	1.57	2017	1 056	0.79	2 199
2016	84	千象全景1号	1.56	2017	1 555	-0.22	2 199
2016	85	中资宏德FOF合众1号	1.55	2017	662	1.63	2 199
2016	86	鑫顺4号	1.55	2017	1 402	0.05	2 199
2016	87	深圳量华逆袭1号	1.54	2017	1 788	-0.79	2 199
2016	88	金田龙盛	1.49	2017	1 072	0.74	2 199
2016	89	铸金1号	1.47	2017	1 243	0.33	2 199
2016	90	宝义衢州领航1期	1.47	2017	190	3.13	2 199

续表

排序期	排序期排名	基金名称	排序期夏普比率	检验期	检验期排名	检验期夏普比率	样本量
2016	91	少数派 4 号	1.47	2017	160	3.35	2 199
2016	92	海之源价值 1 期	1.47	2017	389	2.31	2 199
2016	93	少数派 5 号	1.46	2017	121	3.67	2 199
2016	94	淘利多策略对冲 1 号	1.46	2017	1 686	-0.52	2 199
2016	95	昭图 3 期	1.45	2017	1 552	-0.21	2 199
2016	96	相聚芒格 1 期	1.44	2017	772	1.39	2 199
2016	97	谊佰多品种进取 1 号	1.44	2017	180	3.18	2 199
2016	98	菁禾 2 号	1.43	2017	518	1.95	2 199
2016	99	同望 1 期 1 号	1.43	2017	349	2.45	2 199
2016	100	龙隐 1 号	1.42	2017	952	1.02	2 199
2016	101	圣盾成长 1 号	1.42	2017	1 365	0.12	2 199
2016	102	证大久盈旗舰 5 号	1.42	2017	680	1.60	2 199
2016	103	逸杉 2 期	1.41	2017	486	2.03	2 199
2016	104	稳增 3 期	1.41	2017	1 229	0.39	2 199
2016	105	稳健增长（外贸）	1.41	2017	1 954	-1.25	2 199
2016	106	恒端-中国梦 2 期	1.40	2017	1 681	-0.50	2 199
2016	107	九铭恒升	1.40	2017	808	1.30	2 199
2016	108	保银中国价值	1.40	2017	30*	5.07	2 199
2016	109	桑鹰启航 1 号	1.39	2017	1 610	-0.32	2 199
2016	110	聚发（25）-保证金交易 1 号 A2	1.38	2017	1 997	-1.37	2 199

附录七　夏普比率在排序期位于前5%的基金在检验期的排名（排序期为一年）：2014~2018年

续表

排序期	排序期排名	基金名称	排序期夏普比率	检验期	检验期排名	检验期夏普比率	样本量
2017	1	兴富3号	15.45	2018	719	-0.55	2 773
2017	2	兴富2号（中海）	14.92	2018	704	-0.53	2 773
2017	3	泛融金大极2号	14.18	2018	7*	7.68	2 773
2017	4	广发纳斯特乐睿1号	9.02	2018	348	-0.02	2 773
2017	5	丰衍财富与日聚金	7.96	2018	11*	5.31	2 773
2017	6	泛融金-渤海银行-天使1号	7.86	2018	29*	2.40	2 773
2017	7	景林创新成长	7.15	2018	1 108	-0.88	2 773
2017	8	长牛分析1号	6.92	2018	596	-0.40	2 773
2017	9	高毅利伟精选唯实1号	6.86	2018	1 639	-1.27	2 773
2017	10	阳光宝3号	6.73	2018	1 985	-1.54	2 773
2017	11	景林稳健	6.67	2018	1 664	-1.29	2 773
2017	12	景林精选2号	6.67	2018	1 662	-1.29	2 773
2017	13	新思哲多策略3期	6.14	2018	1 475	-1.14	2 773
2017	14	泛融金大极1号	6.14	2018	49*	2.02	2 773
2017	15	恒天泰昶1期	5.96	2018	551	-0.36	2 773
2017	16	红筹平衡选择	5.93	2018	873	-0.68	2 773
2017	17	长流资本长运1号	5.92	2018	184	0.63	2 773
2017	18	东方新经济先锋1号	5.79	2018	1 171	-0.93	2 773
2017	19	东方医疗健康优选	5.65	2018	1 127	-0.90	2 773
2017	20	今港优选	5.64	2018	1 760	-1.36	2 773

续表

排序期	排序期排名	基金名称	排序期复普比率	检验期	检验期排名	检验期复普比率	样本量
2017	21	磐厚蔚然-英安中国	5.63	2018	830	-0.66	2 773
2017	22	锐进25期盈信瑞峰尊享系列	5.46	2018	2 004	-1.56	2 773
2017	23	新方程星动力S7号	5.34	2018	2 012	-1.57	2 773
2017	24	金钥匙东方港湾港股通1号	5.34	2018	1 065	-0.85	2 773
2017	25	弘酬永秦2号	5.29	2018	1 424	-1.11	2 773
2017	26	雷根久盈	5.29	2018	5*	8.27	2 773
2017	27	东方消费服务优选	5.26	2018	1 200	-0.95	2 773
2017	28	同祥财通5期	5.26	2018	2 096	-1.64	2 773
2017	29	量游2号	5.25	2018	10*	5.37	2 773
2017	30	东方先进制造优选	5.22	2018	1 117	-0.89	2 773
2017	31	中国龙进取	5.22	2018	602	-0.41	2 773
2017	32	鼎实FOF	5.20	2018	217	0.44	2 773
2017	33	保银石榴红丁	5.15	2018	1 699	-1.31	2 773
2017	34	大钧沪港深	5.12	2018	1 357	-1.07	2 773
2017	35	利得汉景1期	5.11	2018	905	-0.71	2 773
2017	36	保银中国价值	5.07	2018	381	-0.09	2 773
2017	37	展弘稳进1号3期	5.05	2018	4*	8.33	2 773
2017	38	汉景港湾4号	5.04	2018	1 629	-1.26	2 773
2017	39	橡谷成长1号	5.03	2018	1 806	-1.40	2 773
2017	40	易同精选3期	5.00	2018	1 657	-1.29	2 773

附录七　夏普比率在排序期位于前5%的基金在检验期的排名（排序期为一年）：2014~2018年

续表

排序期	排序期排名	基金名称	排序期夏普比率	检验期	检验期排名	检验期夏普比率	样本量
2017	41	海洋之星1号	4.91	2018	1 294	-1.02	2 773
2017	42	弘酬安盈东北融耀8号	4.91	2018	1 831	-1.42	2 773
2017	43	深乾凌凌九进取	4.86	2018	884	-0.69	2 773
2017	44	鹏山长期回报1号	4.84	2018	1 594	-1.23	2 773
2017	45	同犇9期	4.83	2018	2 103	-1.65	2 773
2017	46	东方行业优选	4.83	2018	1 093	-0.88	2 773
2017	47	凯顺星成长	4.81	2018	877	-0.69	2 773
2017	48	正则	4.78	2018	76*	1.65	2 773
2017	49	林园	4.76	2018	847	-0.67	2 773
2017	50	盘古1号	4.74	2018	105*	1.32	2 773
2017	51	金石1期	4.73	2018	1 725	-1.34	2 773
2017	52	长江汉景港湾1号	4.67	2018	1 177	-0.94	2 773
2017	53	泰旸创新成长2号	4.67	2018	640	-0.46	2 773
2017	54	金钥匙东方港湾股通2号	4.66	2018	1 006	-0.80	2 773
2017	55	私募工场互联网加艾美合成长	4.65	2018	1 295	-1.02	2 773
2017	56	东方医疗平衡1期	4.65	2018	1 679	-1.30	2 773
2017	57	展弘稳进1号1期	4.60	2018	8*	7.15	2 773
2017	58	鼎实FOF6期	4.60	2018	276	0.22	2 773
2017	59	玖鹏价值精选1号	4.59	2018	2 035	-1.58	2 773
2017	60	东方港湾拓商1号	4.59	2018	1 019	-0.82	2 773

续表

排序期	排序期排名	基金名称	排序期夏普比率	检验期	检验期排名	检验期夏普比率	样本量
2017	61	私募工场秃鹫1期	4.59	2018	1 378	-1.08	2 773
2017	62	千象红包2号	4.55	2018	58*	1.88	2 773
2017	63	东方港湾马拉松1号	4.53	2018	338	0.02	2 773
2017	64	金石管理型	4.50	2018	1 727	-1.34	2 773
2017	65	中欧盛世泰旸精选2号	4.49	2018	735	-0.56	2 773
2017	66	林园投资1号	4.49	2018	524	-0.32	2 773
2017	67	慎远-全策略1号	4.48	2018	1*	29.39	2 773
2017	68	青榕中华消费	4.45	2018	1 508	-1.16	2 773
2017	69	平安澜鼎万利富达	4.44	2018	1 248	-0.99	2 773
2017	70	同犇1期	4.44	2018	1 647	-1.28	2 773
2017	71	东方港湾-拓商1号	4.42	2018	1 610	-1.24	2 773
2017	72	阳光宝1号	4.42	2018	1 695	-1.31	2 773
2017	73	兴识乾坤1号	4.40	2018	1 384	-1.08	2 773
2017	74	高信百诺1期	4.39	2018	1 412	-1.10	2 773
2017	75	同犇2期	4.39	2018	1 518	-1.17	2 773
2017	76	同犇尊享1号	4.37	2018	1 643	-1.27	2 773
2017	77	智德精选	4.37	2018	1 160	-0.93	2 773
2017	78	宽远价值成长3期	4.36	2018	843	-0.67	2 773
2017	79	身安道隆100	4.35	2018	965	-0.77	2 773
2017	80	潮金丰中港价值优选2号	4.33	2018	1 566	-1.21	2 773

附录七　夏普比率在排序期位于前5%的基金在检验期的排名（排序期为一年）：2014～2018年

续表

排序期	排序期排名	基金名称	排序期夏普比率	检验期	检验期排名	检验期夏普比率	样本量
2017	81	长江稳健	4.32	2018	1 340	-1.06	2 773
2017	82	景林优选2号	4.30	2018	1 360	-1.07	2 773
2017	83	玖鹏价值精选5号	4.29	2018	2 043	-1.59	2 773
2017	84	同犇智慧1号	4.29	2018	1 329	-1.05	2 773
2017	85	幻方之江01号	4.28	2018	145	0.84	2 773
2017	86	果实资本精英汇2号	4.27	2018	1 781	-1.38	2 773
2017	87	幻方永逸01号	4.27	2018	50*	2.01	2 773
2017	88	中国龙价值	4.26	2018	2 477	-2.19	2 773
2017	89	喆颢大中华	4.26	2018	1 199	-0.95	2 773
2017	90	金海9号	4.21	2018	1 600	-1.23	2 773
2017	91	同犇3期	4.21	2018	1 536	-1.19	2 773
2017	92	汉和资本-私募学院菁英7号	4.20	2018	384	-0.10	2 773
2017	93	投资精英之景林（A类）	4.17	2018	1 903	-1.47	2 773
2017	94	易同精选3期1号	4.16	2018	1 829	-1.42	2 773
2017	95	同犇6期	4.16	2018	1 815	-1.41	2 773
2017	96	红奶酪	4.16	2018	900	-0.71	2 773
2017	97	景林丰收2号	4.15	2018	1 270	-1.01	2 773
2017	98	高信百诺价值成长	4.15	2018	1 334	-1.05	2 773
2017	99	私募工场腾龙	4.14	2018	709	-0.54	2 773
2017	100	久期纯股1号	4.12	2018	738	-0.56	2 773

续表

排序期	排序期排名	基金名称	排序期夏普比率	检验期	检验期排名	检验期夏普比率	样本量
2017	101	万利富达	4.09	2018	1 559	-1.20	2 773
2017	102	果实资本精英汇 3 号	4.07	2018	1 745	-1.36	2 773
2017	103	保银紫荆怒放	4.07	2018	899	-0.71	2 773
2017	104	景林丰收	4.06	2018	1 306	-1.04	2 773
2017	105	浦慧系列 1 号	4.05	2018	1 309	-1.04	2 773
2017	106	宽远沪港深精选	4.03	2018	774	-0.61	2 773
2017	107	鼎实 FOF5 期	4.03	2018	277	0.22	2 773
2017	108	文多稳健 1 期	4.02	2018	475	-0.25	2 773
2017	109	新方程特别机遇 A2 号	4.00	2018	1 143	-0.91	2 773
2017	110	幻方沪深 300 指数增强 2 号 A	4.00	2018	1 813	-1.41	2 773
2017	111	长见精选 1 号	3.99	2018	387	-0.11	2 773
2017	112	少数派求是 1 号	3.99	2018	964	-0.77	2 773
2017	113	汇创稳健 1 号（广东汇创）	3.98	2018	955	-0.76	2 773
2017	114	森林湖 1 号	3.97	2018	1 100	-0.88	2 773
2017	115	私募工场翎鹏中国竞争力 1 号	3.97	2018	421	-0.17	2 773
2017	116	金蕴 99 期（谷寒长线回报）	3.97	2018	270	0.23	2 773
2017	117	普邦恒升华金 1 期	3.96	2018	1 239	-0.98	2 773
2017	118	千象红包 1 号	3.96	2018	63*	1.81	2 773
2017	119	金太阳-果实资本精英汇 1 号	3.96	2018	2 050	-1.59	2 773
2017	120	易同精选 2 期 1 号	3.96	2018	1 915	-1.48	2 773

附录七　夏普比率在排序期位于前5%的基金在检验期的排名（排序期为一年）：2014~2018年

续表

排序期	排序期排名	基金名称	排序期夏普比率	检验期	检验期排名	检验期夏普比率	样本量
2017	121	文多逆向	3.96	2018	1 277	-1.01	2 773
2017	122	幻方欣荣01号	3.95	2018	394	-0.11	2 773
2017	123	万利富达德盛1期	3.95	2018	1 455	-1.13	2 773
2017	124	博普指数增强1号	3.94	2018	2 048	-1.59	2 773
2017	125	远望角容远1号	3.93	2018	268	0.24	2 773
2017	126	少数派101号	3.92	2018	694	-0.52	2 773
2017	127	果实资本精英汇5A号	3.91	2018	1 948	-1.50	2 773
2017	128	奕金安1期	3.90	2018	1 202	-0.95	2 773
2017	129	少数派17号	3.89	2018	630	-0.44	2 773
2017	130	中国龙平衡	3.88	2018	595	-0.40	2 773
2017	131	林园投资2号	3.88	2018	427	-0.18	2 773
2017	132	乐晟精选	3.86	2018	2 391	-2.03	2 773
2017	133	广金成长3期	3.86	2018	911	-0.71	2 773
2017	134	东方港湾拓商	3.86	2018	748	-0.58	2 773
2017	135	宽远价值成长2期	3.85	2018	751	-0.59	2 773
2017	136	至璞新以恒	3.85	2018	824	-0.65	2 773
2017	137	长金银信宝6期	3.84	2018	1 203	-0.96	2 773
2017	138	润晖稳健增值	3.83	2018	1 832	-1.42	2 773

附录八 夏普比率在排序期位于前5%的基金在检验期的排名（排序期为三年）：2013~2018年

本表展示的是排序期为三年、检验期为一年时，排序期夏普比率排名前5%的基金在检验期的夏普比率，及基金在排序期和检验期的夏普比率排名。样本量为在排序期和检验期都存在的基金个数。★表示在检验期仍位于前5%的基金。

排序期	排序期排名	基金名称	排序期夏普比率	检验期	检验期排名	检验期夏普比率	样本量
2013~2015	1	世诚扬子2号	2.18	2016	125	-0.35	256
2013~2015	2	聚发（25）-保证金交易1号A2	2.14	2016	5★	1.38	256
2013~2015	3	景富趋势成长1期	2.10	2016	118	-0.33	256
2013~2015	4	申毅对冲1号	2.06	2016	73	-0.05	256
2013~2015	5	道谊稳健	1.95	2016	246	-1.92	256
2013~2015	6	富恩德1期	1.93	2016	51	0.10	256
2013~2015	7	稳健增长（外贸）	1.91	2016	4★	1.41	256
2013~2015	8	大朴进取1期	1.90	2016	58	0.05	256
2013~2015	9	襄虎成长1期	1.83	2016	237	-1.55	256
2013~2015	10	名禹稳健增长	1.82	2016	216	-1.03	256
2013~2015	11	睿策1期	1.81	2016	45	0.13	256
2013~2015	12	铒金1号	1.78	2016	3★	1.47	256
2014~2016	1	念空跨境套利	2.68	2017	116	1.07	288
2014~2016	2	思晔市场中性旗舰产品	2.67	2017	175	0.24	288
2014~2016	3	稳健增长（外贸）	2.42	2017	257	-1.25	288
2014~2016	4	聚发（25）-保证金交易1号A2	2.14	2017	261	-1.37	288
2014~2016	5	思晔动态对冲旗舰产品	1.88	2017	140	0.72	288

附录八　夏普比率在排序期位于前5%的基金在检验期的排名（排序期为三年）：2013~2018年

续表

排序期	排序期排名	基金名称	排序期夏普比率	检验期	检验期排名	检验期夏普比率	样本量
2014~2016	6	申毅对冲1号	1.87	2017	199	-0.14	288
2014~2016	7	证大稳健增长	1.82	2017	233	-0.67	288
2014~2016	8	名禹稳健增长	1.72	2017	149	0.66	288
2014~2016	9	大朴进取1期	1.67	2017	106	1.28	288
2014~2016	10	信合东方（粤财）	1.65	2017	242	-0.94	288
2014~2016	11	道谊稳健	1.65	2017	99	1.51	288
2014~2016	12	思晔量化择股旗舰	1.64	2017	52	2.42	288
2014~2016	13	丰岭稳健成长1期	1.63	2017	28	3.25	288
2014~2016	14	睿策1期	1.62	2017	127	0.97	288
2015~2017	1	念空跨境套利	2.09	2018	15*	0.49	426
2015~2017	2	丰岭稳健成长1期	2.08	2018	248	-1.41	426
2015~2017	3	泛涵正元证券投资	1.94	2018	330	-1.88	426
2015~2017	4	弘尚资产灵活配置	1.87	2018	177	-1.11	426
2015~2017	5	林园	1.76	2018	82	-0.67	426
2015~2017	6	红宝石E-1306多元凯利	1.72	2018	214	-1.23	426
2015~2017	7	长江稳健	1.70	2018	166	-1.06	426
2015~2017	8	雷根5号	1.63	2018	10*	1.16	426
2015~2017	9	思晔市场中性旗舰产品	1.58	2018	19*	0.39	426
2015~2017	10	明河优质企业	1.57	2018	59	-0.47	426
2015~2017	11	海洋之星1号	1.56	2018	156	-1.02	426

· 255 ·

续表

排序期	排序期排名	基金名称	排序期夏普比率	检验期	检验期排名	检验期夏普比率	样本量
2015~2017	12	道谊稳健	1.56	2018	376	-2.28	426
2015~2017	13	稳健增长（外贸）	1.54	2018	331	-1.88	426
2015~2017	14	诚盛1期	1.54	2018	145	-1.00	426
2015~2017	15	少数派5号	1.50	2018	70	-0.56	426
2015~2017	16	新思哲1期	1.49	2018	164	-1.04	426
2015~2017	17	雷根6号	1.48	2018	8*	1.48	426
2015~2017	18	通和进取1号	1.45	2018	69	-0.55	426
2015~2017	19	东方医疗平衡1期	1.44	2018	229	-1.30	426
2015~2017	20	申毅对冲1号	1.44	2018	128	-0.91	426
2015~2017	21	宁聚满天星	1.42	2018	260	-1.45	426

参 考 文 献

[1] Agarwal, V. & Naik, N. Y. (2000). On taking the "alternative" route: the risks, rewards, and performance persistence of hedge funds. The Journal of Alternative Investments, 2, 6-23.

[2] Brown, S. J. & Goetzmann, W. N. (1995). Performance persistence. The Journal of finance, 50, 679-698.

[3] Carhart, M. M. (1997). On persistence in mutual fund performance. The Journal of finance, 52, 57-82.

[4] Cao, C., Simin, T., Wang, Y. (2013). Do mutual fund managers time market liquidity? Journal of Financial Markets 16, 279-307.

[5] Cao, C., Chen, Y., Liang, B., Lo, A. (2013). Can hedge funds time market liquidity? Journal of Financial Economics 109, 493-516.

[6] Chen, Y. (2007). Timing ability in the focus market of hedge funds. Journal of Investment Management, 5, 66-98.

[7] Chen, Y. & Liang, B. (2007). Do market timing hedge funds time the market? Journal of Financial and Quantitative Analysis, 42, 827-856.

[8] Fama, E. F. & French, K. R. (1992). The cross-section of expected stock returns. The Journal of Finance, 47, 427-465.

[9] Fama, E. F. & French, K. R. (1993). Common risk factors in the returns on stocks and bonds. Journal of Financial Economics, 33, 3-56.

[10] Fama, E. F. & French, K. R. (2010). Luck versus skill in the cross-section of mutual fund returns. The Journal of Finance, 65, 1915-1947.

[11] Fung, W. & Hsieh, D. A. (2004). Hedge fund benchmarks: A risk-based approach. Financial Analysts Journal, 60, 65-80.

[12] Malkiel, B. G. (1995). Returns from investing in equity mutual funds 1971 to 1991. The Journal of Finance, 50, 549-572.

[13] Jegadeesh, N. & Titman, S. (1993). Returns to Buying Winners and Selling Losers: Implications for Stock Market Efficiency. The Journal of Finance, 48, 65-91.

后　记

　　本书是清华大学五道口金融学院民生财富管理研究中心经过多年积累的研究成果，是我中心已出版的《2016年中国公募基金和私募基金研究报告》、《2017年中国公募基金研究报告》、《2017年中国私募基金研究报告》、《2018年中国公募基金研究报告》及《2018年中国私募基金研究报告》的后续报告。2019年，我们进一步完善了研究方法、样本和结果，出版《2019年中国公募基金研究报告》和《2019年中国私募基金研究报告》，以飨读者。

　　本书凝聚着研究中心所有工作人员的心血和智慧。整个书稿的撰写及审阅的过程，由中国民生银行股份有限公司李彬副行长、民生财富管理研究中心主任曹泉伟教授和副主任陈卓教授共同主持指导，由中心的研究人员门垚、王平凡、石界、姜白杨、黄叶金和滕立雅共同撰写完成。

　　本书的完成离不开清华大学五道口金融学院的大力支持，以及来自学界、业界、监管机构的各方人士在书稿写作过程中提供的帮助。在此特别鸣谢中国民生银行对民生财富管理研究中心的慷慨捐赠，正是因为中国民生银行的大力支持，民生财富管理研究中心才能专注于运用现代经济金融理论，结合前沿量化研究方法，分析研究金融市场的产品与投资策略，搭建学术研究与金融业界交流的平台。此外，我们还要感谢上海淘利资产管理有限公司、上海耀之资产管理中心（有限合伙）、上海申毅投资股份有限公司、上海富善投资有限公司、华溢之星资产管理（北京）有限公司、杭州龙旗科技有限公司、九坤投资（北京）有限公司和浙江九章资产管理有限公司（幻方量化）的领导在我们实地调研时提供的大力支持，感谢肖辉、朱彦哲、林成栋、赵剑秋、李雯、朱晓康、王琛、徐进、于江勇、史炎、李沁春等为本书提供许多有价值的建议。最后，我们由衷感谢来自各方的支持与帮助，在此一并致谢！

作者
2019年5月

图书在版编目（CIP）数据

2019年中国私募基金研究报告/曹泉伟等著．—北京：经济科学出版社，2019.7（2019.11 重印）
ISBN 978-7-5218-0661-8

Ⅰ.①2… Ⅱ.①曹… Ⅲ.①投资基金-研究报告-中国-2019 Ⅳ.①F832.51

中国版本图书馆 CIP 数据核字（2019）第 129006 号

责任编辑：齐伟娜　初少磊
责任校对：杨　海
责任印制：李　鹏

2019 年中国私募基金研究报告

曹泉伟　陈　卓　等/著

经济科学出版社出版、发行　新华书店经销
社址：北京市海淀区阜成路甲 28 号　邮编：100142
总编部电话：010-88191217　发行部电话：010-88191540
网址：www.esp.com.cn
电子邮件：esp@esp.com.cn
天猫网店：经济科学出版社旗舰店
网址：http://jjkxcbs.tmall.com
北京季蜂印刷有限公司印装
787×1092　16 开　16.75 印张　340000 字
2019 年 7 月第 1 版　2019 年 11 月第 2 次印刷
ISBN 978-7-5218-0661-8　定价：62.00 元
(图书出现印装问题，本社负责调换。电话：010-88191510)
(版权所有　侵权必究　打击盗版　举报热线：010-88191661
QQ：2242791300　营销中心电话：010-88191537
电子邮箱：dbts@esp.com.cn)